反洗钱法
一本通

法规应用研究中心 编

中国法治出版社
CHINA LEGAL PUBLISHING HOUSE

编辑说明

"法律一本通"系列丛书自2005年出版以来，以其科学的体系、实用的内容，深受广大读者的喜爱。2007年、2011年、2014年、2016年、2018年、2019年、2021年、2023年我们对其进行了改版，丰富了其内容，增强了其实用性，博得了广大读者的赞誉。

我们秉承"以法释法"的宗旨，在保持原有的体例之上，今年再次对"法律一本通"系列丛书进行改版，以达到"应办案所需，适学习所用"的目标。新版丛书具有以下特点：

1. 丛书以主体法的条文为序，逐条穿插关联的现行有效的法律、行政法规、部门规章、司法解释、请示答复和部分地方规范性文件，以方便读者理解和适用。

2. 丛书紧扣实践和学习两个主题，在目录上标注了重点法条，并在某些重点法条的相关规定之前，对收录的相关文件进行分类，再按分类归纳核心要点，以便读者最便捷地查找使用。

3. 丛书紧扣法律条文，在主法条的相关规定之后附上案例指引，收录最高人民法院、最高人民检察院指导性案例、公报案例以及相关机构公布的典型案例的裁判摘要、案例要旨或案情摘要等。通过相关案例，可以进一步领会和把握法律条文的适用，从而作为解决实际问题的参考。并对案例指引制作索引目录，方便读者查找。

4. 丛书以脚注的形式，对各类法律文件之间或者同一法律文件不同条文之间的适用关系、重点法条疑难之处进行说明，以便读者系统地理解我国现行各个法律部门的规则体系，从而更好地为教学科研和司法实践服务。

5. 丛书结合二维码技术的应用为广大读者提供增值服务，扫描前勒口二维码，即可在图书出版之日起一年内免费部分使用中国法治出版社推出的【法融】数据库。【法融】数据库中"国家法律法规"栏目便于读者查阅法律文件准确全文及效力，"最高法指导案例"和"最高检指导案例"两个栏目提供最高人民法院和最高人民检察院指导性案例的全文，为读者提供更多增值服务。

目　录

中华人民共和国反洗钱法

第一章　总　　则

第 一 条【立法目的】…………………………………… 1
★ 第 二 条【反洗钱的定义与恐怖融资的适用】………… 5
★ 第 三 条【反洗钱工作原则】…………………………… 23
第 四 条【反洗钱工作要求】…………………………… 25
第 五 条【监管体制】…………………………………… 27
第 六 条【反洗钱义务主体及义务】…………………… 34
第 七 条【反洗钱信息保护】…………………………… 36
第 八 条【履职行为受法律保护】……………………… 41
第 九 条【反洗钱宣传教育】…………………………… 42
第 十 条【单位和个人的义务】………………………… 43
第十一条【举报保护与奖励制度】……………………… 44
第十二条【域外适用】…………………………………… 45

第二章　反洗钱监督管理

第十三条【反洗钱行政主管部门及其派出机构的职责】… 45
第十四条【金融管理部门的职责】……………………… 48
第十五条【特定非金融机构主管部门的职责】………… 55
★ 第十六条【监测分析机构的职责】……………………… 56

1

第十七条【部门间信息交换】…… 86

第十八条【海关信息通报机制】…… 86

★ 第十九条【受益所有人信息管理制度】…… 87

第二十条【犯罪线索的移送与反馈】…… 110

第二十一条【监督管理职责】…… 111

第二十二条【监督检查措施和程序】…… 125

第二十三条【洗钱风险和评估】…… 137

第二十四条【洗钱高风险国家和地区的应对措施】…… 138

第二十五条【反洗钱行业自律】…… 141

第二十六条【反洗钱行业服务机构】…… 143

第三章 反洗钱义务

★ 第二十七条【金融机构内部控制制度】…… 144

★ 第二十八条【金融机构客户尽职调查制度】…… 165

第二十九条【客户尽职调查的情形和内容】…… 179

★ 第三十条【持续的客户尽职调查与洗钱风险管理措施】…… 182

第三十一条【识别代理人】…… 214

第三十二条【委托第三方开展客户尽职调查】…… 216

第三十三条【相关部门支持客户尽职调查】…… 219

第三十四条【客户身份资料和交易记录保存制度】…… 219

★ 第三十五条【大额交易和可疑交易报告制度】…… 226

第三十六条【新领域洗钱风险防范】…… 257

第三十七条【总部、集团层面反洗钱工作】…… 258

第三十八条【配合客户尽职调查】…… 263

第三十九条【洗钱风险管理措施的救济】…… 264

第四十条【特别预防措施】…… 264

2

第四十一条【金融机构落实反洗钱特别预防措施的
　　　　　　　义务】... 269
　　第四十二条【特定非金融机构的反洗钱义务】............ 270

第四章　反洗钱调查

　　第四十三条【调查条件和程序】.............................. 271
　　第四十四条【调查措施】....................................... 278
　　第四十五条【线索移送和临时冻结】........................ 285

第五章　反洗钱国际合作

★　第四十六条【反洗钱国际合作】.............................. 287
　　第四十七条【国际合作负责机关】........................... 298
　　第四十八条【国际司法协助】................................. 299
★　第四十九条【境外金融机构配合调查】..................... 299
　　第五十条　【境外执法要求的处理】........................ 309

第六章　法律责任

　　第五十一条【监管部门工作人员的责任】.................. 312
★　第五十二条【未落实内部控制制度的处罚】............... 316
★　第五十三条【未落实反洗钱核心制度的处罚】............ 318
★　第五十四条【其他违反反洗钱义务的处罚】............... 320
　　第五十五条【致使发生洗钱或恐怖融资后果的处罚】... 322
　　第五十六条【对金融机构相关责任人员的处罚】......... 325
　　第五十七条【违反、阻却境外执法要求和境外配合
　　　　　　　调查要求的处罚】................................. 326
　　第五十八条【对特定非金融机构的处罚】.................. 326
　　第五十九条【违反反洗钱特别预防措施的处罚】......... 327

3

第六十条【违反受益所有人信息管理规定的处罚】…… 327
第六十一条【行政处罚裁量基准的制定】………… 328
第六十二条【刑事责任的衔接】…………………… 328

第七章 附 则

第六十三条【履行金融机构反洗钱义务的范围】………… 330
第六十四条【履行特定非金融机构反洗钱义务的
　　　　　　范围】………………………………… 337
第六十五条【施行日期】………………………………… 341

附录一

受益所有人信息备案指南（第一版）（节录）………… 342

附录二

本书所涉文件目录 ……………………………………… 352

案例索引目录

- 准确认定黑社会性质的组织犯罪所得及收益，严惩洗钱犯罪助力"打财断血" ………………………………………… 18
- 开展"一案双查"，自行侦查深挖洗钱犯罪线索 ………… 19
- 严厉惩治家族化洗钱犯罪，斩断毒品犯罪资金链条 ……… 20
- 退回补充侦查追加认定遗漏犯罪事实，综合其他证据"零口供"定罪 ……………………………………………… 20
- 王某某等人非法吸收公众存款、洗钱案 ………………… 21
- 贩卖含有合成大麻素成分的电子烟油并"自洗钱"，依法数罪并罚 ……………………………………………… 22
- 邮包里的秘密 ………………………………………… 165
- 中缅边境的暗流 ……………………………………… 178
- 宣某诉某证券公司证券交易代理合同纠纷案 …………… 178
- 某信息技术有限公司骗取出口退税洗钱案 ……………… 256
- 准确认定利用虚拟货币洗钱新手段，上游犯罪查证属实未判决的，不影响洗钱罪的认定 ……………………… 294
- 地下钱庄实施洗钱犯罪 ……………………………… 295
- 跨境转移贪污公款实施洗钱犯罪 ……………………… 296
- 四川破获"7·15"虚开骗税洗钱案 …………………… 297
- 梁某某协助走私洗钱案 ……………………………… 297
- 83亿元赌资变形记 …………………………………… 298
- 江门市石某某走私洗钱案 …………………………… 307
- 珠海市林某某走私洗钱案 …………………………… 308
- 惠州市童某等13人走私洗钱案 ……………………… 308
- 珠海市邝某走私洗钱案 ……………………………… 309

1

- 宁波市傅某某特大走私洗钱案 ……………………………………… 309
- 准确认定以隐匿资金流转痕迹为目的的多种洗钱手段，
  行刑双罚共促洗钱犯罪惩治和预防 ……………………………… 319

中华人民共和国反洗钱法

（2006年10月31日第十届全国人民代表大会常务委员会第二十四次会议通过 2024年11月8日第十四届全国人民代表大会常务委员会第十二次会议修订 2024年11月8日中华人民共和国主席令第38号公布 自2025年1月1日起施行）

目　录

第一章　总　　则
第二章　反洗钱监督管理
第三章　反洗钱义务
第四章　反洗钱调查
第五章　反洗钱国际合作
第六章　法律责任
第七章　附　　则

第一章　总　　则

第一条　立法目的[①]

为了预防洗钱活动，遏制洗钱以及相关犯罪，加强和规范反洗钱工作，维护金融秩序、社会公共利益和国家安全，根据宪法，制定本法。

[①]　条文主旨为编者所加，下同。

● 法 律

1. 《中国人民银行法》(2003年12月27日)①

第1条 为了确立中国人民银行的地位，明确其职责，保证国家货币政策的正确制定和执行，建立和完善中央银行宏观调控体系，维护金融稳定，制定本法。

2. 《刑法》(2023年12月29日)

第191条 为掩饰、隐瞒毒品犯罪、黑社会性质的组织犯罪、恐怖活动犯罪、走私犯罪、贪污贿赂犯罪、破坏金融管理秩序犯罪、金融诈骗犯罪的所得及其产生的收益的来源和性质，有下列行为之一的，没收实施以上犯罪的所得及其产生的收益，处五年以下有期徒刑或者拘役，并处或者单处罚金；情节严重的，处五年以上十年以下有期徒刑，并处罚金：

（一）提供资金帐户的；

（二）将财产转换为现金、金融票据、有价证券的；

（三）通过转帐或者其他支付结算方式转移资金的；

（四）跨境转移资产的；

（五）以其他方法掩饰、隐瞒犯罪所得及其收益的来源和性质的。

单位犯前款罪的，对单位判处罚金，并对其直接负责的主管人员和其他直接责任人员，依照前款的规定处罚。

● 部门规章及文件

3. 《中国人民银行反洗钱调查实施细则（试行）》(2007年5月21日)

第1条 为了规范反洗钱调查程序，依法履行反洗钱调查职

---

① 本书法律文件使用简称，以下不再标注。本书所标规范性文件的日期为该文件的通过、发布、修改后公布日期之一。以下不再标注。

责,维护公民、法人和其他组织的合法权益,根据《中华人民共和国反洗钱法》等有关法律、行政法规和规章,制定本实施细则。

4.《法人金融机构洗钱和恐怖融资风险自评估指引》(2021年1月15日)

第1条 为深入实践风险为本原则,指导法人金融机构落实《国务院办公厅关于完善反洗钱、反恐怖融资、反逃税监管体制机制的意见》,识别、评估洗钱和恐怖融资(以下统称洗钱)风险,优化反洗钱和反恐怖融资(以下统称反洗钱)资源配置,制定和实施与其风险相称的管理策略、政策和程序,提升反洗钱工作有效性,根据《中华人民共和国反洗钱法》《中华人民共和国反恐怖主义法》等法律法规,制定本指引。

5.《金融机构反洗钱和反恐怖融资监督管理办法》(2021年4月15日)

第1条 为了督促金融机构有效履行反洗钱和反恐怖融资义务,规范反洗钱和反恐怖融资监督管理行为,根据《中华人民共和国反洗钱法》《中华人民共和国中国人民银行法》《中华人民共和国反恐怖主义法》等法律法规,制定本办法。

6.《银行业金融机构反洗钱和反恐怖融资管理办法》(2019年1月29日)

第1条 为预防洗钱和恐怖融资活动,做好银行业金融机构反洗钱和反恐怖融资工作,根据《中华人民共和国银行业监督管理法》《中华人民共和国反洗钱法》《中华人民共和国反恐怖主义法》等有关法律、行政法规,制定本办法。

7.《互联网金融从业机构反洗钱和反恐怖融资管理办法(试行)》(2018年9月29日)

第1条 为了预防洗钱和恐怖融资活动,规范互联网金融行业反洗钱和反恐怖融资工作，根据《中华人民共和国中国人民银行法》《中华人民共和国反洗钱法》《中华人民共和国反恐怖主义法》《国务院办公厅关于印发互联网金融风险专项整治工作实施方案的通知》（国办发〔2016〕21号）《中国人民银行 工业和信息化部公安部财政部 工商总局 法制办银监会 证监会 保监会 国家互联网信息办公室关于促进互联网金融健康发展的指导意见》（银发〔2015〕221号）等规定，制定本办法。

8. 《社会组织反洗钱和反恐怖融资管理办法》（2017年11月17日）

第1条 为了预防洗钱、恐怖融资及有关违法犯罪活动，规范社会组织反洗钱和反恐怖融资工作，根据《中华人民共和国反洗钱法》、《中华人民共和国反恐怖主义法》、《中华人民共和国中国人民银行法》、《中华人民共和国慈善法》、《社会团体登记管理条例》、《基金会管理条例》、《民办非企业单位登记管理暂行条例》、《外国商会管理暂行规定》等法律、行政法规，制定本办法。

第2条 本办法所称社会组织是指在中华人民共和国境内登记的社会团体、基金会、社会服务机构（民办非企业单位）和外国商会。

9. 《保险机构洗钱和恐怖融资风险评估及客户分类管理指引》（2014年12月30日）

第1条 为深入实践风险为本的反洗钱方法，指导保险机构评估洗钱和恐怖融资（以下统称洗钱）风险，合理确定客户洗钱风险等级，提升反洗钱和反恐怖融资（以下统称反洗钱）工作有效性，根据《中华人民共和国反洗钱法》、《金融机构洗钱和恐怖融资风险评估及客户分类管理指引》等规定，制定本指引。

10. 《保险业反洗钱工作管理办法》（2011年9月13日）

第1条 为做好保险业反洗钱工作，促进行业持续健康发展，根据《中华人民共和国反洗钱法》、《中华人民共和国保险法》等有关法律法规、部门规章和规范性文件，制定本办法。

11.《支付机构反洗钱和反恐怖融资管理办法》（2012年3月5日）

第1条 为防范洗钱和恐怖融资活动，规范支付机构反洗钱和反恐怖融资工作，根据《中华人民共和国反洗钱法》、《非金融机构支付服务管理办法》（中国人民银行令〔2010〕第2号发布）等有关法律、法规和规章，制定本办法。

12.《金融机构反洗钱规定》（2006年11月14日）

第1条 为了预防洗钱活动，规范反洗钱监督管理行为和金融机构的反洗钱工作，维护金融秩序，根据《中华人民共和国反洗钱法》、《中华人民共和国中国人民银行法》等有关法律、行政法规，制定本规定。

13.《金融机构客户身份识别和客户身份资料及交易记录保存管理办法》（2007年6月21日）

第1条 为了预防洗钱和恐怖融资活动，规范金融机构客户身份识别、客户身份资料和交易记录保存行为，维护金融秩序，根据《中华人民共和国反洗钱法》等法律、行政法规的规定，制定本办法。

第二条 反洗钱的定义与恐怖融资的适用

本法所称反洗钱，是指为了预防通过各种方式掩饰、隐瞒毒品犯罪、黑社会性质的组织犯罪、恐怖活动犯罪、走私犯罪、贪污贿赂犯罪、破坏金融管理秩序犯罪、金融诈骗犯罪和其他犯罪所得及其收益的来源、性质的洗钱活动，依照本法规定采取相关措施的行为。

预防恐怖主义融资活动适用本法；其他法律另有规定的，适用其规定。

法　律

1. 《刑法》（2023年12月29日）

第191条　为掩饰、隐瞒毒品犯罪、黑社会性质的组织犯罪、恐怖活动犯罪、走私犯罪、贪污贿赂犯罪、破坏金融管理秩序犯罪、金融诈骗犯罪的所得及其产生的收益的来源和性质，有下列行为之一的，没收实施以上犯罪的所得及其产生的收益，处五年以下有期徒刑或者拘役，并处或者单处罚金；情节严重的，处五年以上十年以下有期徒刑，并处罚金：

（一）提供资金帐户的；

（二）将财产转换为现金、金融票据、有价证券的；

（三）通过转帐或者其他支付结算方式转移资金的；

（四）跨境转移资产的；

（五）以其他方法掩饰、隐瞒犯罪所得及其收益的来源和性质的。

单位犯前款罪的，对单位判处罚金，并对其直接负责的主管人员和其他直接责任人员，依照前款的规定处罚。

第294条　组织、领导黑社会性质的组织的，处七年以上有期徒刑，并处没收财产；积极参加的，处三年以上七年以下有期徒刑，可以并处罚金或者没收财产；其他参加的，处三年以下有期徒刑、拘役、管制或者剥夺政治权利，可以并处罚金。

境外的黑社会组织的人员到中华人民共和国境内发展组织成员的，处三年以上十年以下有期徒刑。

国家机关工作人员包庇黑社会性质的组织，或者纵容黑社会性质的组织进行违法犯罪活动的，处五年以下有期徒刑；情节严重的，处五年以上有期徒刑。

犯前三款罪又有其他犯罪行为的，依照数罪并罚的规定处罚。

黑社会性质的组织应当同时具备以下特征：

（一）形成较稳定的犯罪组织，人数较多，有明确的组织者、领导者，骨干成员基本固定；

（二）有组织地通过违法犯罪活动或者其他手段获取经济利益，具有一定的经济实力，以支持该组织的活动；

（三）以暴力、威胁或者其他手段，有组织地多次进行违法犯罪活动，为非作恶，欺压、残害群众；

（四）通过实施违法犯罪活动，或者利用国家工作人员的包庇或者纵容，称霸一方，在一定区域或者行业内，形成非法控制或者重大影响，严重破坏经济、社会生活秩序。

第312条 明知是犯罪所得及其产生的收益而予以窝藏、转移、收购、代为销售或者以其他方法掩饰、隐瞒的，处三年以下有期徒刑、拘役或者管制，并处或者单处罚金；情节严重的，处三年以上七年以下有期徒刑，并处罚金。

单位犯前款罪的，对单位判处罚金，并对其直接负责的主管人员和其他直接责任人员，依照前款的规定处罚。

第349条 包庇走私、贩卖、运输、制造毒品的犯罪分子的，为犯罪分子窝藏、转移、隐瞒毒品或者犯罪所得的财物的，处三年以下有期徒刑、拘役或者管制；情节严重的，处三年以上十年以下有期徒刑。

缉毒人员或者其他国家机关工作人员掩护、包庇走私、贩卖、运输、制造毒品的犯罪分子的，依照前款的规定从重处罚。

犯前两款罪，事先通谋的，以走私、贩卖、运输、制造毒品罪的共犯论处。

第382条 国家工作人员利用职务上的便利，侵吞、窃取、骗取或者以其他手段非法占有公共财物的，是贪污罪。

受国家机关、国有公司、企业、事业单位、人民团体委托管理、经营国有财产的人员，利用职务上的便利，侵吞、窃取、骗取或者以其他手段非法占有国有财物的，以贪污论。

与前两款所列人员勾结，伙同贪污的，以共犯论处。

第 385 条 国家工作人员利用职务上的便利，索取他人财物的，或者非法收受他人财物，为他人谋取利益的，是受贿罪。

国家工作人员在经济往来中，违反国家规定，收受各种名义的回扣、手续费，归个人所有的，以受贿论处。

2. 《**反恐怖主义法**》（2018 年 4 月 27 日）

第 14 条 金融机构和特定非金融机构对国家反恐怖主义工作领导机构的办事机构公告的恐怖活动组织和人员的资金或者其他资产，应当立即予以冻结，并按照规定及时向国务院公安部门、国家安全部门和反洗钱行政主管部门报告。

第 24 条 国务院反洗钱行政主管部门、国务院有关部门、机构依法对金融机构和特定非金融机构履行反恐怖主义融资义务的情况进行监督管理。

国务院反洗钱行政主管部门发现涉嫌恐怖主义融资的，可以依法进行调查，采取临时冻结措施。

第 25 条 审计、财政、税务等部门在依照法律、行政法规的规定对有关单位实施监督检查的过程中，发现资金流入流出涉嫌恐怖主义融资的，应当及时通报公安机关。

第 26 条 海关在对进出境人员携带现金和无记名有价证券实施监管的过程中，发现涉嫌恐怖主义融资的，应当立即通报国务院反洗钱行政主管部门和有管辖权的公安机关。

3. 《**反电信网络诈骗法**》（2022 年 9 月 2 日）

第 25 条 任何单位和个人不得为他人实施电信网络诈骗活动提供下列支持或者帮助：

……

（二）帮助他人通过虚拟货币交易等方式洗钱；

……

4. 《禁毒法》（2007年12月29日）

第29条 反洗钱行政主管部门应当依法加强对可疑毒品犯罪资金的监测。反洗钱行政主管部门和其他依法负有反洗钱监督管理职责的部门、机构发现涉嫌毒品犯罪的资金流动情况，应当及时向侦查机关报告，并配合侦查机关做好侦查、调查工作。

● 行政法规及文件

5. 《国务院办公厅关于完善反洗钱、反恐怖融资、反逃税监管体制机制的意见》（2017年8月29日）

反洗钱、反恐怖融资、反逃税（以下统称"三反"）监管体制机制是建设中国特色社会主义法治体系和现代金融监管体系的重要内容，是推进国家治理体系和治理能力现代化、维护经济社会安全稳定的重要保障，是参与全球治理、扩大金融业双向开放的重要手段。反洗钱法公布实施以来，我国"三反"监管体制机制建设取得重大进展，工作成效明显，与国际通行标准基本保持一致。同时也要看到，相关领域仍然存在一些突出矛盾和问题，主要是监管制度尚不健全、协调合作机制仍不顺畅、跨部门数据信息共享程度不高、履行反洗钱义务的机构（以下简称反洗钱义务机构）履职能力不足、国际参与度和话语权与我国国际地位不相称等。为深入持久推进"三反"监管体制机制建设，完善"三反"监管措施，经国务院同意，现提出如下意见。

一、总体要求

（一）指导思想。

全面贯彻党的十八大和十八届三中、四中、五中、六中全会精神，以邓小平理论、"三个代表"重要思想、科学发展观为指导，深入贯彻习近平总书记系列重要讲话精神和治国理政新理念新思想新战略，认真落实党中央、国务院决策部署，坚持总体国家安全观，遵循推进国家治理体系和治理能力现代化的要求，完善"三反"监管体制机制。

（二）基本原则。

坚持问题导向，发挥工作合力。进一步解放思想，从基本国情和实际工作需要出发，深入研究、有效解决"三反"监管体制机制存在的问题。反洗钱行政主管部门、税务机关、公安机关要切实履职，国务院银行业、证券、保险监督管理机构及其他相关单位要发挥工作积极性，形成"三反"合力。探索建立以金融情报为纽带、以资金监测为手段、以数据信息共享为基础、符合国家治理需要的"三反"监管体制机制。

坚持防控为本，有效化解风险。开展全面科学的风险评估，根据风险水平和分布进一步优化监管资源配置，强化高风险领域监管。同时，不断优化风险评估机制和监测分析系统，健全风险预防体系，有效防控洗钱、恐怖融资和逃税风险。

坚持立足国情，为双向开放提供服务保障。根据国内洗钱、恐怖融资和逃税风险实际情况，逐步建立健全"三反"法律制度和监管规则。根据有关国际条约或者按照平等互利原则开展国际合作。忠实履行我国应当承担的国际义务，严格执行国际标准，加强跨境监管合作，切实维护我国金融机构合法权益，为金融业双向开放保驾护航。

坚持依法行政，充分发挥反洗钱义务机构主体作用。依法确定相关单位职责，确保各司其职，主动作为，严控风险。重视和发挥反洗钱义务机构在预防洗钱、恐怖融资和逃税方面的"第一道防线"作用。

（三）目标要求。

到2020年，初步形成适应社会主义市场经济要求、适合中国国情、符合国际标准的"三反"法律法规体系，建立职责清晰、权责对等、配合有力的"三反"监管协调合作机制，有效防控洗钱、恐怖融资和逃税风险。

二、健全工作机制

（四）加强统筹协调，完善组织机制。进一步完善反洗钱工作部际联席会议制度，统筹"三反"监管工作。以反洗钱工作部际联席会议为依托，强化部门间"三反"工作组织协调机制，制定整体战略、重要政策和措施，推动贯彻落实，指导"三反"领域国际合作，加强监管合作。

……

● 部门规章及文件

6.《银行业金融机构反洗钱和反恐怖融资管理办法》（2019年1月29日）

第19条 银行业金融机构应当建立反恐怖融资管理机制，按照国家反恐怖主义工作领导机构发布的恐怖活动组织及恐怖活动人员名单、冻结资产的决定，依法对相关资产采取冻结措施。

银行业金融机构应当根据监管要求密切关注涉恐人员名单，及时对本机构客户和交易进行风险排查，依法采取相应措施。

7.《社会组织反洗钱和反恐怖融资管理办法》（2017年11月17日）

第7条 社会组织应当通过合法金融渠道或者以合法方式开展资金交易活动。

8.《保险机构洗钱和恐怖融资风险评估及客户分类管理指引》（2014年12月30日）

第28条 保险机构应在洗钱风险评估和客户风险等级划分的基础上，酌情采取相应的风险控制措施。对风险水平较高的产品和风险较高的客户应采取强化的风险控制措施，包括但不限于：

……

（五）恐怖活动资产冻结。保险机构一旦发现客户为被公安部列入恐怖活动组织、恐怖活动人员名单或者保险资金为恐怖活动资产的，应按照法律规定立即对相关资产采取冻结措施，并报告当地公安机关、国家安全机关、人民银行和保险监管部门。

……

9.《涉及恐怖活动资产冻结管理办法》（2014年1月10日）

第1条　为规范涉及恐怖活动资产冻结的程序和行为，维护国家安全和社会公共利益，根据《中华人民共和国反洗钱法》、《全国人大常委会关于加强反恐怖工作有关问题的决定》①等法律，制定本办法。

第2条　本办法适用于在中华人民共和国境内依法设立的金融机构、特定非金融机构。

第3条　金融机构、特定非金融机构应当严格按照公安部发布的恐怖活动组织及恐怖活动人员名单、冻结资产的决定，依法对相关资产采取冻结措施。

第4条　金融机构、特定非金融机构应当制定冻结涉及恐怖活动资产的内部操作规程和控制措施，对分支机构和附属机构执行本办法的情况进行监督管理；指定专门机构或者人员关注并及时掌握恐怖活动组织及恐怖活动人员名单的变动情况；完善客户身份信息和交易信息管理，加强交易监测。

第5条　金融机构、特定非金融机构发现恐怖活动组织及恐怖活动人员拥有或者控制的资产，应当立即采取冻结措施。

对恐怖活动组织及恐怖活动人员与他人共同拥有或者控制的资产采取冻结措施，但该资产在采取冻结措施时无法分割或者确定份额的，金融机构、特定非金融机构应当一并采取冻结措施。

对按照本办法第十一条的规定收取的款项或者受让的资产，

---

①《全国人民代表大会常务委员会关于加强反恐怖工作有关问题的决定》已失效，请参见2018年4月27日修正的《反恐怖主义法》。

金融机构、特定非金融机构应当采取冻结措施。

第6条 金融机构、特定非金融机构采取冻结措施后,应当立即将资产数额、权属、位置、交易信息等情况以书面形式报告资产所在地县级公安机关和市、县国家安全机关,同时抄报资产所在地中国人民银行分支机构。地方公安机关和地方国家安全机关应当分别按照程序层报公安部和国家安全部。

金融机构、特定非金融机构采取冻结措施后,除中国人民银行及其分支机构、公安机关、国家安全机关另有要求外,应当及时告知客户,并说明采取冻结措施的依据和理由。

第7条 金融机构、特定非金融机构及其工作人员应当依法协助、配合公安机关和国家安全机关的调查、侦查,提供与恐怖活动组织及恐怖活动人员有关的信息、数据以及相关资产情况。

金融机构及其工作人员应当依法协助、配合中国人民银行及其省会(首府)城市中心支行以上分支机构的反洗钱调查,提供涉及恐怖活动组织及恐怖活动人员资产的情况。

第8条 金融机构、特定非金融机构及其工作人员对与采取冻结措施有关的工作信息应当保密,不得违反规定向任何单位及个人提供和透露,不得在采取冻结措施前通知资产的所有人、控制人或者管理人。

第9条 金融机构、特定非金融机构有合理理由怀疑客户或者其交易对手、相关资产涉及恐怖活动组织及恐怖活动人员的,应当根据中国人民银行的规定报告可疑交易,并依法向公安机关、国家安全机关报告。

第10条 金融机构、特定非金融机构不得擅自解除冻结措施。

符合下列情形之一的,金融机构、特定非金融机构应当立即解除冻结措施,并按照本办法第六条的规定履行报告程序:

(一)公安部公布的恐怖活动组织及恐怖活动人员名单有调

13

整，不再需要采取冻结措施的；

（二）公安部或者国家安全部发现金融机构、特定非金融机构采取冻结措施有错误并书面通知的；

（三）公安机关或者国家安全机关依法调查、侦查恐怖活动，对有关资产的处理另有要求并书面通知的；

（四）人民法院做出的生效裁决对有关资产的处理有明确要求的；

（五）法律、行政法规规定的其他情形。

第11条 涉及恐怖活动的资产被采取冻结措施期间，符合以下情形之一的，有关账户可以进行款项收取或者资产受让：

（一）收取被采取冻结措施的资产产生的孳息以及其他收益；

（二）受偿债权；

（三）为不影响正常的证券、期货交易秩序，执行恐怖活动组织及恐怖活动人员名单公布前生效的交易指令。

第12条 因基本生活支出以及其他特殊原因需要使用被采取冻结措施的资产的，资产所有人、控制人或者管理人可以向资产所在地县级公安机关提出申请。

受理申请的公安机关应当按照程序层报公安部审核。公安部在收到申请之日起30日内进行审查处理；审查核准的，应当要求相关金融机构、特定非金融机构按照指定用途、金额、方式等处理有关资产。

第13条 金融机构、特定非金融机构对根据本办法被采取冻结措施的资产的管理及处置，应当按照中国人民银行、中国银行业监督管理委员会、中国证券监督管理委员会、中国保险监督管理委员会的相关规定执行；没有规定的，参照公安机关、国家安全机关、检察机关的相关规定执行。

第14条 资产所有人、控制人或者管理人对金融机构、特定非金融机构采取的冻结措施有异议的，可以向资产所在地县级公安机关提出异议。

受理异议的公安机关应当按照程序层报公安部。公安部在收到异议申请之日起 30 日内作出审查决定,并书面通知异议人;确属错误冻结的,应当决定解除冻结措施。

第 15 条　境外有关部门以涉及恐怖活动为由,要求境内金融机构、特定非金融机构冻结相关资产、提供客户身份信息及交易信息的,金融机构、特定非金融机构应当告知对方通过外交途径或者司法协助途径提出请求;不得擅自采取冻结措施,不得擅自提供客户身份信息及交易信息。

第 16 条　金融机构、特定非金融机构的境外分支机构和附属机构按照驻在国家(地区)法律规定和监管要求,对涉及恐怖活动的资产采取冻结措施的,应当将相关情况及时报告金融机构、特定非金融机构总部。

金融机构、特定非金融机构总部收到报告后,应当及时将相关情况报告总部所在地公安机关和国家安全机关,同时抄报总部所在地中国人民银行分支机构。地方公安机关和地方国家安全机关应当分别按照程序层报公安部和国家安全部。

第 17 条　中国人民银行及其分支机构对金融机构执行本办法的情况进行监督、检查。

对特定非金融机构执行本办法的情况进行监督、检查的具体办法,由中国人民银行会同国务院有关部门另行制定。

第 18 条　中国人民银行及其分支机构、公安机关、国家安全机关工作人员违反规定,泄露工作秘密导致有关资产被非法转移、隐匿,冻结措施错误造成其他财产损失的,依照有关规定给予处分;涉嫌构成犯罪的,移送司法机关依法追究刑事责任。

第 19 条　金融机构及其工作人员违反本办法的,由中国人民银行及其地市中心支行以上分支机构按照《中华人民共和国反洗钱法》第三十一条、第三十二条①以及中国人民银行有关规定处罚；涉嫌构成犯罪的，移送司法机关依法追究刑事责任。

第20条 本办法所称金融机构、特定非金融机构，是指依据《中华人民共和国反洗钱法》等法律法规规定，应当履行反洗钱义务的机构。依据《非金融机构支付服务管理办法》（中国人民银行令〔2010〕第2号发布）② 取得《支付业务许可证》的支付机构适用本办法关于金融机构的规定。

本办法所称冻结措施，是指金融机构、特定非金融机构为防止其持有、管理或者控制的有关资产被转移、转换、处置而采取必要措施，包括但不限于：终止金融交易；拒绝资产的提取、转移、转换；停止金融账户的开立、变更、撤销和使用。

本办法所称资产包括但不限于：银行存款、汇款、旅行支票、银行支票、邮政汇票、保单、提单、仓单、股票、债券、汇票和信用证，房屋、车辆、船舶、货物，其他以电子或者数字形式证明资产所有权、其他权益的法律文件、证书等。

● **司法解释及文件**

10.《最高人民法院 最高人民检察院关于办理洗钱刑事案件适用法律若干问题的解释》（2024年8月19日）

第7条 认定洗钱罪应当以上游犯罪事实成立为前提。有下列情形的，不影响洗钱罪的认定：

（一）上游犯罪尚未依法裁判，但有证据证明确实存在的；

（二）有证据证明上游犯罪确实存在，因行为人逃匿未到案的；

（三）有证据证明上游犯罪确实存在，因行为人死亡等原因

---

① 对应2024年11月8日修订的《反洗钱法》第五十二条、第五十三条和第五十四条。

② 该规定已失效。请参考2024年7月9日公布的《非银行支付机构监督管理条例实施细则》（中国人民银行令〔2024〕第4号）。

依法不予追究刑事责任的；

（四）有证据证明上游犯罪确实存在，但同时构成其他犯罪而以其他罪名定罪处罚的。

第8条 刑法第一百九十一条规定的"黑社会性质的组织犯罪的所得及其产生的收益"，是指黑社会性质组织及其成员实施相关犯罪的所得及其产生的收益，包括黑社会性质组织的形成、发展过程中，该组织及组织成员通过违法犯罪活动聚敛的全部财物、财产性权益及其孳息、收益。

第9条 犯洗钱罪，判处五年以下有期徒刑或者拘役，并处或者单处罚金的，判处一万元以上罚金；判处五年以上十年以下有期徒刑的，并处二十万元以上罚金。

第10条 符合本解释第一条、第二条的规定，行为人如实供述犯罪事实，认罪悔罪，并积极配合追缴犯罪所得及其产生的收益的，可以从轻处罚；犯罪情节轻微的，可以依法不起诉或者免予刑事处罚。

第11条 单位实施洗钱犯罪的，依照本解释规定的相应自然人犯罪的定罪量刑标准，对单位判处罚金，并对其直接负责的主管人员和其他直接责任人员定罪处罚。

第12条 本解释所称"上游犯罪"，是指刑法第一百九十一条规定的毒品犯罪、黑社会性质的组织犯罪、恐怖活动犯罪、走私犯罪、贪污贿赂犯罪、破坏金融管理秩序犯罪、金融诈骗犯罪。

11.《最高人民法院 最高人民检察院 公安部关于办理医保骗保刑事案件若干问题的指导意见》（2024年2月28日）

三、依法惩处医保骗保犯罪

……

11. 办理医保骗保刑事案件，要同步审查洗钱、侵犯公民个人信息等其他犯罪线索，实现全链条依法惩治。要结合常态化开

17

展扫黑除恶斗争，发现、识别医保骗保团伙中可能存在的黑恶势力，深挖医保骗保犯罪背后的腐败和"保护伞"，并坚决依法严惩。

……

● **案例指引**

1. 准确认定黑社会性质的组织犯罪所得及收益，严惩洗钱犯罪助力"打财断血"（最高人民检察院 中国人民银行惩治洗钱犯罪典型案例）[①]

案例要旨：2014年，银某公司为低价取得某村157.475亩土地使用权进行房地产开发，多次向熊某行贿，曾某以提供银行账户、转账、取现等方式，帮助熊某转移受贿款共计3700万元。其中，2014年1月29日，曾某受熊某指使，利用众某公司银行账户接收银某公司行贿款500万元，然后转账至其侄女曾某某银行账户，再拆分转账至熊某妻子及黑社会性质组织其他成员银行账户。2月13日，在熊某帮助下，银某公司独家参与网上竞拍，并以起拍价取得上述土地使用权。4月至12月，熊某利用其实际控制的雅某公司银行账户，接收银某公司以工程款名义分4次转入的行贿款，共计3200万元。后曾某受熊某指使，多次在雅某公司法定代表人陈某陪同下，通过银行柜台取现、直接转账或者利用曾某个人银行账户中转等方式，将上述3200万元转移给熊某及其妻子、黑社会性质组织其他成员。上述3700万元全部用于以熊某为首的黑社会性质组织的日常开支和发展壮大。2016年11月16日，熊某因另案被检察机关立案侦查，曾某担心其利用众某公司帮助熊某接收、转移500万元受贿款的事实暴露，以众某公司名义与银某公司签订虚假土方平整及填砂工程施工合同，将上述500万元受贿款伪装为银某公司支付给众某

[①] 参见中华人民共和国最高人民检察院网站，https://www.spp.gov.cn/spp/xwfbh/wsfbt/202103/t20210319_513155.shtml#2，最后访问时间：2024年11月19日。以下不再标注。

公司的项目工程款。

2. **开展"一案双查"，自行侦查深挖洗钱犯罪线索**（最高人民检察院 中国人民银行惩治洗钱犯罪典型案例）

案例要旨：有效运用自行侦查追缴违法所得，切实维护人民群众合法权益。在非法集资案件中，犯罪分子往往通过各种违法手段转移非法集资款，集资参与人损失惨重。以追踪资金为导向，严惩转移非法集资款的洗钱犯罪，有利于及时查清资金去向，有效截断资金转移链条，提高追缴犯罪所得的效率、效果。在依法查办陈某集资诈骗案过程中，检察机关主动作为，依法自行侦查、立案监督、追诉张某洗钱罪，会同公安机关及时查清、查封涉案资产，追缴犯罪所得，返还集资参与人，维护人民群众合法权益。在陈某集资诈骗案审查起诉过程中，集资参与人返还投资款诉求强烈。经两次退回补充侦查，仍有部分集资诈骗资金去向不明，南京市人民检察院决定自行侦查，并依法向中国人民银行南京分行调取证据。中国人民银行南京分行通过监测分析相关人员银行账户交易情况，发现陈某本人及关联账户巨额资金流入其前妻张某账户。经传讯，张某辩称其名下银行卡由陈某开立并实际使用，且已与陈某离婚多年，对陈某非法集资并不知情。针对张某辩解，检察机关进一步调取相关证据：一是调取银行卡开户申请、本票申请书、转账凭证等书证，并委托检察技术部门对签名进行笔迹鉴定，确认签名系张某书写，证明全部涉案银行卡、本票以及柜台转账均为张某本人前往银行办理。二是询问陈某亲属、公司工作人员证实，张某与陈某离婚不离家，仍然以夫妻名义共同生活、对外交往，公司员工曾告知张某协助陈某吸储的工作职责，张某曾向公司负责集资的员工表示将及时归还借款。上述证据证明张某应当知道陈某从事非法集资活动。检察机关自行侦查查明了陈某非法集资款的部分去向，同时发现张某明知陈某汇入其银行账户的资金来源于非法集资犯罪，仍然提供资金账户，协助将非法集资款转换为金融票证，协助转移资金，涉嫌洗钱罪。

3. 严厉惩治家族化洗钱犯罪，斩断毒品犯罪资金链条（最高人民检察院 中国人民银行惩治洗钱犯罪典型案例）

案例要旨：穿透隐匿表象，准确识别利用现金和"投资"清洗毒品犯罪所得及收益的行为本质。毒品犯罪现金交易频繁，下游洗钱犯罪也大量使用现金，留痕少、隐匿性强。将毒品犯罪所得及收益用于公司注册、公司运营、投资房地产等使资金直接"合法化"，是上游毒品犯罪分子试图漂白资金的惯用手法。在办案过程中要通过审查与涉案现金持有、转移、使用过程相关的证据，查清毒资毒赃的来源和去向，同步惩治上下游犯罪。检察机关在办理毒品案件时，应当深挖毒资毒赃，同步审查是否涉嫌洗钱犯罪。针对毒资毒赃清洗家族化、团伙化的特点，要重点审查家族成员、团伙成员之间资金来往情况，斩断毒品犯罪恶性循环的资金链条。对涉毒品洗钱犯罪提起公诉的，应当提出涉毒资产处理意见和财产刑量刑建议，并加强对适用财产刑的审判监督。

4. 退回补充侦查追加认定遗漏犯罪事实，综合其他证据"零口供"定罪（最高人民检察院 中国人民银行惩治洗钱犯罪典型案例）

案例要旨：东丽区人民检察院经审查发现，公安机关认定洗钱数额200万元，系武某明确告知赵某钱款来源的数额；在此前后，武某另有多次向赵某转账，共计1000余万元，武某虽然没有对赵某明示钱款来源，但是资金来源、转账方式、用途与上述200万元一致，可能涉嫌洗钱犯罪。由于赵某否认是武某的密切关系人，否认知悉钱款性质，东丽区人民检察院两次退回补充侦查，列出详细的补充侦查提纲，要求公安机关查证赵某和武某的真实关系，以及赵某对上述1000余万元资金来源和性质的认知情况。公安机关调查了武某的工资收入、个人房产情况，查明武某财产状况和工资收入水平；调取了武某、赵某任职经历证据，查明二人多年同在电影集团金融部工作且长期为上下级关系；讯问武某、王某，二人供述赵某与武某在同一办公室工作，武某与王某谈业务从不回避赵某，赵某、武某二人长期同居。检察机关认为，补充侦查获取的证据证明，赵某是武某的密切关系人，对武某通过贪污贿赂犯罪获取非法利益应当有概括性认识，应当知道其银行账户接收的1000余万元明显超过武某的合法收入，系其贪污受贿所得。2019年5月16日，东丽区人民检察院对赵某以洗钱罪提起公诉，认定犯罪金额1200余万元。

5. 王某某等人非法吸收公众存款、洗钱案（最高人民法院 最高人民检察院惩治伪造公司、企业印章等破坏营商环境犯罪典型案例）①

案例要旨：王某某、王某甲经他人介绍认识后协商合作融资，约定由王某甲负责贸易业务端，王某某负责寻找担保、融资备案等。2021年3月至7月，王某某、王某甲等未经有关部门批准，以王某某实际控制的广州某商贸公司为融资主体，公开虚假宣称该公司是中国储备粮管理集团全资控股的四级子公司，谎称该公司对外有数千万元的应收优质债权，并以王某某实际控制的某实业公司、上海某国贸公司负责提供担保，对外亦谎称该两家公司系中储粮集团二级、三级子公司。王某某、王某甲等通过某金融资产服务中心有限公司、某资产登记服务有限公司违规备案登记，将融资产品包装成《中储应收账款融资计划资产收益权产品》，以7.6%—8.8%不等的年收益率为诱饵吸引不特定公众投资，非法吸收资金共计4500万余元，主要用于支付融资居间费、备案费、公司经营及王某甲个人贸易业务。在此期间，王某某指派王某乙任财务总监，负责融资款管理、审批；指使晏某负责相关融资产品的违规备案。2021年9月，王某某为防止部分融资款被冻结，指示王某乙将1030万元融资款进行拆分，从广州某商贸公司账户转出，先后经上海某国贸公司、某实业公司等公司账户，最终于2022年1月底分多笔汇入王某某实际

---

① 参见中华人民共和国最高人民检察院网站，https://www.spp.gov.cn/spp/xwfbh/wsfbt/202312/t20231229_638674.shtml，最后访问时间：2024年11月19日。

控制的上海某祥公司账户。

6. 贩卖含有合成大麻素成分的电子烟油并"自洗钱",依法数罪并罚(最高人民法院发布2022年十大毒品(涉毒)犯罪典型案例)[①]

案例要旨:2021年7月1日至8月21日,被告人万某某在明知合成大麻素类物质已被列管的情况下,为牟取非法利益,通过微信兜售含有合成大麻素成分的电子烟油,先后六次采用雇请他人送货或者发送快递的方式向多人贩卖,得款共计4900元。被告人黄某两次帮助万某某贩卖共计600元含有合成大麻素成分的电子烟油,被告人刘某某帮助万某某贩卖300元含有合成大麻素成分的电子烟油。为掩饰、隐瞒上述犯罪所得的来源和性质,万某某收买他人微信账号并使用他人身份认证,收取毒资后转至自己的微信账号,再将犯罪所得提取至银行卡用于消费等。同年8月23日,公安人员在万某某住处将其抓获,当场查获电子烟油15瓶,共计净重111.67克。次日,公安人员在万某某租赁的仓库内查获电子烟油94瓶,共计净重838.36克。经鉴定,上述烟油中均含有ADB-BUTINACA和MDMB-4en-PINACA合成大麻素成分。万某某、黄某到案后,分别协助公安机关抓捕吴某某(另案处理)、刘某某。毒品犯罪是洗钱犯罪的上游犯罪之一。洗钱活动在为毒品犯罪清洗毒资的同时,也为扩大毒品犯罪规模提供了资金支持,助长了毒品犯罪的蔓延。《中华人民共和国刑法修正案(十一)》将"自洗钱"行为规定为犯罪,加大了对从洗钱犯罪中获益最大的上游犯罪本犯的惩罚力度。本案中,被告人万某某通过收购的微信账号等支付结算方式,转移自身贩卖毒品所获毒资,掩饰、隐瞒贩毒违法所得的来源和性质,妄图"洗白"毒资和隐匿毒资来源。人民法院对其以贩卖毒品罪、洗钱罪数罪并罚,以同步惩治上下游犯罪,斩断毒品犯罪的资金链条,摧毁毒品

[①] 参见中华人民共和国最高人民法院网站,https://www.court.gov.cn/zixun/xiangqing/363401.html,最后访问时间:2024年11月19日。

犯罪分子再犯罪的经济基础。

第三条 反洗钱工作原则

> 反洗钱工作应当贯彻落实党和国家路线方针政策、决策部署，坚持总体国家安全观，完善监督管理体制机制，健全风险防控体系。

● 行政法规及文件

1.《国务院办公厅关于完善反洗钱、反恐怖融资、反逃税监管体制机制的意见》（2017年8月29日）

（五）研究设计洗钱和恐怖融资风险评估体系，建立反洗钱和反恐怖融资战略形成机制。积极发挥风险评估在发现问题、完善体制机制、配置资源方面的基础性作用，开展风险导向的反洗钱和反恐怖融资战略研究。建立国家层面的洗钱和恐怖融资风险评估指标体系和评估机制，成立由反洗钱行政主管部门、税务机关、公安机关、国家安全机关、司法机关以及国务院银行业、证券、保险监督管理机构和其他行政机关组成的洗钱和恐怖融资风险评估工作组，定期开展洗钱和恐怖融资风险评估工作。以风险评估发现的问题为导向，制定并定期更新反洗钱和反恐怖融资战略，确定反洗钱和反恐怖融资工作的阶段性目标、主要任务和重大举措，明确任务分工，加大高风险领域反洗钱监管力度。建立多层次评估结果运用机制，由相关单位和反洗钱义务机构根据评估结果有针对性地完善反洗钱和反恐怖融资工作，提升资源配置效率，提高风险防控有效性。

● 部门规章及文件

2.《证券期货业反洗钱工作实施办法》（2022年8月12日）

第12条 证券期货经营机构应当按照反洗钱法律法规的要求及时建立客户风险等级划分制度，并报当地证监会派出机构备案。在持续关注的基础上，应适时调整客户风险等级。

3.《银行业金融机构反洗钱和反恐怖融资管理办法》（2019年1月29日）

第5条 银行业金融机构应当建立健全洗钱和恐怖融资风险管理体系，全面识别和评估自身面临的洗钱和恐怖融资风险，采取与风险相适应的政策和程序。

第6条 银行业金融机构应当将洗钱和恐怖融资风险管理纳入全面风险管理体系，将反洗钱和反恐怖融资要求嵌入合规管理、内部控制制度，确保洗钱和恐怖融资风险管理体系能够全面覆盖各项产品及服务。

4.《保险机构洗钱和恐怖融资风险评估及客户分类管理指引》（2014年12月30日）

第2条 保险机构洗钱风险是指保险机构提供的产品或服务被用于洗钱进而导致保险机构遭受损失的不确定性。

第3条 保险机构开展洗钱风险管理和客户分类管理工作应当遵循以下原则：

（一）风险为本原则。保险机构应制定洗钱风险控制政策或洗钱风险控制目标，根据控制政策或控制目标，制定相应流程来应对洗钱风险，包括识别风险、开展风险评估、制定相关策略处置或降低已识别的风险。保险机构在洗钱风险较高的领域应采取强化的反洗钱措施，在洗钱风险较低的领域采取简化的反洗钱措施，从而实现反洗钱资源的有效配置。

（二）动态管理原则。保险机构应根据产品或服务、内部操作流程的洗钱风险水平变化和客户风险状况的变化，及时调整风险管理政策和风险控制措施。

（三）保密原则。保险机构不得向客户或其他与反洗钱工作无关的第三方泄露客户风险等级信息。

> **第四条** 反洗钱工作要求
>
> 反洗钱工作应当依法进行,确保反洗钱措施与洗钱风险相适应,保障正常金融服务和资金流转顺利进行,维护单位和个人的合法权益。

● 法　律

1. 《银行业监督管理法》(2006 年 10 月 31 日)

第 4 条　银行业监督管理机构对银行业实施监督管理,应当遵循依法、公开、公正和效率的原则。

2. 《商业银行法》(2015 年 8 月 29 日)

第 8 条　商业银行开展业务,应当遵守法律、行政法规的有关规定,不得损害国家利益、社会公共利益。

● 部门规章及文件

3. 《证券期货业反洗钱工作实施办法》(2022 年 8 月 12 日)

第 5 条　证券期货经营机构应当依法建立健全反洗钱工作制度,按照本办法规定向当地证监会派出机构报送相关信息。证券期货经营机构发现证券期货业内涉嫌洗钱活动线索,应当依法向反洗钱行政主管部门、侦查机关举报。

4. 《金融机构反洗钱和反恐怖融资监督管理办法》(2021 年 4 月 15 日)

第 20 条　中国人民银行及其分支机构开展反洗钱和反恐怖融资执法检查,应当依据现行反洗钱和反恐怖融资规定,按照中国人民银行执法检查有关程序规定组织实施。

5. 《中国人民银行反洗钱调查实施细则(试行)》(2007 年 5 月 21 日)

第 3 条　中国人民银行及其省一级分支机构实施反洗钱调查,应当遵循合法、合理、效率和保密的原则。

6.《银行跨境业务反洗钱和反恐怖融资工作指引（试行）》（2021年1月19日）

第3条 【工作原则】银行办理跨境业务应严格执行反洗钱法律法规及中国人民银行、国家外汇管理局有关规定，按照本指引规定和要求，以风险为本，切实履行"了解你的客户、了解你的业务、尽职审查"职责，有效识别、评估、监测和控制跨境业务的洗钱和恐怖融资风险。

7.《中国人民银行关于加强反洗钱客户身份识别有关工作的通知》（2017年10月20日）

三、加强特定业务关系中客户的身份识别措施

……

（六）银行业金融机构应当遵守《金融机构客户身份识别和客户身份资料及交易记录保存管理办法》等规章制度，同时参照金融行动特别工作组、沃尔夫斯堡集团关于代理行业务的相关要求，严格履行代理行业务的身份识别义务。

8.《关于报送保险业反洗钱工作信息的通知》（2011年12月14日）

一、保险业反洗钱工作信息的范围

保险业反洗钱工作信息是指保险行业根据《中华人民共和国反洗钱法》等法律法规，在保险经营和保险监管过程中，依法开展反洗钱的工作情况。包括：履行反洗钱义务的状况、组织实施反洗钱的工作情况和保险业反洗钱工作的监管情况。

9.《保险业反洗钱工作管理办法》（2011年9月13日）

第2条 中国保险监督管理委员会（以下简称"中国保监会"）① 根据有关法律法规和国务院授权，履行保险业反洗钱监

---

① 国务院机构改革后，部分机构的名称和职能现已发生变化，详见《国务院机构改革方案》。以下不再标注。

管职责。

中国保监会派出机构根据本办法的规定，在中国保监会授权范围内履行反洗钱监管职责。

第39条 中国保监会依法指导中国保险行业协会，制定反洗钱工作指引，开展反洗钱培训宣传。

10.《中国人民银行关于加强贵金属交易场所反洗钱和反恐怖融资工作的通知》（2017年9月26日）

三、加强对交易场所、交易商反洗钱和反恐怖融资工作的监督管理

……

（二）交易场所、交易商为履行反洗钱和反恐怖融资义务依法开展的工作受法律保护。

……

第五条 监管体制

国务院反洗钱行政主管部门负责全国的反洗钱监督管理工作。国务院有关部门在各自的职责范围内履行反洗钱监督管理职责。

国务院反洗钱行政主管部门、国务院有关部门、监察机关和司法机关在反洗钱工作中应当相互配合。

● 法　律

1.《中国人民银行法》（2003年12月27日）

第2条 中国人民银行是中华人民共和国的中央银行。

中国人民银行在国务院领导下，制定和执行货币政策，防范和化解金融风险，维护金融稳定。

第9条 国务院建立金融监督管理协调机制，具体办法由国务院规定。

2. 《银行业监督管理法》(2006年10月31日)

第2条第1款 国务院银行业监督管理机构负责对全国银行业金融机构及其业务活动监督管理的工作。

第4条 银行业监督管理机构对银行业实施监督管理,应当遵循依法、公开、公正和效率的原则。

第13条 银行业监督管理机构在处置银行业金融机构风险、查处有关金融违法行为等监督管理活动中,地方政府、各级有关部门应当予以配合和协助。

3. 《证券法》(2019年12月28日)

第168条 国务院证券监督管理机构依法对证券市场实行监督管理,维护证券市场公开、公平、公正,防范系统性风险,维护投资者合法权益,促进证券市场健康发展。

● 行政法规及文件

4. 《国务院办公厅关于完善反洗钱、反恐怖融资、反逃税监管体制机制的意见》(2017年8月29日)

(十四)建立健全防控风险为本的监管机制,引导反洗钱义务机构有效化解风险。以有效防控风险为目标,持续优化反洗钱监管政策框架,合理确定反洗钱监管风险容忍度,建立健全监管政策传导机制,督促、引导、激励反洗钱义务机构积极主动加强洗钱和恐怖融资风险管理,充分发挥其在预防洗钱、恐怖融资和逃税方面的"第一道防线"作用。综合运用反洗钱监管政策工具,推行分类监管,完善风险预警和应急处置机制,切实强化对高风险市场、高风险业务和高风险机构的反洗钱监管。

● 部门规章及文件

5. 《金融机构反洗钱规定》(2006年11月14日)

第3条 中国人民银行是国务院反洗钱行政主管部门,依法对金融机构的反洗钱工作进行监督管理。中国银行业监督管理委员会、中国证券监督管理委员会、中国保险监督管理委员会在各自的职责范围内履行反洗钱监督管理职责。

中国人民银行在履行反洗钱职责过程中，应当与国务院有关部门、机构和司法机关相互配合。

第 5 条　中国人民银行依法履行下列反洗钱监督管理职责：

（一）制定或者会同中国银行业监督管理委员会、中国证券监督管理委员会和中国保险监督管理委员会制定金融机构反洗钱规章；

（二）负责人民币和外币反洗钱的资金监测；

（三）监督、检查金融机构履行反洗钱义务的情况；

（四）在职责范围内调查可疑交易活动；

（五）向侦查机关报告涉嫌洗钱犯罪的交易活动；

（六）按照有关法律、行政法规的规定，与境外反洗钱机构交换与反洗钱有关的信息和资料；

（七）国务院规定的其他有关职责。

第 14 条第 1 款　金融机构及其工作人员应当依法协助、配合司法机关和行政执法机关打击洗钱活动。

6.《中国人民银行反洗钱调查实施细则（试行）》（2007 年 5 月 21 日）

第 2 条　中国人民银行及其省一级分支机构调查可疑交易活动适用本实施细则。

本实施细则所称中国人民银行及其省一级分支机构包括中国人民银行总行，上海总部，分行、营业管理部，省会（首府）城市中心支行、副省级城市中心支行。

7.《社会组织反洗钱和反恐怖融资管理办法》（2017 年 11 月 17 日）

第 3 条　中国人民银行负责全国的反洗钱和反恐怖融资监督管理工作。民政部门在职责范围内配合中国人民银行履行社会组织反洗钱和反恐怖融资监督管理职责。

第 17 条第 2 款 中国人民银行及其分支机构、民政部门有合理理由怀疑社会组织涉嫌洗钱、恐怖融资等犯罪活动的，应当立即向公安机关报告，并相互通报情况。

第 18 条 中国人民银行及其分支机构与民政部门共享社会组织的登记信息、管理信息、财务信息、项目信息、依法律法规授权可获取的资金交易信息和其他有关信息。

8.《证券期货业反洗钱工作实施办法》（2022 年 8 月 12 日）

第 1 条 为进一步配合国务院反洗钱行政主管部门加强证券期货业反洗钱工作，有效防范证券期货业洗钱和恐怖融资风险，规范行业反洗钱监管行为，推动证券期货经营机构认真落实反洗钱工作，维护证券期货市场秩序，根据《中华人民共和国反洗钱法》（以下简称《反洗钱法》）、《中华人民共和国证券法》《中华人民共和国证券投资基金法》《中华人民共和国期货和衍生品法》及《期货交易管理条例》等法律法规，制定本办法。

第 6 条 证监会负责组织、协调、指导证券期货业的反洗钱工作，履行以下反洗钱工作职责：

（一）配合国务院反洗钱行政主管部门研究制定证券期货业反洗钱工作的政策、规划，研究解决证券期货业反洗钱工作重大和疑难问题，及时向国务院反洗钱行政主管部门通报反洗钱工作信息；

……

（三）配合国务院反洗钱行政主管部门对证券期货经营机构实施反洗钱监管；

（四）会同国务院反洗钱行政主管部门指导中国证券业协会、中国期货业协会制定反洗钱工作指引，开展反洗钱宣传和培训；

……

9.《住房和城乡建设部 人民银行 银监会关于规范购房融资和加强反洗钱工作的通知》(2017年9月29日)

为贯彻落实党中央、国务院关于房地产工作的决策部署，坚持"房子是用来住的，不是用来炒的"定位，规范购房融资行为，加强房地产领域反洗钱工作，促进房地产市场平稳健康发展，现就有关事项通知如下：

一、严禁违规提供"首付贷"等购房融资

（一）严禁房地产开发企业、房地产中介机构违规提供购房首付融资。房地产开发企业、房地产中介机构不得为购房人垫付首付款或采取首付分期等其他形式变相垫付首付款，不得通过任何平台和机构为购房人提供首付融资，不得以任何形式诱导购房人通过其他机构融资支付首付款，不得组织"众筹"购房。

（二）严禁互联网金融从业机构、小额贷款公司违规提供"首付贷"等购房融资产品或服务。互联网金融从业机构和小额贷款公司不得以线上、线下或其他任何形式为购房人提供首付融资或相关服务。

（三）严禁违规提供房地产场外配资。房地产中介机构、互联网金融从业机构、小额贷款公司不得为卖房人或购房人提供"过桥贷""尾款贷""赎楼贷"等场外配资金融产品。

（四）严禁个人综合消费贷款等资金挪用于购房。银行业金融机构要加强个人住房贷款业务的审贷管理，加大对首付资金来源和借款人收入证明真实性的审核力度。要严格对个人住房贷款和个人综合消费贷款实行分类管理，强化对个人综合消费贷款、经营性贷款、信用卡透支等业务的额度和资金流向管理，严格按照合同约定监控贷款用途，严禁资金挪用于购房。

二、加强信息互通和部门间协作

（五）畅通信息查询渠道。各地应建立信息互通查询机制，房产管理部门向相关银行业金融机构提供新建商品房、二手房网签备案合同及住房套数等信息的实时查询服务，有效防范交易欺诈、骗取贷款等行为。银行业金融机构在办理个人住房贷款业务时，要以在房产管理部门备案的网签合同和住房套数查询结果作为审核依据，并以网签备案合同价款和房屋评估价的最低值作为计算基数确定贷款额度。

（六）强化抵押合同等备案管理。银行业金融机构在办理新建商品房按揭贷款、二手房买卖抵押贷款以及其他形式的房屋抵押贷款业务时，要以在房产管理部门备案的抵押合同作为放款依据之一。房产管理部门在办理撤销房屋买卖、抵押合同备案业务时，对于有贷款的，应在贷款结清后，方可撤销有关备案。

三、加大对违规提供购房融资行为的查处力度

（七）严肃查处房地产开发企业、房地产中介机构违规行为。房产管理部门对提供"首付贷"等违规融资、进行虚假评估、出具虚假证明的房地产开发企业、房地产中介机构，要将其列入严重违法失信企业名单，并共享给银行业协会和银行业金融机构；对上述房地产开发企业，要在开发资质审查中进行重点审核，并依法依规严肃处置；对上述房地产中介机构和从业人员，要依法给予罚款、取消网上签约资格等处罚。对上述房地产开发企业和房地产中介机构，在房产管理部门未将其移出严重违法失信企业名单前，银行业金融机构不得增加新的授信。

（八）坚决打击互联网金融从业机构、小额贷款公司等机构违规行为。地方金融监管部门应当加强对互联网金融从业机构、小额贷款公司等机构的重点监测，对违规提供购房融资行为的互联网金融从业机构，要将其列入重点对象进行整治；对违规提供购房融资行为的小额贷款公司，依照有关法律法规实施处罚；将互联网金融从业机构、小额贷款公司等机构违规提供融资行为依法录入征信系统。中国互联网金融协会、小额贷款公司协会应推动行业自律，加强对互联网金融从业机构和小额贷款公司的指

导，引导其严格遵守相关禁止性规定。

（九）加大对银行业金融机构违规行为的查处力度。银行业监督管理部门各级派出机构要加大对银行业金融机构个人住房贷款、个人综合消费贷款、经营性贷款、信用卡透支等业务的监督和检查力度，依法依规严肃处理各类违规行为。银行业金融机构要加强自查和相关制度建设，对发现个人综合消费贷款、经营性贷款、信用卡透支等资金违规用于购房的，要依法依规严肃问责相关责任人员，妥善管理相关风险，并依法将借款人失信违约情况录入征信系统。

……

五、强化监督管理

（十二）建立部门联动工作机制。各地房产管理部门、地方金融监管部门要会同人民银行、银监会各派出机构，密切配合，明确分工，共享信息，形成工作合力，确保政策落到实处。

……

10.《支付机构反洗钱和反恐怖融资管理办法》（2012年3月5日）

第3条 中国人民银行是国务院反洗钱行政主管部门，对支付机构依法履行下列反洗钱和反恐怖融资监督管理职责：

（一）制定支付机构反洗钱和反恐怖融资管理办法；

（二）负责支付机构反洗钱和反恐怖融资的资金监测；

（三）监督、检查支付机构履行反洗钱和反恐怖融资义务的情况；

（四）在职责范围内调查可疑交易活动；

（五）国务院规定的其他有关职责。

第六条　反洗钱义务主体及义务

在中华人民共和国境内（以下简称境内）设立的金融机构和依照本法规定应当履行反洗钱义务的特定非金融机构，应当依法采取预防、监控措施，建立健全反洗钱内部控制制度，履行客户尽职调查、客户身份资料和交易记录保存、大额交易和可疑交易报告、反洗钱特别预防措施等反洗钱义务。

● 部门规章及文件

1.《金融机构反洗钱和反恐怖融资监督管理办法》（2021年4月15日）

第4条　金融机构应当按照规定建立健全反洗钱和反恐怖融资内部控制制度，评估洗钱和恐怖融资风险，建立与风险状况和经营规模相适应的风险管理机制，搭建反洗钱信息系统，设立或者指定部门并配备相应人员，有效履行反洗钱和反恐怖融资义务。

第15条　金融机构应当按照中国人民银行的规定报送反洗钱和反恐怖融资工作信息。金融机构应当对相关信息的真实性、完整性、有效性负责。

2.《证券期货业反洗钱工作实施办法》（2022年8月12日）

第14条　证券期货经营机构通过销售机构向客户销售基金等金融产品时，应当通过合同、协议或其他书面文件，明确双方在客户身份识别、客户身份资料和交易记录保存与信息交换、大额交易和可疑交易报告等方面的反洗钱职责和程序。

3.《银行跨境业务反洗钱和反恐怖融资工作指引（试行）》（2021年1月19日）

第5条　【内控要求】银行应结合跨境业务流程及管理要求，建立健全反洗钱和反恐怖融资内部控制体系，明确跨境业务洗钱和恐怖融资风险识别、评估、监测和控制的职责分工。

4. 《银行业金融机构反洗钱和反恐怖融资管理办法》（2019 年 1 月 29 日）

第 38 条　设立银行业金融机构应当符合以下反洗钱和反恐怖融资审查条件：

（一）投资资金来源合法；

（二）股东及其控股股东、实际控制人、关联方、一致行动人、最终受益人等各方关系清晰透明，不得有故意或重大过失犯罪记录；

（三）建立反洗钱和反恐怖融资内部控制制度；

（四）设置反洗钱和反恐怖融资专门工作机构或指定内设机构负责该项工作；

（五）配备反洗钱和反恐怖融资专业人员，专业人员接受了必要的反洗钱和反恐怖融资培训；

（六）信息系统建设满足反洗钱和反恐怖融资要求；

（七）国务院银行业监督管理机构规定的其他条件。

第 39 条　设立银行业金融机构境内分支机构应当符合下列反洗钱和反恐怖融资审查条件：

（一）总行具备健全的反洗钱和反恐怖融资内部控制制度并对分支机构具有良好的管控能力；

（二）总行的信息系统建设能够支持分支机构的反洗钱和反恐怖融资工作；

（三）拟设分支机构设置了反洗钱和反恐怖融资专门机构或指定内设机构负责反洗钱和反恐怖融资工作；

（四）拟设分支机构配备反洗钱和反恐怖融资专业人员，专业人员接受了必要的反洗钱和反恐怖融资培训；

（五）国务院银行业监督管理机构规定的其他条件。

第 40 条　银行业金融机构申请投资设立、参股、收购境内法人金融机构的，申请人应当具备健全的反洗钱和反恐怖融资内部控制制度。

第41条 银行业金融机构申请投资设立、参股、收购境外金融机构的，应当具备健全的反洗钱和反恐怖融资内部控制制度，具有符合境外反洗钱和反恐怖融资监管要求的专业人才队伍。

5.《中国人民银行办公厅关于加强特定非金融机构反洗钱监管工作的通知》（2018年7月13日）

二、特定非金融机构应当严格执行《中国人民银行关于加强贵金属交易场所反洗钱和反恐怖融资工作的通知》（银发〔2017〕218号）、《住房城乡建设部 人民银行 银监会关于规范购房融资和加强反洗钱工作的通知》（建房〔2017〕215号）、《财政部关于加强注册会计师行业监管有关事项的通知》（财会〔2018〕8号）等相关文件要求（见附件），认真履行反洗钱和反恐怖融资义务。

第七条　反洗钱信息保护

对依法履行反洗钱职责或者义务获得的客户身份资料和交易信息、反洗钱调查信息等反洗钱信息，应当予以保密；非依法律规定，不得向任何单位和个人提供。

反洗钱行政主管部门和其他依法负有反洗钱监督管理职责的部门履行反洗钱职责获得的客户身份资料和交易信息，只能用于反洗钱监督管理和行政调查工作。

司法机关依照本法获得的客户身份资料和交易信息，只能用于反洗钱相关刑事诉讼。

国家有关机关使用反洗钱信息应当依法保护国家秘密、商业秘密和个人隐私、个人信息。

● 法 律

1. 《证券法》（2019 年 12 月 28 日）

第 179 条第 1 款　国务院证券监督管理机构工作人员必须忠于职守、依法办事、公正廉洁，不得利用职务便利牟取不正当利益，不得泄露所知悉的有关单位和个人的商业秘密。

2. 《商业银行法》（2015 年 8 月 29 日）

第 53 条　商业银行的工作人员不得泄露其在任职期间知悉的国家秘密、商业秘密。

3. 《银行业监督管理法》（2006 年 10 月 31 日）

第 11 条　银行业监督管理机构工作人员，应当依法保守国家秘密，并有责任为其监督管理的银行业金融机构及当事人保守秘密。

国务院银行业监督管理机构同其他国家或者地区的银行业监督管理机构交流监督管理信息，应当就信息保密作出安排。

● 行政法规及文件

4. 《个人存款账户实名制规定》（2000 年 3 月 20 日）

第 8 条　金融机构及其工作人员负有为个人存款账户的情况保守秘密的责任。

金融机构不得向任何单位或者个人提供有关个人存款账户的情况，并有权拒绝任何单位或者个人查询、冻结、扣划个人在金融机构的款项；但是，法律另有规定的除外。

● 部门规章及文件

5. 《金融机构反洗钱规定》（2006 年 11 月 14 日）

第 7 条　中国人民银行及其工作人员应当对依法履行反洗钱职责获得的信息予以保密，不得违反规定对外提供。

中国反洗钱监测分析中心及其工作人员应当对依法履行反洗钱职责获得的客户身份资料、大额交易和可疑交易信息予以保密；非依法律规定，不得向任何单位和个人提供。

第 15 条 金融机构及其工作人员对依法履行反洗钱义务获得的客户身份资料和交易信息应当予以保密；非依法律规定，不得向任何单位和个人提供。

金融机构及其工作人员应当对报告可疑交易、配合中国人民银行调查可疑交易活动等有关反洗钱工作信息予以保密，不得违反规定向客户和其他人员提供。

6.《金融机构反洗钱和反恐怖融资监督管理办法》（2021 年 4 月 15 日）

第 5 条 对依法履行反洗钱和反恐怖融资职责或者义务获得的客户身份资料和交易信息，应当予以保密，非依法律规定不得对外提供。

7.《中国人民银行反洗钱调查实施细则（试行）》（2007 年 5 月 21 日）

第 3 条 中国人民银行及其省一级分支机构实施反洗钱调查，应当遵循合法、合理、效率和保密的原则。

8.《证券期货业反洗钱工作实施办法》（2022 年 8 月 12 日）

第 15 条 证券期货经营机构应当建立反洗钱工作保密制度，并报当地证监会派出机构备案。

反洗钱工作保密事项包括以下内容：

（一）客户身份资料及客户风险等级划分资料；

（二）交易记录；

（三）大额交易报告；

（四）可疑交易报告；

（五）履行反洗钱义务所知悉的国家执法部门调查涉嫌洗钱活动的信息；

（六）其他涉及反洗钱工作的保密事项。查阅、复制涉密档案应当实施书面登记制度。

9. 《银行跨境业务反洗钱和反恐怖融资工作指引（试行）》（2021年1月19日）

  第30条　【保密要求】对依法履行跨境业务反洗钱和反恐怖融资义务获得的客户身份资料和交易记录，银行及其工作人员应当予以保密；非依法律规定，不得向任何单位和个人提供。

10. 《银行业金融机构反洗钱和反恐怖融资管理办法》（2019年1月29日）

  第22条　对依法履行反洗钱和反恐怖融资义务获得的客户身份资料和交易信息，银行业金融机构及其工作人员应当予以保密；非依法律规定，不得向任何单位和个人提供。

11. 《互联网金融从业机构反洗钱和反恐怖融资管理办法（试行）》（2018年9月29日）

  第9条　从业机构及其员工对依法履行反洗钱和反恐怖融资义务获得的客户身份资料和交易信息应当予以保密。非依法律规定，不得向任何单位和个人提供。

  从业机构及其员工应当对报告可疑交易、配合中国人民银行及其分支机构开展反洗钱调查等有关反洗钱和反恐怖融资工作信息予以保密，不得违反规定向任何单位和个人提供。

12. 《社会组织反洗钱和反恐怖融资管理办法》（2017年11月17日）

  第10条　社会组织及其工作人员应当对依法履行反洗钱和反恐怖融资义务获得的有关信息保密；除相关法律规定外，不得向任何组织或者个人提供。

13. 《中国人民银行关于加强反洗钱客户身份识别有关工作的通知》（2017年10月20日）

  四、其他事项

  （一）义务机构应当进一步完善客户身份识别的内部控制制

度和操作规范,并按照《金融机构客户身份识别和客户身份资料及交易记录保存管理办法》的规定保存上述身份识别工作记录和获取的身份资料,切实履行个人金融信息保护义务。

……

14. 《保险机构洗钱和恐怖融资风险评估及客户分类管理指引》(2014 年 12 月 30 日)

第 3 条　保险机构开展洗钱风险管理和客户分类管理工作应当遵循以下原则:

……

(三)保密原则。保险机构不得向客户或其他与反洗钱工作无关的第三方泄露客户风险等级信息。

15. 《支付机构反洗钱和反恐怖融资管理办法》(2012 年 3 月 5 日)

第 9 条　支付机构及其工作人员对依法履行反洗钱和反恐怖融资义务获得的客户身份资料和交易信息应当予以保密;非依法律规定,不得向任何单位和个人提供。

支付机构及其工作人员应当对报告可疑交易、配合中国人民银行及其分支机构调查可疑交易活动等有关反洗钱和反恐怖融资工作信息予以保密,不得违反规定向客户和其他人员提供。

16. 《保险业反洗钱工作管理办法》(2011 年 9 月 13 日)

第 28 条　保险公司、保险资产管理公司及其工作人员应当对依法履行反洗钱义务获得客户身份资料和交易信息予以保密;非依法律规定,不得向任何单位和个人提供。

保险公司、保险资产管理公司及其工作人员应当对报告可疑交易、配合调查可疑交易和涉嫌洗钱犯罪活动等有关信息予以保密,不得违反规定向客户和其他人员提供。

17. 《金融机构客户身份识别和客户身份资料及交易记录保存管理办法》（2007年6月21日）

第3条第2款　金融机构应当按照安全、准确、完整、保密的原则，妥善保存客户身份资料和交易记录，确保能足以重现每项交易，以提供识别客户身份、监测分析交易情况、调查可疑交易活动和查处洗钱案件所需的信息。

18. 《金融机构大额交易和可疑交易报告管理办法》（2018年7月26日）

第22条　金融机构应当按照完整准确、安全保密的原则，将大额交易和可疑交易报告、反映交易分析和内部处理情况的工作记录等资料自生成之日起至少保存5年。

保存的信息资料涉及正在被反洗钱调查的可疑交易活动，且反洗钱调查工作在前款规定的最低保存期届满时仍未结束的，金融机构应将其保存至反洗钱调查工作结束。

第23条　金融机构及其工作人员应当对依法履行大额交易和可疑交易报告义务获得的客户身份资料和交易信息，对依法监测、分析、报告可疑交易的有关情况予以保密，不得违反规定向任何单位和个人提供。

19. 《受益所有人信息管理办法》（2024年4月29日）

第12条第2款　国家有关机关以及金融机构、特定非金融机构对依法获得的受益所有人信息应当予以保密。

第八条　履职行为受法律保护

履行反洗钱义务的机构及其工作人员依法开展提交大额交易和可疑交易报告等工作，受法律保护。

● 部门规章及文件

《金融机构反洗钱规定》（2006 年 11 月 14 日）

第 16 条　金融机构及其工作人员依法提交大额交易和可疑交易报告，受法律保护。

> **第九条** 反洗钱宣传教育
>
> 反洗钱行政主管部门会同国家有关机关通过多种形式开展反洗钱宣传教育活动，向社会公众宣传洗钱活动的违法性、危害性及其表现形式等，增强社会公众对洗钱活动的防范意识和识别能力。

● 行政法规及文件

1. 《国务院办公厅关于完善反洗钱、反恐怖融资、反逃税监管体制机制的意见》（2017 年 8 月 29 日）

（十九）建立健全培训教育机制，培养建设专业人才队伍。建立全面覆盖各类反洗钱义务机构的反洗钱培训教育机制，提升相关人员反洗钱工作水平。积极鼓励创新反洗钱培训教育形式，充分利用现代科技手段扩大受众范围，加大对基层人员的教育培训力度。

（二十七）持续开展宣传教育，提升社会公众参与配合意识。建立常态化的"三反"① 宣传教育机制，向社会公众普及"三反"基本常识，提示风险，提高社会公众自我保护能力。采取灵活多样的形式开展宣传教育，提升社会公众"三反"意识，增强其主动配合"三反"工作的意愿，为开展"三反"工作营造良好氛围。

---

① 指反洗钱、反恐怖融资、反逃税。

● 部门规章及文件

2.《证券期货业反洗钱工作实施办法》(2022年8月12日)

第16条 证券期货经营机构应当建立反洗钱培训、宣传制度,每年开展对单位员工的反洗钱培训工作和对客户的反洗钱宣传工作,持续完善反洗钱的预防和监控措施。每年年初,应当向当地证监会派出机构上报反洗钱培训和宣传的落实情况。

3.《社会组织反洗钱和反恐怖融资管理办法》(2017年11月17日)

第19条 中国人民银行及其分支机构应当会同民政部门开展反洗钱宣传和培训,引导社会组织提高反洗钱和反恐怖融资意识,预防洗钱和恐怖融资犯罪活动。

第十条 单位和个人的义务

任何单位和个人不得从事洗钱活动或者为洗钱活动提供便利,并应当配合金融机构和特定非金融机构依法开展的客户尽职调查。

● 部门规章及文件

《中国人民银行关于加强反洗钱客户身份识别有关工作的通知》(2017年10月20日)

四、其他事项

……

(二)义务机构应当向客户充分说明本机构需履行的身份识别义务,不得明示、暗示或者帮助客户隐匿身份信息。

……

第十一条 举报保护与奖励制度

任何单位和个人发现洗钱活动，有权向反洗钱行政主管部门、公安机关或者其他有关国家机关举报。接受举报的机关应当对举报人和举报内容保密。

对在反洗钱工作中做出突出贡献的单位和个人，按照国家有关规定给予表彰和奖励。

● 法　律

1. 《证券法》（2019年12月28日）

第176条　对涉嫌证券违法、违规行为，任何单位和个人有权向国务院证券监督管理机构举报。

对涉嫌重大违法、违规行为的实名举报线索经查证属实的，国务院证券监督管理机构按照规定给予举报人奖励。

国务院证券监督管理机构应当对举报人的身份信息保密。

● 部门规章及文件

2. 《证券期货业反洗钱工作实施办法》（2022年8月12日）

第5条　证券期货经营机构应当依法建立健全反洗钱工作制度，按照本办法规定向当地证监会派出机构报送相关信息。证券期货经营机构发现证券期货业内涉嫌洗钱活动线索，应当依法向反洗钱行政主管部门、侦查机关举报。

3. 《社会组织反洗钱和反恐怖融资管理办法》（2017年11月17日）

第9条　社会组织应当依法履行信息公开义务，接受社会监督。

第14条　任何单位和个人发现社会组织涉嫌洗钱或者恐怖融资活动，有权向中国人民银行及其分支机构或者公安机关举报。

第十二条　域外适用

在中华人民共和国境外（以下简称境外）的洗钱和恐怖主义融资活动，危害中华人民共和国主权和安全，侵犯中华人民共和国公民、法人和其他组织合法权益，或者扰乱境内金融秩序的，依照本法以及相关法律规定处理并追究法律责任。

● 法　律

《反恐怖主义法》（2018年4月27日）

第26条　海关在对进出境人员携带现金和无记名有价证券实施监管的过程中，发现涉嫌恐怖主义融资的，应当立即通报国务院反洗钱行政主管部门和有管辖权的公安机关。

第二章　反洗钱监督管理

第十三条　反洗钱行政主管部门及其派出机构的职责

国务院反洗钱行政主管部门组织、协调全国的反洗钱工作，负责反洗钱的资金监测，制定或者会同国务院有关金融管理部门制定金融机构反洗钱管理规定，监督检查金融机构履行反洗钱义务的情况，在职责范围内调查可疑交易活动，履行法律和国务院规定的有关反洗钱的其他职责。

国务院反洗钱行政主管部门的派出机构在国务院反洗钱行政主管部门的授权范围内，对金融机构履行反洗钱义务的情况进行监督检查。

● 法　律

1. 《中国人民银行法》（2003年12月27日）

第13条　中国人民银行根据履行职责的需要设立分支机构，

作为中国人民银行的派出机构。中国人民银行对分支机构实行统一领导和管理。

中国人民银行的分支机构根据中国人民银行的授权，维护本辖区的金融稳定，承办有关业务。

第31条 中国人民银行依法监测金融市场的运行情况，对金融市场实施宏观调控，促进其协调发展。

2.《证券法》（2019年12月28日）

第168条 国务院证券监督管理机构依法对证券市场实行监督管理，维护证券市场公开、公平、公正，防范系统性风险，维护投资者合法权益，促进证券市场健康发展。

3.《商业银行法》（2015年8月29日）

第10条 商业银行依法接受国务院银行业监督管理机构的监督管理，但法律规定其有关业务接受其他监督管理部门或者机构监督管理的，依照其规定。

4.《银行业监督管理法》（2006年10月31日）

第8条 国务院银行业监督管理机构根据履行职责的需要设立派出机构。国务院银行业监督管理机构对派出机构实行统一领导和管理。

国务院银行业监督管理机构的派出机构在国务院银行业监督管理机构的授权范围内，履行监督管理职责。

● 行政法规及文件

5.《国务院办公厅关于完善反洗钱、反恐怖融资、反逃税监管体制机制的意见》（2017年8月29日）

（七）加强监管协调，健全监管合作机制。在行业监管规则中嵌入反洗钱监管要求，构建涵盖事前、事中、事后的完整监管链条。充分发挥反洗钱工作部际联席会议作用，加强反洗钱行政主管部门和金融监管部门之间的协调，完善监管制度、政策和措施，开展联合监管行动，共享监管信息，协调跨境监管合作。

● 部门规章及文件

6. 《金融机构反洗钱规定》（2006年11月14日）

第5条 中国人民银行依法履行下列反洗钱监督管理职责：

（一）制定或者会同中国银行业监督管理委员会、中国证券监督管理委员会和中国保险监督管理委员会制定金融机构反洗钱规章；

（二）负责人民币和外币反洗钱的资金监测；

（三）监督、检查金融机构履行反洗钱义务的情况；

（四）在职责范围内调查可疑交易活动；

（五）向侦查机关报告涉嫌洗钱犯罪的交易活动；

（六）按照有关法律、行政法规的规定，与境外反洗钱机构交换与反洗钱有关的信息和资料；

（七）国务院规定的其他有关职责。

7. 《互联网金融从业机构反洗钱和反恐怖融资管理办法（试行）》（2018年9月29日）

第3条第1款 中国人民银行是国务院反洗钱行政主管部门，对从业机构依法履行反洗钱和反恐怖融资监督管理职责。国务院有关金融监督管理机构在职责范围内履行反洗钱和反恐怖融资监督管理职责。中国人民银行制定或者会同国务院有关金融监督管理机构制定从业机构履行反洗钱和反恐怖融资义务的规章制度。

8. 《证券期货业反洗钱工作实施办法》（2022年8月12日）

第3条 中国证券监督管理委员会（以下简称证监会）依法配合国务院反洗钱行政主管部门履行证券期货业反洗钱监管职责，制定证券期货业反洗钱工作的规章制度，组织、协调、指导证券公司、期货公司和基金管理公司（以下简称证券期货经营机构）的反洗钱工作。

证监会派出机构按照本办法的规定，履行辖区内证券期货业反洗钱监管职责。

9.《中国银保监会办公厅关于进一步做好银行业保险业反洗钱和反恐怖融资工作的通知》（2019年12月30日）

四、银保监会及其派出机构应当加强与人民银行及其分支机构的沟通协作，在规则制定、现场检查、非现场监管及行政处罚工作中加强沟通协调，推动形成监管合力。

10.《银行业金融机构反洗钱和反恐怖融资管理办法》（2019年1月29日）

第2条 国务院银行业监督管理机构根据法律、行政法规规定，配合国务院反洗钱行政主管部门，履行银行业金融机构反洗钱和反恐怖融资监督管理职责。

国务院银行业监督管理机构的派出机构根据法律、行政法规及本办法的规定，负责辖内银行业金融机构反洗钱和反恐怖融资监督管理工作。

第45条 国务院银行业监督管理机构的各省级派出机构应当于每年第一季度末按照要求向国务院银行业监督管理机构报送上年度反洗钱和反恐怖融资工作报告，包括反洗钱和反恐怖融资市场准入工作审核情况、现场检查及非现场监管情况、辖内银行业金融机构反洗钱和反恐怖融资工作情况等。

第51条 对于反洗钱行政主管部门提出的处罚或者其他建议，银行业监督管理机构应当依法予以处理。

第十四条　金融管理部门的职责

国务院有关金融管理部门参与制定所监督管理的金融机构反洗钱管理规定，履行法律和国务院规定的有关反洗钱的其他职责。

有关金融管理部门应当在金融机构市场准入中落实反洗钱审查要求,在监督管理工作中发现金融机构违反反洗钱规定的,应当将线索移送反洗钱行政主管部门,并配合其进行处理。

● 法　律

1. 《中国人民银行法》(2003年12月27日)

第33条　中国人民银行根据执行货币政策和维护金融稳定的需要,可以建议国务院银行业监督管理机构对银行业金融机构进行检查监督。国务院银行业监督管理机构应当自收到建议之日起三十日内予以回复。

第35条第2款　中国人民银行应当和国务院银行业监督管理机构、国务院其他金融监督管理机构建立监督管理信息共享机制。

2. 《证券法》(2019年12月28日)

第169条　国务院证券监督管理机构在对证券市场实施监督管理中履行下列职责:

(一)依法制定有关证券市场监督管理的规章、规则,并依法进行审批、核准、注册,办理备案;

(二)依法对证券的发行、上市、交易、登记、存管、结算等行为,进行监督管理;

(三)依法对证券发行人、证券公司、证券服务机构、证券交易场所、证券登记结算机构的证券业务活动,进行监督管理;

(四)依法制定从事证券业务人员的行为准则,并监督实施;

……

(七)依法监测并防范、处置证券市场风险;

……

第174条第1款　国务院证券监督管理机构制定的规章、规则和监督管理工作制度应当依法公开。

第175条 国务院证券监督管理机构应当与国务院其他金融监督管理机构建立监督管理信息共享机制。

国务院证券监督管理机构依法履行职责，进行监督检查或者调查时，有关部门应当予以配合。

3.《银行业监督管理法》（2006年10月31日）

第6条 国务院银行业监督管理机构应当和中国人民银行、国务院其他金融监督管理机构建立监督管理信息共享机制。

● 行政法规及文件

4.《国务院办公厅关于完善反洗钱、反恐怖融资、反逃税监管体制机制的意见》（2017年8月29日）

（六）强化线索移送和案件协查，优化打击犯罪合作机制。加强反洗钱行政主管部门、税务机关与监察机关、侦查机关、行政执法机关间的沟通协调，进一步完善可疑交易线索合作机制，加强情报会商和信息反馈机制，分析洗钱、恐怖融资和逃税的形势与趋势，不断优化反洗钱调查的策略、方法和技术。反洗钱行政主管部门要加强可疑交易线索移送和案件协查工作，相关单位要加强对线索使用查处情况的及时反馈，形成打击洗钱、恐怖融资和逃税的合力，维护金融秩序和社会稳定。

● 部门规章及文件

5.《金融机构反洗钱和反恐怖融资监督管理办法》（2021年4月15日）

第3条 中国人民银行及其分支机构依法对金融机构反洗钱和反恐怖融资工作进行监督管理。

第18条 中国人民银行及其分支机构应当遵循风险为本和法人监管原则，合理运用各类监管方法，实现对不同类型金融机构的有效监管。

中国人民银行及其分支机构可以向国务院金融监督管理机构或者其派出机构通报对金融机构反洗钱和反恐怖融资监管情况。

6. 《证券期货业反洗钱工作实施办法》（2022 年 8 月 12 日）

第 5 条　证券期货经营机构应当依法建立健全反洗钱工作制度，按照本办法规定向当地证监会派出机构报送相关信息。证券期货经营机构发现证券期货业内涉嫌洗钱活动线索，应当依法向反洗钱行政主管部门、侦查机关举报。

第 6 条　证监会负责组织、协调、指导证券期货业的反洗钱工作，履行以下反洗钱工作职责：

（一）配合国务院反洗钱行政主管部门研究制定证券期货业反洗钱工作的政策、规划，研究解决证券期货业反洗钱工作重大和疑难问题，及时向国务院反洗钱行政主管部门通报反洗钱工作信息；

（二）参与制定证券期货经营机构反洗钱有关规章，对证券期货经营机构提出建立健全反洗钱内控制度的要求，在证券期货经营机构市场准入和人员任职方面贯彻反洗钱要求；

（三）配合国务院反洗钱行政主管部门对证券期货经营机构实施反洗钱监管；

（四）会同国务院反洗钱行政主管部门指导中国证券业协会、中国期货业协会制定反洗钱工作指引，开展反洗钱宣传和培训；

（五）研究证券期货业反洗钱的重大问题并提出政策建议；

（六）及时向侦查机关报告涉嫌洗钱犯罪的交易活动，协助司法部门调查处理涉嫌洗钱犯罪案件；

（七）对派出机构落实反洗钱监管工作情况进行考评，对中国证券业协会、中国期货业协会落实反洗钱工作进行指导；

（八）法律、行政法规规定的其他职责。

第 7 条　证监会派出机构履行以下反洗钱工作职责：

（一）配合当地反洗钱行政主管部门对辖区证券期货经营机

构实施反洗钱监管,并建立信息交流机制;

(二)定期向证监会报送辖区内半年度和年度反洗钱工作情况,及时报告辖区证券期货经营机构受反洗钱行政主管部门检查或处罚等信息及相关重大事件;

(三)组织、指导辖区证券期货业的反洗钱培训和宣传工作;

(四)研究辖区证券期货业反洗钱工作问题,并提出改进措施;

(五)法律、行政法规以及证监会规定的其他职责。

第8条 中国证券业协会、中国期货业协会履行以下反洗钱工作职责:

(一)在证监会的指导下,制定和修改行业反洗钱相关工作指引;

(二)组织会员单位开展反洗钱培训和宣传工作;

(三)定期向证监会报送协会年度反洗钱工作报告,及时报告相关重大事件;

(四)组织会员单位研究行业反洗钱工作的相关问题;

(五)法律、行政法规以及证监会规定的其他职责。

7.《中国银保监会办公厅关于进一步做好银行业保险业反洗钱和反恐怖融资工作的通知》(2019年12月30日)

一、银保监会及其派出机构应当按照相关法律、行政法规及规章的规定,做好银行保险机构市场准入环节的反洗钱和反恐怖融资审查工作,对于不符合条件的,不予批准。

8.《银行业金融机构反洗钱和反恐怖融资管理办法》(2019年1月29日)

第3条 本办法所称银行业金融机构,是指在中华人民共和国境内设立的商业银行、农村合作银行、农村信用合作社等吸收公众存款的金融机构以及政策性银行和国家开发银行。

对在中华人民共和国境内设立的金融资产管理公司、信托公司、企业集团财务公司、金融租赁公司、汽车金融公司、货币经纪公司、消费金融公司以及经国务院银行业监督管理机构批准设立的其他金融机构的反洗钱和反恐怖融资管理，参照本办法对银行业金融机构的规定执行。

第15条　银行业金融机构与金融机构开展业务合作时，应当在合作协议中明确双方的反洗钱和反恐怖融资职责，承担相应的法律义务，相互间提供必要的协助，采取有效的风险管控措施。

第31条　国务院银行业监督管理机构依法履行下列反洗钱和反恐怖融资监督管理职责：

（一）制定银行业金融机构反洗钱和反恐怖融资制度文件；

（二）督促指导银行业金融机构建立健全反洗钱和反恐怖融资内部控制制度；

（三）监督、检查银行业金融机构反洗钱和反恐怖融资内部控制制度建立执行情况；

（四）在市场准入工作中落实反洗钱和反恐怖融资审查要求；

（五）与其他国家或者地区的银行业监督管理机构开展反洗钱和反恐怖融资监管合作；

（六）指导银行业金融机构依法履行协助查询、冻结、扣划义务；

（七）转发联合国安理会相关制裁决议，依法督促银行业金融机构落实金融制裁要求；

（八）向侦查机关报送涉嫌洗钱和恐怖融资犯罪的交易活动，协助公安机关、司法机关等调查处理涉嫌洗钱和恐怖融资犯罪案件；

（九）指导银行业金融机构应对境外协助执行案件、跨境信息提供等相关工作；

（十）指导行业自律组织开展反洗钱和反恐怖融资工作；

（十一）组织开展反洗钱和反恐怖融资培训宣传工作；

（十二）其他依法应当履行的反洗钱和反恐怖融资职责。

第32条 银行业监督管理机构应当履行银行业反洗钱和反恐怖融资监管职责，加强反洗钱和反恐怖融资日常合规监管，构建涵盖事前、事中、事后的完整监管链条。

银行业监督管理机构与国务院反洗钱行政主管部门及其他相关部门要加强监管协调，建立信息共享机制。

第36条 银行业监督管理机构在市场准入工作中应当依法对银行业金融机构法人机构设立、分支机构设立、股权变更、变更注册资本、调整业务范围和增加业务品种、董事及高级管理人员任职资格许可进行反洗钱和反恐怖融资审查，对不符合条件的，不予批准。

第37条 银行业监督管理机构在市场准入工作中应当严格审核发起人、股东、实际控制人、最终受益人和董事、高级管理人员背景，审查资金来源和渠道，从源头上防止不法分子通过创设机构进行洗钱、恐怖融资活动。

9.《保险业反洗钱工作管理办法》（2011年9月13日）

第4条 中国保监会组织、协调、指导保险业反洗钱工作，依法履行下列反洗钱职责：

（一）参与制定保险业反洗钱政策、规划、部门规章，配合国务院反洗钱行政主管部门对保险业实施反洗钱监管；

（二）制定保险业反洗钱监管制度，对保险业市场准入提出反洗钱要求，开展反洗钱审查和监督检查；

（三）参加反洗钱监管合作；

（四）组织开展反洗钱培训宣传；

（五）协助司法机关调查处理涉嫌洗钱案件；

（六）其他依法履行的反洗钱职责。

第5条 中国保监会派出机构在中国保监会授权范围内，依法履行下列反洗钱职责：

（一）制定辖内保险业反洗钱规范性文件，开展反洗钱审查和监督检查；

（二）向中国保监会报告辖内保险业反洗钱工作情况；

（三）参加辖内反洗钱监管合作；

（四）组织开展辖内保险业反洗钱培训宣传；

（五）协助司法机关调查处理涉嫌洗钱案件；

（六）中国保监会授权的其他反洗钱职责。

第31条 保险监管机构依法对保险业新设机构、投资入股资金和相关人员任职资格进行反洗钱审查，对不符合条件的，不予批准或者核准。

第35条 保险公司、保险资产管理公司发生下列情形之一，保险监管机构可以将其列为反洗钱重点监管对象：

（一）涉嫌从事洗钱或者协助他人洗钱；

（二）受到反洗钱主管部门重大行政处罚；

（三）中国保监会认为需要重点监管的其他情形。

第十五条　特定非金融机构主管部门的职责

国务院有关特定非金融机构主管部门制定或者国务院反洗钱行政主管部门会同其制定特定非金融机构反洗钱管理规定。

有关特定非金融机构主管部门监督检查特定非金融机构履行反洗钱义务的情况，处理反洗钱行政主管部门提出的反洗钱监督管理建议，履行法律和国务院规定的有关反洗钱的其他职责。有关特定非金融机构主管部门根据需要，可以请求反洗钱行政主管部门协助其监督检查。

● **行政法规及文件**

《国务院办公厅关于完善反洗钱、反恐怖融资、反逃税监管体制机制的意见》（2017年8月29日）

（十二）加强特定非金融机构风险监测，探索建立特定非金融机构反洗钱和反恐怖融资监管制度。加强反洗钱行政主管部门、税务机关与特定非金融行业主管部门间的协调配合，密切关注非金融领域的洗钱、恐怖融资和逃税风险变化情况，对高风险行业开展风险评估，研究分析行业洗钱、恐怖融资和逃税风险分布及发展趋势，提出"三反"① 监管政策建议。对于反洗钱国际标准明确提出要求的房地产中介、贵金属和珠宝玉石销售、公司服务等行业及其他存在较高风险的特定非金融行业，逐步建立反洗钱和反恐怖融资监管制度。按照"一业一策"原则，由反洗钱行政主管部门会同特定非金融行业主管部门发布特定行业的反洗钱和反恐怖融资监管制度，根据行业监管现状、被监管机构经营特点等确定行业反洗钱和反恐怖融资监管模式。积极发挥行业协会和自律组织的作用，指导行业协会制定本行业反洗钱和反恐怖融资工作指引。

第十六条　监测分析机构的职责

国务院反洗钱行政主管部门设立反洗钱监测分析机构。反洗钱监测分析机构开展反洗钱资金监测，负责接收、分析大额交易和可疑交易报告，移送分析结果，并按照规定向国务院反洗钱行政主管部门报告工作情况，履行国务院反洗钱行政主管部门规定的其他职责。

反洗钱监测分析机构根据依法履行职责的需要，可以要求履行反洗钱义务的机构提供与大额交易和可疑交易相关的补充信息。

---

① 指反洗钱、反恐怖融资、反逃税。

> 反洗钱监测分析机构应当健全监测分析体系，根据洗钱风险状况有针对性地开展监测分析工作，按照规定向履行反洗钱义务的机构反馈可疑交易报告使用情况，不断提高监测分析水平。

● 法　律

1. 《中国人民银行法》（2003 年 12 月 27 日）

第 4 条第 1 款　中国人民银行履行下列职责：

……

（十）指导、部署金融业反洗钱工作，负责反洗钱的资金监测；

……

第 31 条　中国人民银行依法监测金融市场的运行情况，对金融市场实施宏观调控，促进其协调发展。

2. 《反电信网络诈骗法》（2022 年 9 月 2 日）

第 18 条第 1 款和第 2 款　银行业金融机构、非银行支付机构应当对银行账户、支付账户及支付结算服务加强监测，建立完善符合电信网络诈骗活动特征的异常账户和可疑交易监测机制。

中国人民银行统筹建立跨银行业金融机构、非银行支付机构的反洗钱统一监测系统，会同国务院公安部门完善与电信网络诈骗犯罪资金流转特点相适应的反洗钱可疑交易报告制度。

3. 《禁毒法》（2007 年 12 月 29 日）

第 29 条　反洗钱行政主管部门应当依法加强对可疑毒品犯罪资金的监测。反洗钱行政主管部门和其他依法负有反洗钱监督管理职责的部门、机构发现涉嫌毒品犯罪的资金流动情况，应当及时向侦查机关报告，并配合侦查机关做好侦查、调查工作。

● 行政法规及文件

4.《国务院办公厅关于完善反洗钱、反恐怖融资、反逃税监管体制机制的意见》（2017年8月29日）

（十六）健全监测分析体系，提升监测分析水平。不断拓宽反洗钱监测分析数据信息来源，依法推动数据信息在相关单位间的双向流动和共享。强化反洗钱监测分析工作的组织协调，有针对性地做好对重点领域、重点地区、重点人群的监测分析工作。不断延伸反洗钱监管触角，将相关单位关于可疑交易报告信息使用情况的反馈信息和评价意见，作为反洗钱行政主管部门开展反洗钱义务机构可疑交易报告评价工作的重要依据。丰富非现场监管政策工具，弥补书面审查工作的不足。发挥会计师事务所、律师事务所等专业服务机构在反洗钱监测预警和依法处置中的积极作用，研究专业服务机构有关反洗钱的制度措施。

● 部门规章及文件

5.《金融机构反洗钱规定》（2006年11月14日）

第6条 中国人民银行设立中国反洗钱监测分析中心，依法履行下列职责：

（一）接收并分析人民币、外币大额交易和可疑交易报告；

（二）建立国家反洗钱数据库，妥善保存金融机构提交的大额交易和可疑交易报告信息；

（三）按照规定向中国人民银行报告分析结果；

（四）要求金融机构及时补正人民币、外币大额交易和可疑交易报告；

（五）经中国人民银行批准，与境外有关机构交换信息、资料；

（六）中国人民银行规定的其他职责。

第7条第2款 中国反洗钱监测分析中心及其工作人员应当

对依法履行反洗钱职责获得的客户身份资料、大额交易和可疑交易信息予以保密；非依法律规定，不得向任何单位和个人提供。

第 11 条　金融机构应当按照规定向中国反洗钱监测分析中心报告人民币、外币大额交易和可疑交易。

前款规定的具体实施办法由中国人民银行另行制定。

6.《互联网金融从业机构反洗钱和反恐怖融资管理办法（试行）》（2018 年 9 月 29 日）

第 3 条第 2 款　中国人民银行设立的中国反洗钱监测分析中心，负责从业机构大额交易和可疑交易报告的接收、分析和保存，并按照规定向中国人民银行报告分析结果，履行中国人民银行规定的其他职责。

第 5 条　中国人民银行设立互联网金融反洗钱和反恐怖融资网络监测平台（以下简称网络监测平台），使用网络监测平台完善线上反洗钱监管机制、加强信息共享。

中国互联网金融协会按照中国人民银行和国务院有关金融监督管理机构的要求建设、运行和维护网络监测平台，确保网络监测平台及相关信息、数据和资料的安全、保密、完整。

中国人民银行分支机构、中国反洗钱监测分析中心在职责范围内使用网络监测平台。

第 6 条　金融机构、非银行支付机构以外的其他从业机构应当通过网络监测平台进行反洗钱和反恐怖融资履职登记。

金融机构和非银行支付机构根据反洗钱工作需要接入网络监测平台，参与基于该平台的工作信息交流、技术设施共享、风险评估等工作。

第 14 条第 2 款　中国反洗钱监测分析中心发现从业机构报送的大额交易报告或者可疑交易报告内容要素不全或者存在错误的，可以向提交报告的从业机构发出补正通知，从业机构应当在接到补正通知之日起 5 个工作日内补正。

7. **《中国人民银行办公厅关于进一步加强反洗钱和反恐怖融资工作的通知》**（2018 年 7 月 23 日）

五、加强交易记录保存，及时报送可疑交易报告

……

对于符合《金融机构大额交易和可疑交易报告管理办法》（中国人民银行令〔2016〕第 3 号发布）第十七条①规定情形的可疑交易报告，义务机构应当立即向中国反洗钱监测分析中心和中国人民银行或当地分支机构报送。

8. **《社会组织反洗钱和反恐怖融资管理办法》**（2017 年 11 月 17 日）

第 13 条　社会组织与其他组织或个人开展合作或者发生资金交易时，发现或有合理理由怀疑相关组织或个人的交易与洗钱、恐怖融资等犯罪活动相关的，应当向中国反洗钱监测分析中心提交可疑交易报告；明显涉嫌洗钱、恐怖融资等犯罪活动的，社会组织应当在向中国反洗钱监测分析中心提交可疑交易报告的同时，向所在地中国人民银行或者其分支机构和当地公安机关报告。

9. **《住房和城乡建设部 人民银行 银监会关于规范购房融资和加强反洗钱工作的通知》**（2017 年 9 月 29 日）

四、加强房地产交易反洗钱工作的监督管理

……

（十）……发现或者有合理理由怀疑资金或资产为犯罪收益

---

①　《金融机构大额交易和可疑交易报告管理办法》第十七条规定："可疑交易符合下列情形之一的，金融机构应当在向中国反洗钱监测分析中心提交可疑交易报告的同时，以电子形式或书面形式向所在地中国人民银行或者其分支机构报告，并配合反洗钱调查：（一）明显涉嫌洗钱、恐怖融资等犯罪活动的。（二）严重危害国家安全或者影响社会稳定的。（三）其他情节严重或者情况紧急的情形。"

或与恐怖融资有关的，应立即向中国反洗钱监测分析中心报送可疑交易报告。

（十一）规范购房款交付方式。房地产开发企业、房地产中介机构应要求房屋交易当事人以银行转账方式支付购房款，并使用交易当事人的同名银行账户；发生退款的，应按原支付途径，将资金退回原付款人的银行账户。如确需使用现金支付的，当日现金交易单笔或者累计达到人民币 5 万元以上，应在交易发生之日起 5 个工作日内向中国反洗钱监测分析中心报送大额交易报告。

10.《义务机构反洗钱交易监测标准建设工作指引》（2017 年 5 月 3 日）

第二章　标准设计

一、设计流程概述

监测标准设计，是指义务机构依据法律法规、行业指引和风险提示等，对本行业案例特征化、特征指标化和指标模型化的建设过程。对于大额交易及其他依据法律法规和行业惯例可直接制定的监测标准，义务机构可采取相对简化的流程。

二、案例特征化

案例特征化，是指义务机构通过收集存在行业普遍性、具有典型特征以及具有本机构个性化特点的案例，对案例进行分析、对洗钱类型进行归纳、对洗钱特征进行总结的过程。

（一）案例收集。

义务机构收集的案例，其中案件应当来自本行业、本机构发生或发现的洗钱案例，风险信息应当与当前洗钱风险及其发展变化相吻合，并具有一定的前瞻性。相关案例应当至少体现该洗钱类型的主要特征，具有较强的代表性、规律性和普遍性。

满足以上要求的案例，来源于但不限于：

1. 本行业、本区域、本机构发生的洗钱及其上游犯罪案例。

2. 结合本机构资产规模、地域分布、业务特点、客户群体、交易特征等，对本行业、本机构及跨市场、交叉性产品和业务开展洗钱风险评估的结论。

3. 中国人民银行及其分支机构发布的反洗钱、反恐怖融资规定及指引、风险提示、洗钱类型分析报告和风险评估报告，要求关注的案例。

4. 公安机关、司法机关发布的犯罪形势分析、风险提示、犯罪类型报告、工作报告以及洗钱案件。

5. 有关国际组织的建议或指引、境内外同业实践经验。

（二）特征分析。

义务机构对所收集的案例，应当以客户为监测单位，从客户的身份、行为、及其交易的资金来源、金额、频率、流向、性质等方面，抽象出案例中具有典型代表性、规律性或普遍适用性的可识别异常特征，分析维度包括但不限于：

1. 客户身份。具有典型可识别的特征包括所处地域、年龄、职业、联系方式、收入（财富）主要来源、监控名单匹配、实际控制客户的自然人和交易的实际受益人等。

2. 客户行为。具有典型可识别的特征包括客户对某些业务和产品的偏好、对某些交易渠道的偏好、金融服务使用的偏好、故意掩饰和隐瞒等行为特征。

3. 交易特征。具有典型可识别的特征包括资金来源、交易时间、交易流量、交易频率、交易流向，以及跨市场、跨机构的交叉性交易等特征。

三、特征指标化

特征指标化，是指义务机构将所收集案例中可识别的特征抽取和量化的过程，设计出可识别、可衡量或可反映案例中异常特征的指标，包括但不限于指标代码、指标名称、指标规则、指标阈值等形式要件。

(一) 指标要素。

义务机构可将依法履行反洗钱职责获得的客户身份资料和交易信息,以及在为客户办理业务过程中生成的各种会计业务信息等,用于设计本机构的监测指标。其中:

1. 客户身份指标要素,来源包括但不限于义务机构依据《金融机构客户身份识别和客户身份资料及交易记录保存管理办法》(中国人民银行令〔2007〕第2号发布),登记收集的客户身份基本信息。

2. 客户行为指标要素,来源包括但不限于依据《金融机构客户身份识别和客户身份资料及交易记录保存管理办法》,在履行客户身份识别等义务时可识别和可获取的客户异常行为。

3. 交易指标要素,来源包括但不限于《管理办法》规定的大额交易和可疑交易报告要素,以及对相关交易要素加工处理,所形成的交易流量、流速、流向、频率、累计金额、余额、交易对手类型等信息。

(二) 指标设计。

义务机构应当将基础性、单元性的指标要素组合设计成为识别、衡量或反映相关案例异常特征的指标,通过指标规则设置、指标阈值调整和指标组合使用,可指向某些异常的客户或交易特征。例如:

1. 自然人客户特征:姓名、证件号码、性别、国籍等要素,可组合指向于涉恐名单监控。证件号码、身份证件住址、实际居住地址、联系电话等要素,可组合指向于客户所处地域。证件种类、证件有效期、职业、年龄和工作单位等要素,可组合指向于客户身份背景和收入(财富)主要来源、交易偏好等。代理人信息、联系方式等要素,可组合指向于客户身份及交易背景、控制客户的自然人和交易的实际受益人。

2. 法人、其他组织和个体工商户客户特征:名称、证件号码等要素，可组合指向于涉恐名单监控。证件种类、证件有效期、注册资金、经营范围等要素，可组合指向于客户身份背景和收入（财富）主要来源。控股股东、法人代表、负责人和授权办理人员等指标要素，可组合指向于控制客户的自然人和交易的实际受益人。

3. 客户行为特征：与客户"面对面"接触时，客户行为及其交易环境等主观指标要素，对某些客户试图故意掩饰和隐瞒的行为特征具有较强指向性。一定时间段内，客户使用金融服务的次数和类型、使用金融服务的地点、IP 地址和 MAC 地址所在、单次金融服务交易金额、一定时间区间累计交易金额等指标要素，可组合指向于客户对某些业务和产品、对某些交易渠道和金融服务使用的偏好等。

4. 交易特征。账户名称、账号等指标要素，可组合指向于涉恐名单监控。交易对手、IP 地址、MAC 地址等指标要素，可组合指向于资金网络中的群体性特征。交易用途、渠道等指标要素，可组合指向于客户交易偏好。交易对手、发生地等指标要素，可组合指向于判断资金来源和去向。对金额、日期、时间等指标设置区间要素，可组合指向于交易流量、流速、频率。代理人信息等指标，可指向于客户交易背景。

四、指标模型化

指标模型化，是指义务机构通过将能反映特定洗钱及相关犯罪类型的不同指标排列组合形成模型，进而实现对特定洗钱类型更具有指向性的监测。指标和模型共生构成监测标准，可独立或组合运用。

模型可运用于监测涉及面宽、相对复杂隐蔽、客户及其交易可疑特征较为典型的洗钱活动。义务机构可参考中国人民银行已经发布的洗钱犯罪类型和可疑交易识别点等提示和指引性文件，结合本机构防控洗钱风险的需要建立模型。义务机构应当遵循以

下设计原则实现指标模型化,包括但不限于:

(一)体现组合指标的位阶。对于组成模型的不同指标,应当将其中能反映犯罪类型主要特征的指标赋予更高的位阶,在模型构建中赋予较大权重;可通过分值配比和预警阈值设置等方式提高监测敏感度。

(二)具有一定的灵活度。对于各个位阶的指标,应当给予一定的容错区间,区间内发生的指标值均应当被捕获,以避免过度局限性的指标阈值造成较大的监测漏洞。

(三)具备一定的时效性。针对特定洗钱犯罪类型的监测模型,应当跟进该类洗钱类型的特征变化,适时调整。

第六章 管理与保障措施

一、管理政策

义务机构应当在总部或集团层面统筹监测标准建设工作,并在各分支机构、各条线(部门)执行。同时,可针对分支机构所在地区的反洗钱状况,设定局部地区的监测标准,或授权分支机构根据所在地区情况,合理调整监测标准规则和参数阈值等。

义务机构基于监测标准预警结果,对于经分析有合理理由怀疑客户交易与洗钱行为相关的,在履行可疑交易报告义务的同时,可在机构内部进行风险预警,并采取有效措施控制或化解风险。

二、组织实施

义务机构应当建立并完善反洗钱监测工作流程,指定专门的条线(部门)及人员负责监测标准的建设、运行和维护等工作,并至少应当组织科技、相关业务条线专业人员和开发团队技术人员等负责监测标准建设和运行工作。义务机构应当确保交易监测工作流程具有可稽核性、可追溯性。

三、作业模式

义务机构可根据自身资产规模、业务特点、客户群体、交易特征等及运营管理模式和人员配置等情况,确定对通过监测标准筛选出的交易人工分析、识别作业模式,主要分为集中作业和分散作业两种模式。

(一)集中作业模式。

义务机构在总部(集团)或一定层级以上分支机构设置反洗钱集中作业中心,对监测系统的预警案例进行集中分析、识别和报送,分支机构和各业务条线对案例分析和识别提供客户尽职调查等工作支持。实施集中作业,有利于提升交易监测的专业性、系统性和资源整合度。集中作业应当注重发挥分支机构和各业务条线具有的贴近业务、了解客户等优势。

(二)分散作业模式。

义务机构将监测系统的预警案例,以客户为基本单位由相关分支机构和业务条线进行分析识别,然后按照逐级审核、审批等流程排除或上报可疑交易,有利于发挥分支机构和相关业务条线贴近业务、了解客户等优势。分散作业应当采取必要措施确保分析人员的专业性和独立性,并能以客户为基本单位获取客户所有的身份和交易等信息。

四、保障措施

(一)技术保障。

义务机构应当确保监测标准设计、管理、运行、维护的必要技术条件,系统设计应当着眼于运用交易监测工作成果,为可疑交易分析、识别和报告提供高效、科学和具有较强指向性的信息和线索参考。

(二)资源保障。

义务机构应当设立专职的反洗钱岗位,配备专职人员负责大额交易和可疑交易报告工作,并提供必要的资源保障和信息支持。监测标准建设作为大额交易和可疑交易报告的基础性、专业性和技术性工作环节,义务机构要在资源保障和信息支持方面重点保障，确保组织、制度、人员和系统配备到位，提供专项经费用于监测指标建设和系统开发、运营维护等工作，给予反洗钱部门必要的考核管理、数据查询、客户调查等权限。

<h2 style="text-align:center">第七章 附　则</h2>

本办法下列用语的含义如下：

"交易流量"系指一定时间段内客户账户的资金（资产）交易量，某段时间内客户账户的交易流量为该账户收付资金（资产）总额，计算公式为：交易流量=收方发生额+付方发生额。

"交易流速"系指单位时间内客户账户的资金（资产）交易量，为一段时间内客户账户资金（资产）平均交易量，计算公式为：交易流速=（收方总金额+付方总金额）/指定时间段。

"交易流向"系指客户账户的资金（资产）流向，包含客户账户的资金（资产）来源和去向。

"指标的位阶"系指模型构成指标重要性的等级排序，即通过分值配比和预警阈值设置等方式，对其中反映犯罪类型主要特征的指标赋予较高等级，并在监测预警中处于较高层级。

11.《中国人民银行办公厅关于开展洗钱类型分析工作的通知》（2013年5月29日）

一、人民银行上海总部，各分行、营业管理部，各省会（首府）城市中心支行，各副省级城市中心支行（以下简称人民银行各分支机构）要参照《规划》① 开展地区洗钱类型分析工作。

（一）定期撰写地区洗钱类型分析报告。人民银行各分支机构应于每年度7月15日前、次年1月15日前分别向人民银行反洗钱局上报上半年、上年度本辖区洗钱类型分析报告（纸质版和电子版）……

（二）报告的基本内容。撰写地区洗钱类型分析报告应突出

---

① 指《洗钱类型分析工作规划》，详见附件1。

地区特点，包括但不限于如下内容：

1. 辖区内洗钱犯罪、上游犯罪案件和可疑交易报告统计情况（可疑交易报告特指金融机构经过主观分析判断后向当地人民银行分支机构提交的可疑交易报告，下同）；

2. 案件和可疑交易报告的类型、地区、行业、机构、业务（含产品，下同）分布情况；

3. 本地区突出或值得关注的洗钱活动或动向。

人民银行各分支机构应自主确定辖区内参与本地区洗钱类型分析工作的分支机构和重点金融机构，重点金融机构包括本地区有代表性的全国性法人分支机构和地方性法人机构，现阶段以银行业机构为主，有条件的地区可包含非银行机构；要充分发挥地方反洗钱协调机制和相关协调机制的积极作用，及时向有关部门了解洗钱及上游犯罪形势，收集案例数据，为洗钱类型分析工作提供信息支持。

二、各银行要参照《规划》开展本机构洗钱类型分析工作。

（一）定期撰写本机构洗钱类型分析报告。各银行应于每年度7月15日前、次年1月15日前向人民银行反洗钱局上报上半年、上年度本机构洗钱类型分析报告（纸质版和电子版）……

（二）报告的基本内容。各银行撰写洗钱类型分析报告应突出本机构特点，包括但不限于如下内容：

1. 全系统可疑交易报告统计情况；

2. 可疑交易报告的类型、地区、行业、业务分布情况；

3. 突出或值得关注的可疑交易活动或动向。

三、各单位在分析可疑交易报告类型时，可参考《可疑交易类型和识别点对照表（银行业参考版）》（附件2）和金融机构自定义筛选指标以及实践经验。人民银行反洗钱局将根据洗钱活动变化情况随时调整上述对照表。

四、各单位应做好洗钱类型分析成果转化，及时开展本地区、本机构洗钱风险提示工作。洗钱风险提示信息可以来源于洗钱类型分析成果、人民银行总行风险提示信息、典型案例、洗钱犯罪形势信息等。各单位可根据洗钱风险内容灵活运用文件、会议、网络等形式进行风险提示。

（一）人民银行各分支机构反洗钱部门发现洗钱风险情况，应及时对辖区内义务主体进行风险提示，并指导义务主体落实风险提示内容；必要时，将风险提示内容作为现场检查等监管措施的参考依据。

（二）各银行反洗钱部门发现洗钱风险情况，应及时在本系统内部进行风险提示，并督促相关业务部门和分支机构落实提示内容；必要时，将风险提示内容作为内部审计、检查的参考；注意将风险提示与本机构洗钱和恐怖融资风险评估工作有机结合，有效防范洗钱风险。

各单位发现突出洗钱风险情况，应及时向人民银行反洗钱局报告。

附件1

洗钱类型分析工作规划

为贯彻落实风险为本的反洗钱方法，科学分析我国面临的洗钱威胁情况，奠定国家洗钱风险评估工作基础，制定本工作规划。

一、概念界定

洗钱类型分析方法是运用类型学[①]工具、分析洗钱活动规律的研究方法。根据类型学的基本分析步骤，洗钱类型分析的主要工作是以洗钱及上游犯罪活动关键特征为标准，将洗钱活动划分

---

① 类型学是研究复杂社会问题的一种分析工具，在社会科学领域有着广泛运用。类型分析基本步骤有三：第一，确立类型划分标准；第二，根据标准将研究对象予以归类；第三，分别研究各类型的规律，比较分析类型间的相互关系，综合得出研究对象的整体结论。

为不同类型，分析其规律特点，从而综合判断洗钱形势和风险分布情况。

二、背景

（一）进行洗钱类型分析是国内反洗钱实际工作的需要。近年来，新型洗钱犯罪层出不穷，洗钱手法日趋复杂，金融机构合规经营存在巨大风险，监管、执法部门面临严峻挑战。根据国际标准和反洗钱形势要求，我国正在实施风险为本的反洗钱监管方法，其前提就是必须掌握洗钱风险状况，而洗钱类型分析方法正是评估外部洗钱威胁（即洗钱活动）的重要方法。

（二）进行洗钱类型分析是国际反洗钱发展要求。洗钱类型分析一直是国际反洗钱工作的重要内容之一，金融行动特别工作组（FATF）成立了专门的类型工作组，对重点洗钱类型进行专题研究，很多成果已转化为国际标准。2012年新《40项建议》第一条要求各国应当开展国家洗钱风险评估工作。根据FATF关于"洗钱风险"的定义，洗钱风险是外部洗钱威胁作用于国家（或体系）薄弱环节而产生洗钱活动的可能性。因此，国家洗钱风险评估包括外部威胁评估和内部漏洞评估。洗钱类型分析即外部威胁评估，是国家洗钱风险评估的重要组成部分，只有做好洗钱类型分析，才能从国家层面科学评估洗钱风险。

三、目的

（一）风险预警。通过洗钱类型分析，为风险为本的监管方法提供实证依据，并及时提示金融机构风险情况，指导其有针对性地加强风险管理，提高整体风险防控能力。

（二）监测指标。通过洗钱类型分析，研究主要洗钱类型和特点，总结相应的可疑交易识别分析方法，为金融机构自主建立监测指标提供参考，提高金融机构可疑交易监测水平。

（三）构建国家洗钱风险评估体系。做好国内洗钱类型分析工作，构建洗钱类型分析体系，在此基础上结合内部漏洞评估，共同构建国家洗钱风险评估体系。

四、洗钱类型分析体系基本构成

（一）框架。洗钱类型分析体系包括国内和国际两部分，以国内为主、国际为辅。国内洗钱类型分析体系包括三个层次：一是地区层次，由中国人民银行分支机构牵头开展本地区洗钱类型分析工作；二是行业层次，挑选银行业、证券业、保险业、支付业重点机构开展本行业的洗钱类型分析工作；三是国家层次，在地区和行业系统分析体系的基础上，由中国人民银行总行开展国家洗钱类型分析工作，从而形成覆盖国家、地区和行业三个层次"三位一体"的洗钱类型分析体系。国际方面，由中国人民银行总行组织开展境外洗钱信息监测工作，作为国内类型分析体系的补充。

（二）信息来源。从洗钱类型分析体系整体看，其国内信息来源包括侦查机关通报案例、金融机构可疑交易类型信息（即可疑交易涉嫌的洗钱类型，不包含姓名、账户、交易等涉密信息）、中国反洗钱监测分析中心监测分析数据以及国家相关部门通报的上游犯罪形势等；国际信息主要来源于FATF等国际组织、主要国家和地区类型研究成果、形势分析、工作数据和案例等。

（三）分析方法。洗钱类型分析以定性与定量分析相结合，以定性分析为主。其中，定性分析偏重主观判断，实践中可通过专家讨论的形式完成（如定期召开洗钱类型分析例会）；定量分析偏重客观数据，要依靠计算机系统对数据信息进行统计分析，得出结论。必要时，还可以开展问卷调查。

（四）产品。一是洗钱类型分析报告，包括国家洗钱类型分析报告（中国人民银行总行撰写）、地区洗钱类型分析报告（中国人民银行分支机构撰写）和行业洗钱类型分析报告（重点义务主体撰写）。二是风险预警信息，可通过会议、书面等形式提示风险，公开内容可通过官方网站发布。

……

附：洗钱类型分析体系的基本框架

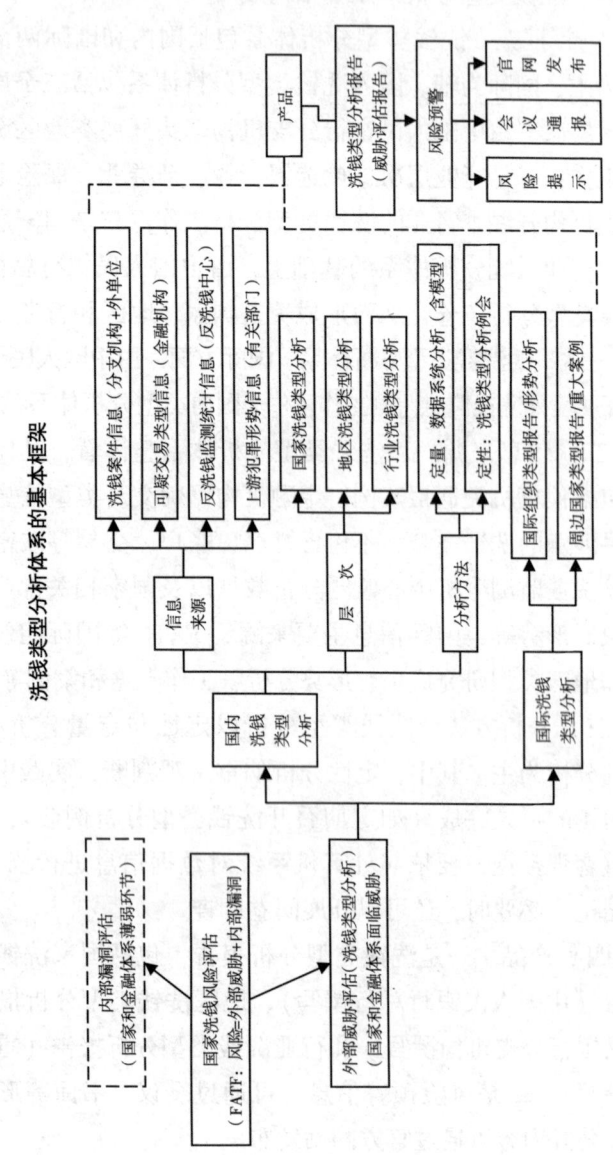

附件 2

可疑交易类型和识别点对照表①

可疑交易类型	识别点
1-1 疑似 非法汇兑型 地下钱庄	【资金交易上的识别点】 ●频度：账户资金交易频繁（如日交易笔数一般在 20 笔以上）。 ●金额：交易金额巨大（如账户日交易额上百万，甚至达到千万）。 ●模式：资金分散转入、分散转出。 ●速度：资金快进快出，当日不留或少留余额。 ●方式：频繁混合使用多种业务（目前以网上银行和 ATM 突出）。 ●现金：往往出现现金交易，尤其是 ATM 机取现。 ●地区：个人账户跨地区、跨银行交易频繁。 ●汇率：金额可能有接近官方或黑市汇率的特征（单笔或一天总额）。 ●规避：交易金额或形式规避反洗钱监测或其他措施（如频繁出现低于报告标准的特殊金额）。 ●沉睡期：开户后往往并不发生交易，有几个月沉睡期（多在 3 个月以上）。 ●测试：账户在启用时，往往先使用小额交易测试常用业务（如网银转账、ATM 提现等）。 ●交替性：分期分批启用账户进行交易，每批账户在使用几个月左右停用，再启用其他新的账户，但交易模式不变。 ●间歇性：同一账户的交易往往分时间进行，集中交易几天后暂停几天。 【账户资料上的识别点】 ●数量：同一人实际控制大量单位账户和个人账户。

---

① 因篇幅所限，本表仅节选部分内容摘录。

续表

可疑交易类型	识别点
	●单位账户：多以个体工商户为主，注册金额小，地址可疑，法定代表人（主要负责人）身份信息存在疑点。 ●个人账户：多个账户资料有相同点（如开户人特征、地址、电话等）。 ●代理：同一人代理多人/单位开户，笔迹相似，字迹往往不工整。 ●异地：留存的身份证复印件显示，开户人往往非本地人。 ●职业/收入：开户资料显示无固定职业或收入不高，与交易规模不符。 ●伪造证件：以伪造军官证、港澳通行证、回乡证等为主。 ●虚假信息：电话号码过期或不存在，联系地址虚构。 ●地区：开户时间和网点较为集中，覆盖城市主要繁华街区。 ●网上银行：开户时均申请开通网上银行业务，但不设定网银交易限额。 【行为上的识别点】 ●柜台：不同账户在柜台业务中往往出现固定的代理人（察看凭证）。 ●网银：多个账户的网银交易IP地址、MAC地址相同。 ●敏感：交易人不愿留下详细资料，有可能掩饰或躲避监控探头。 ●态度：交易人态度偏恶劣，不愿与柜员交流，不配合尽职调查或回访。 ●分散：交易分散在某一区域的多个网点。
1-2 疑似 非法结算型 地下钱庄	【账户资料上的识别点】 ●注册资金：多以个体工商户为主，注册资金很少（如3-5万元）或基本一致（如都是100万）。 ●经营范围：经营范围比较复杂，常见如商贸、文具、

续表

可疑交易类型	识别点
	服装、咨询、技术服务等。 ●空壳公司：注册地址可能不存在，或是家庭住址，无固定办公电话。 ●亲属关系：多家公司法人代表相同或存在亲属关系，或年龄可疑（如可能是老人或学生）。 ●集中注册/开户：多家公司注册、开户时间和开户地点也比较集中。 ●公司网银：开户时同时开通网银，并对账户转出资金的上限额度和转出至个人账户不做过多限制，不控制资金风险。 ●支票：公司开户之后一般不到银行购领转账支票和现金支票。 ●个人账户：往往为代理开户，代理人相同或多为异地人。 【资金交易上的识别点】 ●初始交易：公司账户开始无业务，或交易量很小。 ●测试交易：公司账户启用时先进行小额资金（如几十元至几千元）划转（主要以网银、公转私、ATM转账和提现为主）。 ●超规模交易：公司账户突然大进大出（如日交易量在百万元甚至千万元），每天不留余额或余额很少（有时余额与日交易额呈固定比例1‰-4‰左右）。 ●网银交易：快进快出，1分钟左右完成交易，日交易几十笔甚至上百笔。 ●资金循环：资金交易呈现"深圳公司-异地公司-异地个人-深圳个人"的循环，最终在深圳取现。资金循环的起止点也可能出现在其他地下钱庄活动高发地区。 ●公转私：在深圳（或其他地下钱庄活动高发地区）之外的地区，资金由公司账户拆成几笔转到公司个人账户。

续表

可疑交易类型	识别点
	●对手固定：公司账户除了通过网上银行与固定对手交易外，往往不与其他单位或个人账户发生资金往来。 ●虚假交易：公司账户对手名称繁多，但从名称上看经营范围可能并不对应。 ●提现：开户公司不提取现金，不领取银行回单；深圳（其他地下钱庄活动高发地区）个人账户将资金再转到下级大量个人账户，最终通过ATM提现。
2 疑似 腐败	●特定的职务身份：公务员、国有控股公司高管及其亲属和关系密切的人员。 ●大额资金：交易、投资、投保、消费规模与身份收入不符。 ●结构性操作：故意分拆资金，避免受到关注。 ●节日：节日前后存款、投保集中（主要为传统节日，如春节、中秋）。 ●亲属：以亲属名义存款、投资、炒股、投保、消费等。 ●定期：分散存定期。 ●外币：往往有外币存款，数额较大。 ●开户：资金起点往往为整数或吉利数（8.8万等）。 ●只出不进：开户后，资金只出不进；短期内，或者被用于消费，或者支取现金。 ●一次性：账户内资金用完后会很快销户或者休眠。 ●信用卡消费异常：显示在香港、澳门等地信用卡消费，特别是珠宝店、俱乐部、奢侈品（名包、名表）、高尔夫等。 ●当某官员被调查时，其亲属急于转移资金。
3 疑似 毒品犯罪	【账户、交易和行为上的识别点】 ●ATM：银行卡资金交易以ATM为主，基本不在银行临柜操作。

续表

可疑交易类型	识别点
	●业务：银行卡资金流入业务多为 ATM 无卡存款或 ATM 转账。 ●分散流入：同一张银行卡有多笔资金单向流入、多点流入。 ●集中流出：通过 ATM 一次性全额提现或一次性全额转往外地。 ●金额：汇款或银行卡单向流入的资金往往是毒品黑市价格的整数倍（目前，零包售毒价格多为 100 元/包、150 元/包、200 元/包等，不同毒品价格存在差异）。 ●涉毒地区：银行卡持有人绝大多数为毒品重点地区人氏。 ●回避银行：存、取款人行为可疑，故意回避银行的身份识别或核查。 ●地区：汇款地区往往与当地毒品转运路线重合，或与毒品重点地区账户往来较多，缺乏合理理由。 ●途径：一般通过邮储银行、农业银行、信用社途径汇款。 ●规律：毒、人、钱相分离，交易时间上有一定关联性和规律性。一类涉毒人群为长期固定购买，间隔时间相对规律（如每周、每半月交易一次）；另一类有需要才购买，账户往往在某一段时间内出现大额交易。 ●行为异常：往往会出现涉案账户的交易对手不能正确使用 ATM，造成长短款或存款不能入账，进而投诉的情况；关联人员办理柜台无卡续存交易时，常常不能正确或完整填写入账户名。 ●交易时间：通过 ATM 交易的时间较为异常，多为午夜或凌晨。 【毒品犯罪重点地区】 ●我国毒品整治重点地区……

77

续表

可疑交易类型	识别点
	●境内外流贩毒问题突出地区：…… ●2011年，国家禁毒委决定挂牌整治地区：……
4 疑似 走私	●重点地区：…… ●行业性：走私商品主要有电子产品、资源性产品（矿产品）、冻品、可回收利用的废品、成品油、药品、手表等，多为生产性原材料或者与人民群众生活密切相关的日用商品。 ●地下钱庄：与地下钱庄（外汇黄牛）定期大额交易。 ●重点国家（地区）：香港、越南、泰国、俄罗斯、日本、韩国、台湾、新加坡、印度、印度尼西亚、马来西亚。 ●缉私：海关缉私部门调查（可列入高风险数据库）。 ●外贸：外贸企业，或与外贸企业关系密切。 ●外贸企业购汇证明材料：报关价格明显低于市场价格。
5 疑似 诈骗	●开户：多张银行卡存在共同的异常开户特点（多为"卡贩子"开户），如开户时间、地点、网点比较集中，身份证为异地、偏远山区、老人等；或者陪同或指使他人开户。 ●虚假信息：同一客户在不同网点开户时留存的联系电话不一致，留存号码大多为已停机或空号。 ●电子银行：客户开立账户时主动要求开通部分电子产品，如要求签约短信银行、开通网上银行或其他电子银行产品。 ●起始金额：客户开户金额多为100元或200元人民币不等，开户成功后随即在自助设备上将开户款全部取走。 ●沉睡期+测试：开户后进入沉睡期，使用前小额测试。 ●结构性交易：个别账户频繁发生交易，资金多为"分散转入、集中转出或集中转入、分散转出"，且通过电子方式（网银）或ATM操作。

续表

可疑交易类型	识别点
	●迅速提现：转入资金迅速通过网银转出或提取现金，账户不留余额。 ●ATM：转账或提现时刻意掩饰，如使用头盔、帽子、雨伞、口罩、墨镜等。 ●第三方支付：通过第三方支付平台频繁转移资金，规避银行及第三方支付机构对虚拟账户提现的限制及监控。 ●开户：新开户业务突然增多，开户后立即转账或汇款；往往有专人陪同开户，本人虽在现场，但申请业务种类由陪同人全权负责。 ●规模：初期开卡、汇款规模不断扩大，持续一段时间。
6 疑似 集资	●集资：同一银行内各地向少数银行卡大量集中转账或汇款。 ●方式：资金快进快出现象明显。多为柜面汇入同一人或少数儿个人账户，然后通过网银、电话银行等离柜方式迅速转出，账面余额基本为零或极小。 ●单笔金额：具有明显的规律性，转账或汇款一般以某金额（如万元）为基数，呈倍数关系；返利资金也呈对应的倍数关系。 ●总额：交易金额累计往往十分巨大，动辄上千万、甚至数亿元人民币。 ●人群：具有明显的人群特征（如老人、妇女、退休人员）。 ●项目：现场可能有投资项目宣传品，有汇款单用途填写"投资"等。 ●分工：账户分工明显，收款账户"分散转入、集中转出"；中转账户"快进快出、频繁收付"；返款账户"集中转入、分散转出"。

续表

可疑交易类型	识别点
7 疑似 传销	●集资：账户资金来源分散，涉及全国很多省区市。 ●收款人：户名相对固定，但收款账户（账号）可能变更。 ●金额：频繁小额汇款，金额为某一特定金额的倍数。 ●网银：资金分散转入账户，通过网银集中转出或通过网银互联转出，有意回避大额交易。 ●提现：汇款累积到一定金额后提现。 ●周期：资金交易具有一定的周期性（如一般以一周为周期）。 ●金字塔：资金网络呈现"金字塔型"。 ●网络化：往往出现客户往某账户缴纳网站会费，以转账或现存两种方式为主。 ●返利：网站给客户返钱时间较为固定（如在凌晨1点到3点之间），返钱数量与入会费之间的比例大概固定。
8 疑似 套现	●商户特点：套现商户绝大多数为注册资本较低（10万元以下）的小型贸易经营部或个体工商户，经营范围多为服装、建材等批发与零售，尤其是一些建材市场、电脑市场等的经营户。 ●扣率：在银行卡收单扣率方面，套现商户多设置为低于1%的商户（如批发类、电子类、房地产类、烟酒店、茶行、建材店等），或采取定额手续费和手续费封顶的结算方式。 ●经营地址：多家商户经营场所临近且大多在写字间内办公。 ●刷卡金额：套现商户在申请POS业务成功后，短期内频繁发生大量刷卡交易，往往单笔消费金额较大，以整数交易为主；而无论单笔交易还是累计交易的金额，均与商户正常销售的商品价格差距较大。 ●经营规模：一段时间内（如三个月、半年、一年）单台POS累计发生额明显超出商户经营规模。

续表

可疑交易类型	识别点
	●实际控制人：商户实际控制人使用本人信用卡在本商户 POS 上频繁刷卡。 ●非面对面：账户交易类型多为 POS 和网银交易，有意回避柜面交易。 ●过渡性：账户收付交易频繁，资金快进快出，过渡性质明显。 ●公转私：POS 刷卡资金转入商户账户后立即转向商户主要控制人或关联人账户，之后频繁支取现金或者分散转付信用卡客户或其他个人。 ●更换账户：多头开户，频频更换，账户交易一段时间后就不再交易或销户，再使用新的账户交易。 ●信用卡刷卡：基本以银行贷记卡刷卡交易为主；往往在同一 POS 上会出现数十张、上百张不同银行卡刷卡现象，而且相当一部分信用卡会在每个月或每个季度，有规律地进行刷卡。 ●异地卡：套现商户交易清单显示"购买者"多为异地卡，少有本地人光顾，与同类市场主体经营不符。
9 疑似 涉税 犯罪	●行业：主要集中在进出口贸易、废旧物资回收、资源再生及软件生产等享受国家优惠政策的行业。 ●个人账户结算对公资金：名为个人账户，但实为公司转移资金所用。 ●批量存单：经办人多为公司会计，以员工名义批量开立存单；会计在银行柜面分批代理结清存单，转入其活期账户中，然后取现或转给公司少数高级管理人员。 ●公转私：对公账户频繁向个人账户转入大额资金，再通过本票或现金形式转入公司的高管个人账户。 ●重复交易：本可一次交易完成的业务，却采取多次复杂的方式完成，如在固定的时间，以相同的手段、相对固定的交易额进行重复转账和现金支取。

续表

可疑交易类型	识别点
	●过渡交易：个人账户资金进出频繁，进出资金额基本一致，主要用于过渡资金，而非正常的个人结算之用。 ●交易规模：资金交易量与企业注册资本和经营规模明显不符。

12.《保险机构洗钱和恐怖融资风险评估及客户分类管理指引》(2014年12月30日)

第28条 保险机构应在洗钱风险评估和客户风险等级划分的基础上，酌情采取相应的风险控制措施。对风险水平较高的产品和风险较高的客户应采取强化的风险控制措施，包括但不限于：

……

（四）可疑交易报告。保险机构应当设立可疑交易指标体系，明确人工识别可疑交易对象和流程，并通过持续性、强化的客户尽职调查手段予以识别分析。对客户采取尽职调查后，保险机构有合理理由怀疑资金为犯罪收益或与恐怖融资有关的，应按照法律规定，向中国反洗钱监测分析中心报送可疑交易报告。

……

13.《中国人民银行关于加强跨境汇款业务反洗钱工作的通知》(2012年8月12日)

二、强化对跨境汇款交易的反洗钱监测

（一）金融机构应按照我国有关部门要求，及时做好反洗钱监控名单更新工作。

（二）金融机构应切实采取有效的技术手段，不断提高对跨境汇款业务交易监测的时效性。

（三）如果客户、客户的实际控制人、交易的实际受益人以及办理跨境汇款交易的对方金融机构来自于反洗钱、反恐怖融资监管薄弱，洗钱、毒品或腐败等犯罪高发国家（地区），金融机构应尽可能采取强化的客户尽职调查措施，审查交易目的、交易性质和交易背景情况，发现疑点的，应按照规定提交可疑交易报告。

……

14.《报告机构反洗钱报送主体资格申请及机构信息变更管理规程（试行）》（2012年6月29日）

第2条　中国反洗钱监测分析中心（以下简称反洗钱中心）和人民银行上海总部，各分行、营业管理部，各省会（首府）城市中心支行、副省级城市中心支行（以下统称人民银行分支机构）负责各报告机构反洗钱报送主体资格申请及机构信息变更的管理工作。

第3条　反洗钱中心负责在"中国反洗钱监测分析系统"中录入报告机构基本信息，记录报告机构变更信息，生成银行业、证券期货业、保险业金融机构，信托公司、金融资产管理公司财务公司、金融租赁公司、汽车金融公司、货币经纪公司（以下统称银行业等金融机构）的报告机构编码等事宜。

第4条　人民银行分支机构负责总部注册地在其辖区内的报告机构管理工作，审核报告机构提交的《报告机构基本情况登记表》（见附1）、《报告机构基本情况变更表》（见附2）内容，按照人民银行科技主管部门的统一编码规范及管理规定生成银行卡组织、资金清算中心和支付机构（以下统称银行卡组织等机构）的报告机构编码，督促报告机构认真履行反洗钱报送职责。

15.《支付机构反洗钱和反恐怖融资管理办法》（2012年3月5日）

第4条　中国反洗钱监测分析中心负责支付机构可疑交易报告的接收、分析和保存，并按照规定向中国人民银行报告分析结果，履行中国人民银行规定的其他职责。

第 38 条　支付机构在履行反洗钱义务过程中，发现涉嫌犯罪的，应立即报告当地公安机关和中国人民银行当地分支机构，并以电子方式报告中国反洗钱监测分析中心。

16. 《金融机构客户身份识别和客户身份资料及交易记录保存管理办法》（2007 年 6 月 21 日）

第 26 条　金融机构在履行客户身份识别义务时，应当向中国反洗钱监测分析中心和中国人民银行当地分支机构报告以下可疑行为：

（一）客户拒绝提供有效身份证件或者其他身份证明文件的。

（二）对向境内汇入资金的境外机构提出要求后，仍无法完整获得汇款人姓名或者名称、汇款人账号和汇款人住所及其他相关替代性信息的。

（三）客户无正当理由拒绝更新客户基本信息的。

（四）采取必要措施后，仍怀疑先前获得的客户身份资料的真实性、有效性、完整性的。

（五）履行客户身份识别义务时发现的其他可疑行为。

金融机构报告上述可疑行为参照《金融机构大额交易和可疑交易报告管理办法》（中国人民银行令〔2006〕第 2 号[①]发布）及相关规定执行。

17. 《金融机构大额交易和可疑交易报告管理办法》（2018 年 7 月 26 日）

第 3 条　金融机构应当履行大额交易和可疑交易报告义务，向中国反洗钱监测分析中心报送大额交易和可疑交易报告，接受中国人民银行及其分支机构的监督、检查。

---

① 对应《金融机构大额交易和可疑交易报告管理办法》（中国人民银行令〔2018〕第 2 号）。

第 17 条　可疑交易符合下列情形之一的，金融机构应当在向中国反洗钱监测分析中心提交可疑交易报告的同时，以电子形式或书面形式向所在地中国人民银行或者其分支机构报告，并配合反洗钱调查：

（一）明显涉嫌洗钱、恐怖融资等犯罪活动的。

（二）严重危害国家安全或者影响社会稳定的。

（三）其他情节严重或者情况紧急的情形。

第 28 条　中国反洗钱监测分析中心发现金融机构报送的大额交易报告或者可疑交易报告内容要素不全或者存在错误的，可以向提交报告的金融机构发出补正通知，金融机构应当在接到补正通知之日起 5 个工作日内补正。

18.《中国人民银行关于加强贵金属交易场所反洗钱和反恐怖融资工作的通知》（2017 年 9 月 26 日）

二、交易场所、交易商应当积极履行反洗钱和反恐怖融资义务

……

（六）交易场所、交易商发现或者有合理理由怀疑客户、客户的资金或者其他资产、客户的交易或者试图进行的交易与洗钱、恐怖融资等犯罪活动相关的，不论所涉资金金额或者资产价值大小，应当在确认可疑交易后立即向中国反洗钱监测分析中心报送可疑交易报告。

（七）可疑交易符合下列情形之一的，交易场所、交易商在向中国反洗钱监测分析中心报送可疑交易报告的同时，应当以电子形式或者书面形式向所在地中国人民银行分支机构、公安机关或者国家安全机关报案：

1. 明显涉嫌洗钱、恐怖融资等犯罪活动的；

2. 严重危害国家安全或者影响社会稳定的；

3. 其他情节严重或者情况紧急的情形。

……

第十七条　部门间信息交换

国务院反洗钱行政主管部门为履行反洗钱职责，可以从国家有关机关获取所必需的信息，国家有关机关应当依法提供。

国务院反洗钱行政主管部门应当向国家有关机关定期通报反洗钱工作情况，依法向履行与反洗钱相关的监督管理、行政调查、监察调查、刑事诉讼等职责的国家有关机关提供所必需的反洗钱信息。

● 部门规章及文件

《法人金融机构洗钱和恐怖融资风险自评估指引》（2021年1月15日）

第24条　法人金融机构收集自评估所需的各类信息，应当充分考虑内外部各方面来源，例如：

……

（二）国家相关部门通报的上游犯罪形势、破获的洗钱案例、洗钱类型分析报告，以及机构境外经营所在国家或地区洗钱风险评估报告或其他洗钱威胁情况；

……

第十八条　海关信息通报机制

出入境人员携带的现金、无记名支付凭证等超过规定金额的，应当按照规定向海关申报。海关发现个人出入境携带的现金、无记名支付凭证等超过规定金额的，应当及时向反洗钱行政主管部门通报。

前款规定的申报范围、金额标准以及通报机制等，由国务院反洗钱行政主管部门、国务院外汇管理部门按照职责分工会同海关总署规定。

● **行政法规及文件**

《国务院办公厅关于完善反洗钱、反恐怖融资、反逃税监管体制机制的意见》(2017年8月29日)

（十三）加强监管政策配套，健全风险防控制度。研究建立各监管部门对新成立反洗钱义务机构、非营利组织及其董事、监事和高级管理人员的反洗钱背景审查制度，严格审核发起人、股东、实际控制人、最终受益人和董事、监事、高级管理人员背景，审查资金来源和渠道，从源头上防止不法分子通过创设组织机构进行洗钱、恐怖融资和逃税活动。研究各类无记名可转让有价证券的洗钱风险以及需纳入监管的重点，研究无记名可转让有价证券价值甄别和真伪核验技术，明确反洗钱行政主管部门与海关监管分工，推动对跨境携带无记名可转让有价证券的监管及通报制度尽快出台。制定海关向反洗钱行政主管部门、公安机关、国家安全机关通报跨境携带现金信息的具体程序，完善跨境异常资金监测制度。

第十九条 受益所有人信息管理制度

国务院反洗钱行政主管部门会同国务院有关部门建立法人、非法人组织受益所有人信息管理制度。

法人、非法人组织应当保存并及时更新受益所有人信息，按照规定向登记机关如实提交并及时更新受益所有人信息。反洗钱行政主管部门、登记机关按照规定管理受益所有人信息。

反洗钱行政主管部门、国家有关机关为履行职责需要，可以依法使用受益所有人信息。金融机构和特定非金融机构在履行反洗钱义务时依法查询核对受益所有人信息；发现受益所有人信息错误、不一致或者不完整的，应当按照规定进行反馈。使用受益所有人信息应当依法保护信息安全。

本法所称法人、非法人组织的受益所有人，是指最终拥有或者实际控制法人、非法人组织，或者享有法人、非法人组织最终收益的自然人。具体认定标准由国务院反洗钱行政主管部门会同国务院有关部门制定。

● 部门规章及文件

1. 《受益所有人信息管理办法》（2024年4月29日）

第1条 为提高市场透明度，维护市场秩序、金融秩序，预防和遏制洗钱、恐怖主义融资活动，根据反洗钱和企业登记管理有关法律、行政法规，制定本办法。

第2条 下列主体（以下统称备案主体）应当根据本办法规定通过相关登记注册系统备案受益所有人信息：

（一）公司；

（二）合伙企业；

（三）外国公司分支机构；

（四）中国人民银行、国家市场监督管理总局规定的其他主体。

个体工商户无需备案受益所有人信息。

第3条 注册资本（出资额）不超过1000万元人民币（或者等值外币）且股东、合伙人全部为自然人的备案主体，如果不存在股东、合伙人以外的自然人对其实际控制或者从其获取收益，也不存在通过股权、合伙权益以外的方式对其实施控制或者从其获取收益的情形，承诺后免于备案受益所有人信息。

第4条 国家市场监督管理总局统筹指导相关登记注册系统建设，指导地方登记机关依法开展受益所有人信息备案工作，及时将归集的受益所有人信息推送至中国人民银行。县级以上地方市场监督管理部门督促备案主体及时备案受益所有人信息。

中国人民银行建立受益所有人信息管理系统，及时接收、保存、处理受益所有人信息。中国人民银行及其分支机构督促备案主体准确备案受益所有人信息。

第5条 中国人民银行及其分支机构为受益所有人信息备案工作提供指导，市场监督管理部门予以配合。

第6条 符合下列条件之一的自然人为备案主体的受益所有人：

（一）通过直接方式或者间接方式最终拥有备案主体25%以上股权、股份或者合伙权益；

（二）虽未满足第一项标准，但最终享有备案主体25%以上收益权、表决权；

（三）虽未满足第一项标准，但单独或者联合对备案主体进行实际控制。

前款第三项所称实际控制包括但不限于通过协议约定、关系密切的人等方式实施控制，例如决定法定代表人、董事、监事、高级管理人员或者执行事务合伙人的任免，决定重大经营、管理决策的制定或者执行，决定财务收支，长期实际支配使用重要资产或者主要资金等。

不存在第一款规定三种情形的，应当将备案主体中负责日常经营管理的人员视为受益所有人进行备案。

第7条 国有独资公司、国有控股公司应当将法定代表人视为受益所有人进行备案。

第8条 外国公司分支机构的受益所有人为外国公司按照本办法第六条规定认定的受益所有人，以及该分支机构的高级管理人员。

外国公司在其本国享受的受益所有人申报豁免标准不适用于中国。

第9条 备案主体在设立登记时，应当通过相关登记注册系统备案受益所有人信息。

无法通过相关登记注册系统办理设立登记的，可以现场办理，并在设立登记之日起 30 日内，通过相关登记注册系统备案受益所有人信息。

第 10 条 备案主体受益所有人信息发生变化，或者不再符合本办法第三条规定的承诺免报条件的，应当自发生变化或者不符合承诺免报条件之日起 30 日内，通过相关登记注册系统备案受益所有人信息。

第 11 条 备案主体备案受益所有人信息时，应当填报下列信息：

（一）姓名；

（二）性别；

（三）国籍；

（四）出生日期；

（五）经常居住地或者工作单位地址；

（六）联系方式；

（七）身份证件或者身份证明文件种类、号码、有效期限；

（八）受益所有权关系类型以及形成日期、终止日期（如有）。

存在本办法第六条第一款第一项规定情形的，还应当填报持有股权、股份或者合伙权益的比例；存在本办法第六条第一款第二项规定情形的，还应当填报收益权、表决权的比例；存在本办法第六条第一款第三项规定情形的，还应当填报实际控制的方式。

第 12 条 国家有关机关为履行职责需要，可以依法向中国人民银行获取受益所有人信息。

金融机构、特定非金融机构履行反洗钱和反恐怖主义融资义务时，可以通过中国人民银行查询受益所有人信息。

国家有关机关以及金融机构、特定非金融机构对依法获得的受益所有人信息应当予以保密。

第 13 条 国家有关机关以及金融机构、特定非金融机构发现受益所有人信息管理系统中的备案主体受益所有人信息存在错误、不一致或者不完整的,应当及时向中国人民银行反馈。中国人民银行可以根据情形依法采取措施进行核实,备案主体应当配合。

对市场透明度、金融透明度有显著影响的备案主体,中国人民银行等主管部门可以要求其补充提供确定受益所有人所需要的股权、合伙权益、收益权、表决权、控制关系等情况的材料。

第14条 备案主体未按照规定办理受益所有人信息备案的,依照企业登记管理有关行政法规处理。

中国人民银行及其分支机构发现备案主体备案的受益所有人信息不准确的,应当责令备案主体限期改正;拒不改正的,处5万元以下的罚款。

第15条 本办法所称受益所有人,是指最终拥有或者实际控制备案主体,或者享有备案主体最终收益的自然人。

2.《银行业金融机构反洗钱和反恐怖融资管理办法》(2019年1月29日)

第12条 银行业金融机构应当按照规定建立健全和执行客户身份识别制度,遵循"了解你的客户"的原则,针对不同客户、业务关系或者交易,采取有效措施,识别和核实客户身份,了解客户及其建立、维持业务关系的目的和性质,了解非自然人客户受益所有人。在与客户的业务关系存续期间,银行业金融机构应当采取持续的客户身份识别措施。

3.《互联网金融从业机构反洗钱和反恐怖融资管理办法(试行)》(2018年9月29日)

第10条 从业机构应当勤勉尽责,执行客户身份识别制度遵循"了解你的客户"原则,针对具有不同洗钱或者恐怖融资风险特征的客户、业务关系或者交易采取合理措施,了解建立业务关系的目的和意图,了解非自然人客户的受益所有人情况,了解自然人客户的交易是否为本人操作和交易的实际受益人。

从业机构应当按照法律法规、规章、规范性文件和行业规则，收集必备要素信息，利用从可靠途径、以可靠方式获取的信息或数据，采取合理措施识别、核验客户真实身份，确定并适时调整客户风险等级。对于先前获得的客户身份资料存疑的，应当重新识别客户身份。

从业机构应当采取持续的客户身份识别措施，审核客户身份资料和交易记录，及时更新客户身份识别相关的证明文件、数据和信息，确保客户正在进行的交易与从业机构所掌握的客户资料、客户业务、风险状况等匹配。对于高风险客户，从业机构应当采取合理措施了解其资金来源，提高审核频率。

除本办法和行业规则规定的必备要素信息外，从业机构应当在法律法规、规章、规范性文件允许的范围内收集其他相关信息，数据和资料，合理运用技术手段和理论方法进行分析，核验客户真实身份。

客户属于外国政要、国际组织的高级管理人员及其特定关系人的，从业机构应当采取更为严格的客户身份识别措施。

从业机构不得为身份不明或者拒绝身份查验的客户提供服务或者与其进行交易，不得为客户开立匿名账户或者假名账户，不得与明显具有非法目的的客户建立业务关系。

4. 《社会组织反洗钱和反恐怖融资管理办法》（2017年11月17日）

第11条 社会组织应当依法确认业务活动相关受益人的身份，确保受益人符合规定条件，了解受益人的声誉，依法保护受益人隐私，不得资助危害国家安全、损害社会公共利益等违法活动。社会组织应当依法记录所取得的捐赠人的身份信息，并尊重其保密要求。社会组织应当识别其负责人及理事的身份。

5. 《中国人民银行关于加强反洗钱客户身份识别有关工作的通知》（2017年10月20日）

一、加强对非自然人客户的身份识别

义务机构应当按照《金融机构客户身份识别和客户身份资料

及交易记录保存管理办法》(中国人民银行 中国银行业监督管理委员会 中国证券监督管理委员会 中国保险监督管理委员会令〔2007〕第2号发布)的规定,有效开展非自然人客户的身份识别,提高受益所有人信息透明度,加强风险评估和分类管理,防范复杂股权或者控制权结构导致的洗钱和恐怖融资风险。

(一)义务机构应当加强对非自然人客户的身份识别,在建立或者维持业务关系时,采取合理措施了解非自然人客户的业务性质与股权或者控制权结构,了解相关的受益所有人信息。

(二)义务机构应当根据实际情况以及从可靠途径、以可靠方式获取的相关信息或者数据,识别非自然人客户的受益所有人,并在业务关系存续期间,持续关注受益所有人信息变更情况。

(三)对非自然人客户受益所有人的追溯,义务机构应当逐层深入并最终明确为掌握控制权或者获取收益的自然人,判定标准如下:

1. 公司的受益所有人应当按照以下标准依次判定:直接或者间接拥有超过25%公司股权或者表决权的自然人;通过人事、财务等其他方式对公司进行控制的自然人;公司的高级管理人员。

2. 合伙企业的受益所有人是指拥有超过25%合伙权益的自然人。

3. 信托的受益所有人是指信托的委托人、受托人、受益人以及其他对信托实施最终有效控制的自然人。

4. 基金的受益所有人是指拥有超过25%权益份额或者其他对基金进行控制的自然人。

对风险较高的非自然人客户,义务机构应当采取更严格的标准判定其受益所有人。

(四)义务机构应当核实受益所有人信息,并可以通过询问非自然人客户、要求非自然人客户提供证明材料、查询公开信息、委托有关机构调查等方式进行。

（五）义务机构应当登记客户受益所有人的姓名、地址、身份证件或者身份证明文件的种类、号码和有效期限。

（六）义务机构在充分评估下述非自然人客户风险状况基础上，可以将其法定代表人或者实际控制人视同为受益所有人：

1. 个体工商户、个人独资企业、不具备法人资格的专业服务机构。

2. 经营农林渔牧产业的非公司制农民专业合作组织。

对于受政府控制的企事业单位，参照上述标准执行。

（七）义务机构可以不识别下述非自然人客户的受益所有人：

1. 各级党的机关、国家权力机关、行政机关、司法机关、军事机关、人民政协机关和人民解放军、武警部队、参照公务员法管理的事业单位。

2. 政府间国际组织、外国政府驻华使领馆及办事处等机构及组织。

（八）义务机构应当在识别受益所有人的过程中，了解、收集并妥善保存以下信息和资料：

1. 非自然人客户股权或者控制权的相关信息，主要包括：注册证书、存续证明文件、合伙协议、信托协议、备忘录、公司章程以及其他可以验证客户身份的文件。

2. 非自然人客户股东或者董事会成员登记信息，主要包括：董事会、高级管理层和股东名单、各股东持股数量以及持股类型（包括相关的投票权类型）等。

（九）银行业金融机构应当将登记保存的受益所有人信息报送中国人民银行征信中心运营管理的相关信息数据库。义务机构可以依照相关规定查询非自然人客户的受益所有人信息。受益所有人信息登记、查询、使用及保密办法，由中国人民银行另行制定。

……

三、加强特定业务关系中客户的身份识别措施

义务机构应当根据产品、业务的风险评估结果，结合业务关系特点开展客户身份识别，将客户身份识别工作作为有效防范洗钱和恐怖融资风险的基础。

（一）对于寿险和具有投资功能的财产险业务，义务机构应当充分考虑保单受益人的风险状况，决定是否对受益人开展强化的身份识别措施。受益人为非自然人客户，义务机构认为其股权或者控制权较复杂且有较高风险的，应当在偿付相关资金前，采取合理措施了解保单受益人的股权和控制权结构，并按照风险为本原则，强化对受益人的客户身份识别。

……

6.《保险机构洗钱和恐怖融资风险评估及客户分类管理指引》（2014年12月30日）

第35条　本指引中"客户"是指投保人，鼓励保险机构将本指引的要求运用于被保险人、受益人、实际控制人、实际受益人等其他人员。

7.《金融机构反洗钱规定》（2006年11月14日）

第9条　金融机构应当按照规定建立和实施客户身份识别制度。

（一）对要求建立业务关系或者办理规定金额以上的一次性金融业务的客户身份进行识别，要求客户出示真实有效的身份证件或者其他身份证明文件，进行核对并登记，客户身份信息发生变化时，应当及时予以更新；

（二）按照规定了解客户的交易目的和交易性质，有效识别交易的受益人；

（三）在办理业务中发现异常迹象或者对先前获得的客户身份资料的真实性、有效性、完整性有疑问的，应当重新识别客户身份；

（四）保证与其有代理关系或者类似业务关系的境外金融机构进行有效的客户身份识别，并可从该境外金融机构获得所需的客户身份信息。

前款规定的具体实施办法由中国人民银行会同中国银行业监督管理委员会、中国证券监督管理委员会和中国保险监督管理委员会制定。

8.《支付机构反洗钱和反恐怖融资管理办法》（2012年3月5日）

第二章 客户身份识别

第10条 支付机构应当勤勉尽责，建立健全客户身份识别制度，遵循"了解你的客户"原则，针对具有不同洗钱或者恐怖融资风险特征的客户、业务关系或者交易应采取相应的合理措施，了解客户及其交易目的和交易性质，了解实际控制客户的自然人和交易的实际受益人。

第11条 网络支付机构在为客户开立支付账户时，应当识别客户身份，登记客户身份基本信息，通过合理手段核对客户基本信息的真实性。

客户为单位客户的，应核对客户有效身份证件，并留存有效身份证件的复印件或者影印件。

客户为个人客户的，出现下列情形时，应核对客户有效身份证件，并留存有效身份证件的复印件或者影印件。

（一）个人客户办理单笔收付金额人民币1万元以上或者外币等值1000美元以上支付业务的；

（二）个人客户全部账户30天内资金双边收付金额累计人民币5万元以上或外币等值1万美元以上的；

（三）个人客户全部账户资金余额连续10天超过人民币5000元或外币等值1000美元的；

（四）通过取得网上金融产品销售资质的网络支付机构买卖金融产品的；

（五）中国人民银行规定的其他情形。

第12条 网络支付机构在为同一客户开立多个支付账户时，应采取有效措施建立支付账户间的关联关系，按照客户进行统一管理。

第13条 网络支付机构在向未开立支付账户的客户办理支付业务时，如单笔资金收付金额人民币1万元以上或者外币等值1000美元以上的，应在办理业务前要求客户登记本人的姓名、有效身份证件种类、号码和有效期限，并通过合理手段核对客户有效身份证件信息的真实性。

第14条 网络支付机构与特约商户建立业务关系时，应当识别特约商户身份，了解特约商户的基本情况，登记特约商户身份基本信息，核实特约商户有效身份证件，并留存特约商户有效身份证件的复印件或者影印件。

第15条 预付卡机构在向购卡人出售记名预付卡或一次性金额人民币1万元以上的不记名预付卡时，应当识别购卡人身份，登记购卡人身份基本信息，核对购卡人有效身份证件，并留存购卡人有效身份证件的复印件或者影印件。

代理他人购买记名预付卡的，预付卡机构应采取合理方式确认代理关系的存在，在对被代理人采取前款规定的客户身份识别措施时，还应当登记代理人身份基本信息，核对代理人有效身份证件，并留存代理人有效身份证件的复印件或者影印件。

第16条 预付卡机构在与特约商户建立业务关系时，应当识别特约商户身份，了解特约商户的基本情况，登记特约商户身份基本信息，核实特约商户有效身份证件，并留存特约商户有效身份证件的复印件或者影印件。

第17条 预付卡机构办理记名预付卡或一次性金额人民币1万元以上不记名预付卡充值业务时，应当识别办理人员的身份，登记办理人员身份基本信息，核对办理人员有效身份证件，并留存办理人员有效身份证件的复印件或者影印件。

第18条 预付卡机构办理赎回业务时，应当识别赎回人的身份，登记赎回人身份基本信息，核对赎回人有效身份证件，并留存赎回人有效身份证件的复印件或者影印件。

第19条 收单机构在与特约商户建立业务关系时，应当识别特约商户身份，了解特约商户的基本情况，登记特约商户身份基本信息，核实特约商户有效身份证件，并留存特约商户有效身份证件的复印件或者影印件。

第20条 支付机构应按照客户特点和交易特征，综合考虑地域、业务、行业、客户是否为外国政要等因素，制定客户风险等级划分标准，评定客户风险等级。客户风险等级标准应报总部所在地中国人民银行分支机构备案。

首次客户风险等级评定应在与客户建立业务关系后60天内完成。支付机构应对客户持续关注，适时调整客户风险等级。

支付机构应当根据客户的风险等级，定期审核本机构保存的客户基本信息。对本机构风险等级最高的客户，支付机构应当至少每半年进行一次审核，了解其资金来源、资金用途和经营状况等信息，加强对其交易活动的监测分析。

第21条 在与客户的业务关系存续期间，支付机构应当采取持续的客户身份识别措施，关注客户及其日常经营活动、交易情况，并定期对特约商户进行回访或查访。

第22条 在与客户的业务关系存续期间，支付机构应当及时提示客户更新身份信息。

客户先前提交的有效身份证件将超过有效期的，支付机构应当在失效前60天通知客户及时更新。客户有效身份证件已过有效期的，支付机构在为客户办理首笔业务时，应当先要求客户更新有效身份证件。

第23条 在出现以下情况时，支付机构应当重新识别客户：

（一）客户要求变更姓名或者名称、有效身份证件种类、身份证件号码、注册资本、经营范围、法定代表人或者负责人等的；

（二）客户行为或者交易情况出现异常的；

（三）先前获得的客户身份资料存在疑点的；

（四）支付机构认为应重新识别客户身份的其他情形。

第 24 条　支付机构除核对有效身份证件外，可以采取以下的一种或者几种措施，识别或者重新识别客户身份：

（一）要求客户补充其他身份资料；

（二）回访客户；

（三）实地查访；

（四）向公安、工商行政管理等部门核实；

（五）其他可以依法采取的措施。

第 25 条　支付机构委托其他机构代为履行客户身份识别义务时，应通过书面协议明确双方在客户身份识别方面的责任，并符合以下要求：

（一）能够证明受托方按反洗钱法律、行政法规和本办法的要求，采取客户身份识别和身份资料保存的必要措施；

（二）受托方为本支付机构提供客户信息，不存在法律制度、技术等方面的障碍；

（三）本支付机构在办理业务时，能立即获得受托方提供的客户身份基本信息，还可在必要时从受托方获得客户的有效身份证件的复印件或者影印件。受托方未采取符合本办法要求的客户身份识别措施的，由支付机构承担未履行客户身份识别义务的法律责任。

9.《中国人民银行办公厅关于进一步加强反洗钱和反恐怖融资工作的通知》(2018 年 7 月 23 日)

一、加强客户身份识别管理

（一）客户身份核实要求。

义务机构在识别客户身份时,应通过可靠和来源独立的证明文件、数据信息和资料核实客户身份,了解客户建立、维持业务关系的目的及性质,并在适当情况下获取相关信息。

　　原则上,义务机构应当在建立业务关系或办理规定金额以上的一次性业务之前,完成客户及其受益所有人的身份核实工作但在有效管理洗钱和恐怖融资风险的情况下,为不打断正常交易,可以在建立业务关系后尽快完成身份核实。在未完成客户身份核实工作前,义务机构应当建立相应的风险管理机制和程序对客户要求办理的业务实施有效的风险管理措施,如限制交易数量、类型或金额,加强交易监测等。

　　对于寿险和具有投资功能的财产险业务,义务机构应当充分考虑保单受益人的风险状况,决定是否对保单受益人开展强化的客户身份识别。当保单受益人为非自然人且具有较高风险时,义务机构应当采取强化的客户身份识别措施,至少在给付保险金时,通过合理手段识别和核实其受益所有人。

　　义务机构应当采取持续的客户身份识别措施,详细审查保存的客户资料和业务关系存续期间发生的交易,及时更新客户身份证明文件、数据信息和资料,确保当前进行的交易符合义务机构对客户及其业务、风险状况、资金来源等方面的认识。对于高风险客户,义务机构应当提高审查的频率和强度。

　　如果义务机构无法进行客户身份识别工作,或经评估超过本机构风险管理能力的,不得与客户建立或维持业务关系,并应当考虑提交可疑交易报告。

10.《保险业反洗钱工作管理办法》(2011年9月13日)

　　第16条　保险公司应当依法在订立保险合同、解除保险合同、理赔或者给付等环节对规定金额以上的业务进行客户身份识别。

11.《金融机构客户身份识别和客户身份资料及交易记录保存管理办法》(2007年6月21日)

第二章 客户身份识别制度

第7条 政策性银行、商业银行、农村合作银行、城市信用合作社、农村信用合作社等金融机构和从事汇兑业务的机构,在以开立账户等方式与客户建立业务关系,为不在本机构开立账户的客户提供现金汇款、现钞兑换、票据兑付等一次性金融服务且交易金额单笔人民币1万元以上或者外币等值1000美元以上的,应当识别客户身份,了解实际控制客户的自然人和交易的实际受益人,核对客户的有效身份证件或者其他身份证明文件,登记客户身份基本信息,并留存有效身份证件或者其他身份证明文件的复印件或者影印件。

如客户为外国政要,金融机构为其开立账户应当经高级管理层的批准。

第8条 商业银行、农村合作银行、城市信用合作社、农村信用合作社等金融机构为自然人客户办理人民币单笔5万元以上或者外币等值1万美元以上现金存取业务的,应当核对客户的有效身份证件或者其他身份证明文件。

第9条 金融机构提供保管箱服务时,应了解保管箱的实际使用人。

第10条 政策性银行、商业银行、农村合作银行、城市信用合作社、农村信用合作社等金融机构和从事汇兑业务的机构为客户向境外汇出资金时,应当登记汇款人的姓名或者名称、账号、住所和收款人的姓名、住所等信息,在汇兑凭证或者相关信息系统中留存上述信息,并向接收汇款的境外机构提供汇款人的姓名或者名称、账号、住所等信息。汇款人没有在本金融机构开户,金融机构无法登记汇款人账号的,可登记并向接收汇款的境外机构提供其他相关信息,确保该笔交易的可跟踪稽核。境外收款人住所不明确的，金融机构可登记接收汇款的境外机构所在地名称。

接收境外汇入款的金融机构，发现汇款人姓名或者名称、汇款人账号和汇款人住所三项信息中任何一项缺失的，应要求境外机构补充。如汇款人没有在办理汇出业务的境外机构开立账户，接收汇款的境内金融机构无法登记汇款人账号的，可登记其他相关信息，确保该笔交易的可跟踪稽核。境外汇款人住所不明确的，境内金融机构可登记资金汇出地名称。

第11条 证券公司、期货公司、基金管理公司以及其他从事基金销售业务的机构在办理以下业务时，应当识别客户身份，了解实际控制客户的自然人和交易的实际受益人，核对客户的有效身份证件或者其他身份证明文件，登记客户身份基本信息，并留存有效身份证件或者其他身份证明文件的复印件或者影印件：

（一）资金账户开户、销户、变更，资金存取等。

（二）开立基金账户。

（三）代办证券账户的开户、挂失、销户或者期货客户交易编码的申请、挂失、销户。

（四）与客户签订期货经纪合同。

（五）为客户办理代理授权或者取消代理授权。

（六）转托管，指定交易、撤销指定交易。

（七）代办股份确认。

（八）交易密码挂失。

（九）修改客户身份基本信息等资料。

（十）开通网上交易、电话交易等非柜面交易方式。

（十一）与客户签订融资融券等信用交易合同。

（十二）办理中国人民银行和中国证券监督管理委员会确定的其他业务。

第12条 对于保险费金额人民币1万元以上或者外币等值

1000美元以上且以现金形式缴纳的财产保险合同，单个被保险人保险费金额人民币2万元以上或者外币等值2000美元以上且以现金形式缴纳的人身保险合同，保险费金额人民币20万元以上或者外币等值2万美元以上且以转账形式缴纳的保险合同，保险公司在订立保险合同时，应确认投保人与被保险人的关系，核对投保人和人身保险被保险人、法定继承人以外的指定受益人的有效身份证件或者其他身份证明文件，登记投保人、被保险人、法定继承人以外的指定受益人的身份基本信息，并留存有效身份证件或者其他身份证明文件的复印件或者影印件。

第13条　在客户申请解除保险合同时，如退还的保险费或者退还的保险单的现金价值金额为人民币1万元以上或者外币等值1000美元以上的，保险公司应当要求退保申请人出示保险合同原件或者保险凭证原件，核对退保申请人的有效身份证件或者其他身份证明文件，确认申请人的身份。

第14条　在被保险人或者受益人请求保险公司赔偿或者给付保险金时，如金额为人民币1万元以上或者外币等值1000美元以上，保险公司应当核对被保险人或者受益人的有效身份证件或者其他身份证明文件，确认被保险人、受益人与投保人之间的关系，登记被保险人、受益人身份基本信息，并留存有效身份证件或者其他身份证明文件的复印件或者影印件。

第15条　信托公司在设立信托时，应当核对委托人的有效身份证件或者其他身份证明文件，了解信托财产的来源，登记委托人、受益人的身份基本信息，并留存委托人的有效身份证件或者其他身份证明文件的复印件或者影印件。

第16条　金融资产管理公司、财务公司、金融租赁公司、汽车金融公司、货币经纪公司、保险资产管理公司以及中国人民银行确定的其他金融机构在与客户签订金融业务合同时，应当核对客户的有效身份证件或者其他身份证明文件，登记客户身份基本信息，并留存有效身份证件或者其他身份证明文件的复印件或者影印件。

第17条　金融机构利用电话、网络、自动柜员机以及其他方式为客户提供非柜台方式的服务时，应实行严格的身份认证措施，采取相应的技术保障手段，强化内部管理程序，识别客户身份。

第18条　金融机构应按照客户的特点或者账户的属性，并考虑地域、业务、行业、客户是否为外国政要等因素，划分风险等级，并在持续关注的基础上，适时调整风险等级。在同等条件下，来自于反洗钱、反恐怖融资监管薄弱国家（地区）客户的风险等级应高于来自于其他国家（地区）的客户。

金融机构应当根据客户或者账户的风险等级，定期审核本金融机构保存的客户基本信息，对风险等级较高客户或者账户的审核应严于对风险等级较低客户或者账户的审核。对本金融机构风险等级最高的客户或者账户，至少每半年进行一次审核。

金融机构的风险划分标准应报送中国人民银行。

第19条　在与客户的业务关系存续期间，金融机构应当采取持续的客户身份识别措施，关注客户及其日常经营活动、金融交易情况，及时提示客户更新资料信息。

对于高风险客户或者高风险账户持有人，金融机构应当了解其资金来源、资金用途、经济状况或者经营状况等信息，加强对其金融交易活动的监测分析。客户为外国政要的，金融机构应采取合理措施了解其资金来源和用途。

客户先前提交的身份证件或者身份证明文件已过有效期的，客户没有在合理期限内更新且没有提出合理理由的，金融机构应中止为客户办理业务。

第20条　金融机构应采取合理方式确认代理关系的存在，在按照本办法的有关要求对被代理人采取客户身份识别措施时，应当核对代理人的有效身份证件或者身份证明文件，登记代理人的姓名或者名称、联系方式、身份证件或者身份证明文件的种类、号码。

第21条 除信托公司以外的金融机构了解或者应当了解客户的资金或者财产属于信托财产的，应当识别信托关系当事人的身份，登记信托委托人、受益人的姓名或者名称、联系方式。

第22条 出现以下情况时，金融机构应当重新识别客户：

（一）客户要求变更姓名或者名称、身份证件或者身份证明文件种类、身份证件号码、注册资本、经营范围、法定代表人或者负责人的。

（二）客户行为或者交易情况出现异常的。

（三）客户姓名或者名称与国务院有关部门、机构和司法机关依法要求金融机构协查或者关注的犯罪嫌疑人、洗钱和恐怖融资分子的姓名或者名称相同的。

（四）客户有洗钱、恐怖融资活动嫌疑的。

（五）金融机构获得的客户信息与先前已经掌握的相关信息存在不一致或者相互矛盾的。

（六）先前获得的客户身份资料的真实性、有效性、完整性存在疑点的。

（七）金融机构认为应重新识别客户身份的其他情形。

第23条 金融机构除核对有效身份证件或者其他身份证明文件外，可以采取以下的一种或者几种措施，识别或者重新识别客户身份：

（一）要求客户补充其他身份资料或者身份证明文件。

（二）回访客户。

（三）实地查访。

（四）向公安、工商行政管理等部门核实。

（五）其他可依法采取的措施。

银行业金融机构履行客户身份识别义务时，按照法律、行政法规或部门规章的规定需核对相关自然人的居民身份证的，应通过中国人民银行建立的联网核查公民身份信息系统进行核查。其他金融机构核实自然人的公民身份信息时，可以通过中国人民银行建立的联网核查公民身份信息系统进行核查。

第24条　金融机构委托其他金融机构向客户销售金融产品时，应在委托协议中明确双方在识别客户身份方面的职责，相互间提供必要的协助，相应采取有效的客户身份识别措施。

符合下列条件时，金融机构可信赖销售金融产品的金融机构所提供的客户身份识别结果，不再重复进行已完成的客户身份识别程序，但仍应承担未履行客户身份识别义务的责任：

（一）销售金融产品的金融机构采取的客户身份识别措施符合反洗钱法律、行政法规和本办法的要求。

（二）金融机构能够有效获得并保存客户身份资料信息。

第25条　金融机构委托金融机构以外的第三方识别客户身份的，应当符合下列要求：

（一）能够证明第三方按反洗钱法律、行政法规和本办法的要求，采取了客户身份识别和身份资料保存的必要措施。

（二）第三方为本金融机构提供客户信息，不存在法律制度、技术等方面的障碍。

（三）本金融机构在办理业务时，能立即获得第三方提供的客户信息，还可在必要时从第三方获得客户的有效身份证件、身份证明文件的原件、复印件或者影印件。

委托第三方代为履行识别客户身份的，金融机构应当承担未履行客户身份识别义务的责任。

第26条　金融机构在履行客户身份识别义务时，应当向中国反洗钱监测分析中心和中国人民银行当地分支机构报告以下可疑行为：

（一）客户拒绝提供有效身份证件或者其他身份证明文件的。

（二）对向境内汇入资金的境外机构提出要求后，仍无法完整获得汇款人姓名或者名称、汇款人账号和汇款人住所及其他相关替代性信息的。

（三）客户无正当理由拒绝更新客户基本信息的。

（四）采取必要措施后，仍怀疑先前获得的客户身份资料的真实性、有效性、完整性的。

（五）履行客户身份识别义务时发现的其他可疑行为。

金融机构报告上述可疑行为参照《金融机构大额交易和可疑交易报告管理办法》（中国人民银行令〔2006〕第2号①发布）及相关规定执行。

第五章 附　　则

第32条　保险公司在办理再保险业务时，履行客户身份识别义务不适用本办法。

第33条　本办法下列用语的含义如下：

自然人客户的"身份基本信息"包括客户的姓名、性别、国籍、职业、住所地或者工作单位地址、联系方式、身份证件或者身份证明文件的种类、号码和有效期限。客户的住所地与经常居住地不一致的，登记客户的经常居住地。

法人、其他组织和个体工商户客户的"身份基本信息"包括客户的名称、住所、经营范围、组织机构代码、税务登记证号码；可证明该客户依法设立或者可依法开展经营、社会活动的执照、证件或者文件的名称、号码和有效期限；控股股东或者实际控制人、法定代表人、负责人和授权办理业务人员的姓名、身份证件或者身份证明文件的种类、号码、有效期限。

---

① 对应《金融机构大额交易和可疑交易报告管理办法》（中国人民银行令〔2018〕第2号）。

● 答记者问

12. 《〈受益所有人信息管理办法〉答记者问》[1]（2024年4月30日）

问：出台《管理办法》的目的与意义是什么？

答：为提高市场透明度，维护市场秩序、金融秩序，预防和遏制洗钱、恐怖主义融资活动，根据反洗钱和企业登记管理有关法律、行政法规，经国务院批准，中国人民银行联合国家市场监管总局出台《受益所有人信息管理办法》（以下简称《管理办法》），对受益所有人信息备案和管理作出具体规定。

从国内来看，建立受益所有人信息备案制度是我国优化营商环境的重大举措。我国已在企业信用信息公示系统中向社会公开企业主要的股权结构信息，推进受益所有人信息备案制度建设，能够更加清晰明确地反映公司等主体的股权结构及最终控制、受益情况，提高市场透明度，增强经营主体之间的信息对称和互信，提升交易安全和交易效率，进一步优化我国营商环境。同时，受益所有人信息备案制度有助于从源头上防范空壳公司、虚假注资和嵌套持股等违规行为，有助于打击电信网络诈骗等违法犯罪活动，有助于预防和遏制腐败。

从国际来看，受益所有人集中备案已成为国际标准要求和国际通行做法。二十国集团（G20）一直推动提高受益所有权透明度，世界银行已将受益所有人登记备案制度列为营商环境评估的重要指标，金融行动特别工作组（FATF）也将此列为反洗钱国际评估的重要指标。目前，世界主要经济体均已建立该制度。

问：哪些主体需要备案受益所有人信息？

答：公司、合伙企业和外国公司分支机构是《管理办法》目前规定的"备案主体"。个体工商户无需备案受益所有人信息。

---

[1] 参见中国人民银行网站，http://www.pbc.gov.cn/fanxiqianju/135153/135173/5342638/index.html，最后访问时间：2025年1月3日。

非公司企业法人、个人独资企业、农民专业合作社（联合社）及其分支机构，以及境内公司、合伙企业的分支机构暂时无需备案受益所有人。

问：什么是"受益所有人"？如何判定"受益所有人"？

答：受益所有人是指最终拥有或实际控制备案主体，或者享有备案主体最终收益的自然人。

《管理办法》第六条对受益所有人识别标准作出了详细规定。符合下列标准之一的自然人即为备案主体的受益所有人：

标准1：通过直接方式或者间接方式最终拥有备案主体25%以上股权、股份或者合伙权益的自然人。

标准2：虽未满足标准1，但最终享有备案主体25%以上收益权、表决权的自然人。

标准3：虽未满足标准1，但单独或者联合对备案主体进行实际控制的自然人。

受益所有人可能不止一个自然人，任何满足上述三个标准之一的自然人都应作为受益所有人进行备案。如果通过上述标准均不能确认受益所有人，则应当将负责日常经营管理的人员视为受益所有人。

受益所有人与《公司法》中规定的"实际控制人"有类似之处，但两者不同。首先，受益所有人包括了拥有、控制和收益三个方面的内容，受益所有人既可以是公司（合伙企业）的拥有者，也可以是公司（合伙企业）的控制者、获益者。其次，受益所有人需要穿透至自然人。"实际控制人"既可以是法人也可以是自然人，而受益所有人是自然人。在识别受益所有人时，要"层层穿透"至最终拥有、实际控制备案主体或享有其最终收益的自然人。

问：人民银行将采取哪些措施便利备案主体，尤其是中小微企业填报受益所有人信息？

答：对于大部分备案主体来说，受益所有人就是最终持股

25%以上的自然人，只有存在复杂股权安排的备案主体才需要按照《管理办法》规定的标准逐条识别。对于股权（合伙权益）结构较为复杂的备案主体，人民银行将发布《受益所有人信息备案指南》，为其填报工作提供指导。

为简便中小微企业填报流程，《管理办法》规定了"承诺免报"的简化措施，符合条件的中小微企业在系统中阅读承诺书并勾选确认即可免于进一步填报受益所有人信息。

在《管理办法》发布后，人民银行将适时提供线上办事指南以便于群众和企业了解相关政策，并公布各地咨询电话，通过电话咨询解答备案主体填报中遇到的疑难问题。

问：《管理办法》对受益所有人信息保护的规定是如何考虑的？

答：从国际范围看，我国对受益所有人信息安全和隐私保护采取相对审慎的要求。国际上对受益所有人信息管理政策大致可分为两类，一类是将受益所有人信息作为公开信息，可供全社会公开查询，如英国；另一类将其作为非公开信息，仅供政府部门和反洗钱义务机构在履行法定职责时查询，如美国、新加坡等。我国采取第二类政策，强调信息的保密性，明确备案的受益所有人信息不对社会公开，《管理办法》第十二条对此进行了详细规定。

第二十条　犯罪线索的移送与反馈

> 反洗钱行政主管部门和其他依法负有反洗钱监督管理职责的部门发现涉嫌洗钱以及相关违法犯罪的交易活动，应当将线索和相关证据材料移送有管辖权的机关处理。接受移送的机关应当按照有关规定反馈处理结果。

● 部门规章及文件

《金融机构反洗钱规定》（2006年11月14日）

第13条　金融机构在履行反洗钱义务过程中，发现涉嫌犯罪的，应当及时以书面形式向中国人民银行当地分支机构和当地公安机关报告。

第二十一条 监督管理职责

反洗钱行政主管部门为依法履行监督管理职责，可以要求金融机构报送履行反洗钱义务情况，对金融机构实施风险监测、评估，并就金融机构执行本法以及相关管理规定的情况进行评价。必要时可以按照规定约谈金融机构的董事、监事、高级管理人员以及反洗钱工作直接负责人，要求其就有关事项说明情况；对金融机构履行反洗钱义务存在的问题进行提示。

● 法　律

1.《中国人民银行法》（2003年12月27日）

第35条第1款 中国人民银行根据履行职责的需要，有权要求银行业金融机构报送必要的资产负债表、利润表以及其他财务会计、统计报表和资料。

2.《银行业监督管理法》（2006年10月31日）

第33条 银行业监督管理机构根据履行职责的需要，有权要求银行业金融机构按照规定报送资产负债表、利润表和其他财务会计、统计报表、经营管理资料以及注册会计师出具的审计报告。

第35条 银行业监督管理机构根据履行职责的需要，可以与银行业金融机构董事、高级管理人员进行监督管理谈话，要求银行业金融机构董事、高级管理人员就银行业金融机构的业务活动和风险管理的重大事项作出说明。

第36条 银行业监督管理机构应当责令银行业金融机构按照规定，如实向社会公众披露财务会计报告、风险管理状况、董事和高级管理人员变更以及其他重大事项等信息。

第47条　银行业金融机构不按照规定提供报表、报告等文件、资料的，由银行业监督管理机构责令改正，逾期不改正的，处十万元以上三十万元以下罚款。

3.《**商业银行法**》（2015年8月29日）

第61条　商业银行应当按照规定向国务院银行业监督管理机构、中国人民银行报送资产负债表、利润表以及其他财务会计、统计报表和资料。

第75条　商业银行有下列情形之一，由国务院银行业监督管理机构责令改正，并处二十万元以上五十万元以下罚款；情节特别严重或者逾期不改正的，可以责令停业整顿或者吊销其经营许可证；构成犯罪的，依法追究刑事责任：

……

（二）提供虚假的或者隐瞒重要事实的财务会计报告、报表和统计报表的；

……

第77条　商业银行有下列情形之一，由中国人民银行责令改正，并处二十万元以上五十万元以下罚款；情节特别严重或者逾期不改正的，中国人民银行可以建议国务院银行业监督管理机构责令停业整顿或者吊销其经营许可证；构成犯罪的，依法追究刑事责任：

……

（二）提供虚假的或者隐瞒重要事实的财务会计报告、报表和统计报表的；

……

第80条　商业银行不按照规定向国务院银行业监督管理机构报送有关文件、资料的，由国务院银行业监督管理机构责令改正，逾期不改正的，处十万元以上三十万元以下罚款。

商业银行不按照规定向中国人民银行报送有关文件、资料的，由中国人民银行责令改正，逾期不改正的，处十万元以上三十万元以下罚款。

● 行政法规及文件

4. 《国务院办公厅关于完善反洗钱、反恐怖融资、反逃税监管体制机制的意见》（2017 年 8 月 29 日）

（十三）加强监管政策配套，健全风险防控制度。研究建立各监管部门对新成立反洗钱义务机构、非营利组织及其董事、监事和高级管理人员的反洗钱背景审查制度，严格审核发起人、股东、实际控制人、最终受益人和董事、监事、高级管理人员背景，审查资金来源和渠道，从源头上防止不法分子通过创设组织机构进行洗钱、恐怖融资和逃税活动。研究各类无记名可转让有价证券的洗钱风险以及需纳入监管的重点，研究无记名可转让有价证券价值甄别和真伪核验技术，明确反洗钱行政主管部门与海关监管分工，推动对跨境携带无记名可转让有价证券的监管及通报制度尽快出台。制定海关向反洗钱行政主管部门、公安机关、国家安全机关通报跨境携带现金信息的具体程序，完善跨境异常资金监测制度。

● 部门规章及文件

5. 《金融机构反洗钱规定》（2006 年 11 月 14 日）

第 17 条　金融机构应当按照中国人民银行的规定，报送反洗钱统计报表、信息资料以及稽核审计报告中与反洗钱工作有关的内容。

第 19 条　中国人民银行及其分支机构根据履行反洗钱职责的需要，可以与金融机构董事、高级管理人员谈话，要求其就金融机构履行反洗钱义务的重大事项作出说明。

6. 《证券期货业反洗钱工作实施办法》（2022 年 8 月 12 日）

第 11 条　证券期货经营机构应当在发现以下事项发生后的 5

个工作日内，以书面方式向当地证监会派出机构报告：

（一）证券期货经营机构受到反洗钱行政主管部门检查或处罚的；

（二）证券期货经营机构或其客户从事或涉嫌从事洗钱活动，被反洗钱行政主管部门、侦查机关或者司法机关处罚的；

（三）其他涉及反洗钱工作的重大事项。

7.《金融机构反洗钱和反恐怖融资监督管理办法》(2021年4月15日)

第21条 中国人民银行及其分支机构应当根据执法检查有关程序规定，规范有效地开展执法检查工作，重点加强对以下机构的监督管理：

（一）涉及洗钱和恐怖融资案件的机构；

（二）洗钱和恐怖融资风险较高的机构；

（三）通过日常监管、受理举报投诉等方式，发现存在重大违法违规线索的机构；

（四）其他应当重点监管的机构。

第23条 中国人民银行及其分支机构应当根据金融机构报送的反洗钱和反恐怖融资工作信息，结合日常监管中获得的其他信息，对金融机构反洗钱和反恐怖融资制度的建立健全情况和执行情况进行评价。

第26条 根据金融机构合规情况和风险状况，中国人民银行及其分支机构可以采取监管提示、约见谈话、监管走访等措施。在监管过程中，发现金融机构存在较高洗钱和恐怖融资风险或者涉嫌违反反洗钱和反恐怖融资规定的，中国人民银行及其分支机构应当及时开展执法检查。

第27条 金融机构存在洗钱和恐怖融资风险隐患，或者反洗钱和反恐怖融资工作存在明显漏洞，需要提示金融机构关注的，经中国人民银行或其分支机构反洗钱部门负责人批准，可以向该金融机构发出《反洗钱监管提示函》（附4），要求其采取必要的管控措施，督促其整改。

金融机构应当自收到《反洗钱监管提示函》之日起20个工作日内，经本机构分管反洗钱和反恐怖融资工作负责人签批后作出书面答复；不能及时作出答复的，经中国人民银行或者其所在地中国人民银行分支机构同意后，在延长时限内作出答复。

附4[1]

```
           中国人民银行     行（营业管理部）
                反洗钱监管提示函
               反洗钱  〔  〕号
-------------------------------------------------
（监管对象名称）：
 我行（营业管理部）在反洗钱监管中发现你单位存在以下问题，特此
提示：



                                （公章）
                               年   月   日
```

第28条 根据履行反洗钱和反恐怖融资职责的需要，针对金融机构反洗钱和反恐怖融资义务履行不到位、突出风险事件等重要问题，中国人民银行及其分支机构可以约见金融机构董事、监事、高级管理人员或者部门负责人进行谈话。

第29条 中国人民银行及其分支机构进行约见谈话前，应当填制《反洗钱监管审批表》及《反洗钱监管通知书》。约见金融机构董事、监事、高级管理人员，应当经本行（营业管理部）行长（主任）或者分管副行长（副主任）批准；约见金融机构部

---

[1] 此处《反洗钱监管提示函》（附4）为编者依照相关资料编入。

门负责人的,应当经本行(营业管理部)反洗钱部门负责人批准。

《反洗钱监管通知书》应当至少提前 2 个工作日送达被谈话机构。情况特殊需要立即进行约见谈话的,应当在约见谈话现场送达《反洗钱监管通知书》。

约见谈话时,中国人民银行及其分支机构反洗钱工作人员不得少于 2 人。谈话结束后,应当填写《反洗钱约谈记录》(附 5)并经被谈话人签字确认。

附 5①

中国人民银行　　行(营业管理部)
反洗钱约谈记录

时间		地点	
谈话对象	机构名称:		
	被谈话人员及职务:		
监管人员		记录人	

谈话人:(签字)　　　　　　被谈话人:(签字)

第 33 条 中国人民银行分支机构对金融机构分支机构依法实施行政处罚,或者在监管过程中发现涉及金融机构总部的重大问题、系统性缺陷的,应当及时将处罚决定或者监管意见抄送中国人民银行或者金融机构总部所在地中国人民银行分支机构。

8.《银行跨境业务反洗钱和反恐怖融资工作指引(试行)》(2021 年 1 月 19 日)

第 6 条 【风险提示】银行在办理跨境业务过程中,除按本指引执行外,还应根据中国人民银行、中国银行保险监督管理委员会、国家外汇管理局等金融管理部门发布的相关风险提示,查找风险漏洞和薄弱环节,采取有针对性的风险控制措施。

---

① 此处《反洗钱约谈记录》(附 5)为编者依照相关资料编入。

9. 《法人金融机构洗钱和恐怖融资风险自评估指引》（2021 年 1 月 15 日）

第 14 条　对反洗钱内部控制基础与环境的评价可以考虑以下因素：

（一）董事会与高级管理层对洗钱风险管理的重视程度，包括决策、监督跨部门反洗钱工作事项的情况；

（二）反洗钱管理层级与架构，管理机制运转情况；

（三）反洗钱管理部门的权限和资源，反洗钱工作主要负责人和工作团队的能力与经验；

（四）机构信息系统建设和数据整合情况，特别是获取、整合客户和交易信息的能力，以及对信息安全的保护措施；

（五）机构总部监督各部门、条线和各分支机构落实反洗钱政策的机制与力度，特别是是否将反洗钱纳入内部审计和检查工作范围、发现问题并提出整改意见；

（六）对董事会、高级管理层、总部和分支机构业务条线人员的培训机制。

第 15 条　对法人金融机构整体洗钱风险管理机制有效性的评价，可以考虑以下因素：

（一）高级管理层、反洗钱管理部门和主要业务部门、分支机构了解机构洗钱风险（包括地域、客户、产品业务、渠道）和经营范围内国家或地区洗钱威胁的情况；

……

第 24 条　法人金融机构收集自评估所需的各类信息，应当充分考虑内外部各方面来源，例如：

……

（三）中国人民银行、银保监会、证监会、外汇局等金融管理部门发布的洗钱风险提示和业务风险提示，以及机构境外经营所在国家或地区监管部门风险提示、指引等；

……

10. 《中国银保监会办公厅关于进一步做好银行业保险业反洗钱和反恐怖融资工作的通知》（2019年12月30日）

六、各银行保险机构应当于每年度结束后20个工作日内，按照附件1规定的模板向银保监会或属地银保监局报送上年度反洗钱和反恐怖融资年度报告并填报相关附表。

法人机构的反洗钱和反恐怖融资年度报告内容应当覆盖本机构总部和全部分支机构；非法人机构的反洗钱和反恐怖融资年度报告内容应当覆盖本级机构及其所辖分支机构。

七、银行保险机构发生下列情况的，应当及时向银保监会或属地银保监局提交临时报告：

（一）主要反洗钱和反恐怖融资内部控制制度修订；

（二）反洗钱和反恐怖融资工作机构和岗位人员调整、联系方式变更；

（三）涉及本机构反洗钱和反恐怖融资工作的重大风险事项；

（四）洗钱风险自评估报告或其他相关风险分析材料；

……

八、银行保险机构反洗钱和反恐怖融资年度报告和临时报告按照以下路径报送：

（一）各会管银行业金融机构向银保监会报送反洗钱和反恐怖融资工作材料，各地方法人银行业金融机构和会管银行业金融机构的分支机构向属地银保监局报送反洗钱和反恐怖融资工作材料。

（二）各保险公司、保险资产管理公司向银保监会报送反洗钱和反恐怖融资工作材料，各保险公司省级分支机构汇总本级及以下分支机构的反洗钱和反恐怖融资工作材料向属地银保监局报送。

11. 《证券期货业反洗钱工作实施办法》（2022年8月12日）

第10条 证券期货经营机构应当向当地证监会派出机构报

送其内部反洗钱工作部门设置、负责人及专门负责反洗钱工作的人员的联系方式等相关信息。如有变更，应当自变更之日起10个工作日内报送更新后的相关信息。

12.《银行业金融机构反洗钱和反恐怖融资管理办法》（2019年1月29日）

第9条　银行业金融机构董事会应当对反洗钱和反恐怖融资工作承担最终责任。

第33条　银行业金融机构应当按照要求向银行业监督管理机构报送反洗钱和反恐怖融资制度、年度报告、重大风险事项等材料，并对报送材料的及时性以及内容的真实性负责。

报送材料的内容和格式由国务院银行业监督管理机构统一规定。

第35条　银行业监督管理机构应当在职责范围内对银行业金融机构反洗钱和反恐怖融资义务履行情况进行评价，并将评价结果作为对银行业金融机构进行监管评级的重要因素。

第50条　银行业金融机构未按本办法第三十三条规定报送相关材料的，银行业监督管理机构可以根据《中华人民共和国银行业监督管理法》第四十六条、四十七条[①]规定对其进行处罚。

---

① 《银行业监督管理法》第四十六条规定："银行业金融机构有下列情形之一，由国务院银行业监督管理机构责令改正，并处二十万元以上五十万元以下罚款；情节特别严重或者逾期不改正的，可以责令停业整顿或者吊销其经营许可证；构成犯罪的，依法追究刑事责任：（一）未经任职资格审查任命董事、高级管理人员的；（二）拒绝或者阻碍非现场监管或者现场检查的；（三）提供虚假的或者隐瞒重要事实的报表、报告等文件、资料的；（四）未按照规定进行信息披露的；（五）严重违反审慎经营规则的；（六）拒绝执行本法第三十七条规定的措施的。"第四十七条规定："银行业金融机构不按照规定提供报表、报告等文件、资料的，由银行业监督管理机构责令改正，逾期不改正的，处十万元以上三十万元以下罚款。"

13. 《互联网金融从业机构反洗钱和反恐怖融资管理办法（试行）》（2018年9月29日）

第21条 从业机构应当依法接受中国人民银行及其分支机构的反洗钱和反恐怖融资的现场检查、非现场监管和反洗钱调查，按照中国人民银行及其分支机构的要求提供相关信息、数据和资料，对所提供的信息、数据和资料的真实性、准确性、完整性负责，不得拒绝、阻挠、逃避监督检查和反洗钱调查，不得谎报、隐匿、销毁相关信息、数据和资料。金融机构、非银行支付机构以外的其他从业机构通过网络监测平台向中国人民银行报送反洗钱和反恐怖融资报告、报表及相关信息、数据和资料。

从业机构应当依法配合国务院有关金融监督管理机构及其派出机构的监督管理。

14. 《报告机构反洗钱报送主体资格申请及机构信息变更管理规程（试行）》（2012年6月29日）

第二章 申请反洗钱报送主体资格

第5条 申请反洗钱报送主体资格的报告机构在收到开业批复或取得业务经营许可后的一个月内到人民银行分支机构领取《报告机构基本情况登记表》。

第6条 报告机构在5个工作日内，将填写完毕、签章确认后的《报告机构基本情况登记表》提交至人民银行分支机构，同时提交用以证明所填信息准确性的各类文件资料复印件，如不同行业监管部门批准报告机构设立或开展经营活动的许可性文件，及报告机构出具的证明负责人、联系人真实身份的文件等。

第7条 人民银行分支机构对报告机构提交的《报告机构基本情况登记表》进行审核，主要是核实报告机构的身份、报告机构信息的准确性、确保其知晓并督促其落实反洗钱法律法规和相关报送工作要求，然后签章予以确认。

第8条 人民银行分支机构确认《报告机构基本情况登记

表》无误后，在表中为银行卡组织等机构填写对应的报告机构编码，并在5个工作日内将《报告机构基本情况登记表》传真至反洗钱中心。

第9条 反洗钱中心根据《报告机构基本情况登记表》内容，在5个工作日内通过中国反洗钱监测分析系统录入报告机构总部名称、类别编号、总部注册地行政区划代码、银行卡组织等机构的报告机构编码等信息，为报告机构分配用户信息（包括登陆用户名和初始密码），同时为银行业等金融机构分配报告机构编码。

第10条 反洗钱中心将报告机构的用户信息（包括银行业等金融机构的报告机构编码）通过办公网告知人民银行分支机构，要求其转告报告机构，并指导报告机构按要求开展反洗钱报送工作。

第三章 申请变更机构信息

第11条 报告机构因机构名称、总部注册地变更或机构合并、拆分、撤销等原因需对机构信息进行变更时，须在变更后的10个工作日内到人民银行分支机构领取《报告机构基本情况变更表》。申请总部注册地变更的报告机构应向变更后总部注册地人民银行分支机构进行申请。

第12条 报告机构在5个工作日内将填写完毕、签章确认后的《报告机构基本情况变更表》提交至人民银行分支机构，并提交用以证明所填信息准确性的各类文件资料复印件，如不同行业监管部门批准报告机构变更的许可性文件，及报告机构出具的证明负责人、联系人真实身份的文件等。如果因合并或拆分而成立新的机构，新成立机构需要填写《报告机构基本情况登记表》，单独申请反洗钱报送主体资格。

第13条 人民银行分支机构对报告机构因信息变更提交的《报告机构基本情况变更表》《报告机构基本情况登记表》进行审

核，主要是核实报告机构的变更情况、确保新成立的机构知晓并督促其落实反洗钱法律法规和相关报送工作要求、督促已撤销报告机构做好反洗钱报送相关后续事宜等，然后签章予以确认。

第 14 条　人民银行分支机构在收到申请后的 5 个工作日内将确认无误的《报告机构基本情况变更表》《报告机构基本情况登记表》传真至反洗钱中心。

第 15 条　反洗钱中心根据《报告机构基本情况变更表》内容，在中国反洗钱监测分析系统中完成报告机构名称或总部注册地变更、合并或拆分关系建立、注销已撤销报告机构等工作；根据《报告机构基本情况登记表》，为新成立机构分配用户信息。

第四章　其　他

第 16 条　人民银行分支机构负责妥善保管报告机构提交的《报告机构基本情况登记表》《报告机构基本情况变更表》原件及相关文件资料，以备查询。

第 17 条　报告机构未按规定时间申请反洗钱报送主体资格、变更机构信息，影响反洗钱工作正常开展的，由人民银行分支机构对相关机构责令限期整改，并给予通报批评。

第 18 条　人民银行分支机构可依照本规程制定辖区内报告机构管理工作实施细则。

15.《支付机构反洗钱和反恐怖融资管理办法》（2012 年 3 月 5 日）

第 43 条　中国人民银行及其分支机构负责监督管理支付机构反洗钱和反恐怖融资工作。

第 44 条　支付机构应当按照中国人民银行规定提供有关文件和资料，不得拒绝、阻挠、逃避监督检查，不得谎报、隐匿、销毁相关证据材料。

支付机构应当对所提供的文件和资料的真实性、准确性、完整性负责。

第45条 支付机构应当按照中国人民银行的规定，向所在地中国人民银行分支机构报送反洗钱和反恐怖融资统计报表、信息资料、工作报告以及内部审计报告中与反洗钱和反恐怖融资工作有关的内容，如实反映反洗钱和反恐怖融资工作情况。

第47条 中国人民银行及其分支机构根据履行反洗钱和反恐怖融资职责的需要，可以约见支付机构董事、高级管理人员谈话，要求其就下列重大事项做出说明：

（一）支付机构反洗钱和反恐怖融资专门机构或指定内设机构不能有效履行职责的；

（二）支付机构反洗钱和反恐怖融资工作人员不能有效履行职责的；

（三）支付机构可疑交易报告存在问题的；

（四）支付机构客户或交易多次被司法机关调查的；

（五）支付机构未按规定提交反洗钱和反恐怖融资工作的资料、报告和其他文件的；

（六）支付机构履行反洗钱和反恐怖融资义务的其他重大事项。

16.《关于报送保险业反洗钱工作信息的通知》（2011年12月14日）

二、报送主体

（一）《保险机构反洗钱工作开展情况统计表》的报送主体为各保险公司、保险资产管理公司。其中：各保险公司和保险资产管理公司汇总本系统内的反洗钱工作开展情况，向中国保监会报告；各保险公司省级分支机构汇总本级及以下各分支机构的反洗钱工作开展情况，向当地保监局报告；各保监局汇总辖内各保险公司分支机构的反洗钱工作开展情况，向中国保监会报告（见附件1）。

（二）《保险业反洗钱监管工作情况统计表》的报送主体为会

机关相关部门和各保监局（见附件2）。

三、报送方式和时限

反洗钱信息报告采取季报方式，采取纸质和电子文档双介质报送。保险公司、保险资产管理公司的报送时间为季后10个工作日内，各保监局的报送时间为季后15个工作日内。

四、报送内容

（一）各公司识别客户身份、保存客户身份资料和交易记录、报告大额交易和可疑交易的工作量；

（二）各公司反洗钱制度建设、机构岗位设置、人员配备、系统开发、宣传培训、内部审计、配合外部调查或采取相应措施的情况；

（三）各公司对反洗钱工作的投入情况，即为开展各项反洗钱工作直接支出的成本、费用等；

（四）各公司接受反洗钱行政主管部门检查、处罚等情况；

（五）反洗钱监管情况。包括各级监管机构在行政许可、现场检查与非现场监管中，对保险机构履行反洗钱义务的监管情况；

（六）反洗钱工作问题分析与对策建议（半年报）。

五、相关要求

（一）各公司要高度重视反洗钱信息报送工作，按照要求及时报送反洗钱工作信息，确保报送的信息真实、准确、完整。

（二）各公司应当将反洗钱信息报告与洗钱风险监测有机结合，定期分析本系统各业务种类、各销售渠道的洗钱风险，研究洗钱行为特点和变化规律，有针对性地完善反洗钱内控机制，防范化解风险。

（三）各公司应当明确反洗钱信息报送责任人，如责任人发生变更，应及时通知中国保监会。

（四）各保监局应当加大监管力度，把反洗钱信息报告作为反洗钱监管的一项重要内容，加强对辖内各保险分支机构的督促指导，做好与反洗钱行政主管部门的沟通协调，全面掌握辖内反洗钱工作情况，切实履行反洗钱监管职责。

（五）各单位如遇导致或可能导致洗钱风险的重大事件或突发情况，应及时以书面形式向中国保监会报告。

……

17.《保险业反洗钱工作管理办法》（2011年9月13日）

第26条 保险公司、保险资产管理公司应当妥善处置涉及本公司的重大洗钱案件，及时向保险监管机构报告案件处置情况。

第36条 保险公司、保险资产管理公司违反反洗钱法律法规和本办法规定的，由保险监管机构责令限期改正、约谈相关人员或者依法采取其他措施。

第37条 保险监管机构根据保险公司、保险资产管理公司反洗钱工作开展情况，调整其在分类监管体系中合规类指标的评分。

第二十二条　监督检查措施和程序

反洗钱行政主管部门进行监督检查时，可以采取下列措施：

（一）进入金融机构进行检查；

（二）询问金融机构的工作人员，要求其对有关被检查事项作出说明；

（三）查阅、复制金融机构与被检查事项有关的文件、资料，对可能被转移、隐匿或者毁损的文件、资料予以封存；

（四）检查金融机构的计算机网络与信息系统，调取、保存金融机构的计算机网络与信息系统中的有关数据、信息。

进行前款规定的监督检查，应当经国务院反洗钱行政主管部门或者其设区的市级以上派出机构负责人批准。检查人员不得少于二人，并应当出示执法证件和检查通知书；检查人员少于二人或者未出示执法证件和检查通知书的，金融机构有权拒绝接受检查。

● 法　律

1. 《中国人民银行法》（2003 年 12 月 27 日）

第 32 条第 1 款　中国人民银行有权对金融机构以及其他单位和个人的下列行为进行检查监督：

……

（九）执行有关反洗钱规定的行为。

2. 《银行业监督管理法》（2006 年 10 月 31 日）

第 24 条　银行业监督管理机构应当对银行业金融机构的业务活动及其风险状况进行现场检查。

国务院银行业监督管理机构应当制定现场检查程序，规范现场检查行为。

第 34 条　银行业监督管理机构根据审慎监管的要求，可以采取下列措施进行现场检查：

（一）进入银行业金融机构进行检查；

（二）询问银行业金融机构的工作人员，要求其对有关检查事项作出说明；

（三）查阅、复制银行业金融机构与检查事项有关的文件、资料，对可能被转移、隐匿或者毁损的文件、资料予以封存；

（四）检查银行业金融机构运用电子计算机管理业务数据的系统。

进行现场检查，应当经银行业监督管理机构负责人批准。现场检查时，检查人员不得少于二人，并应当出示合法证件和检查通知书；检查人员少于二人或者未出示合法证件和检查通知书的，银行业金融机构有权拒绝检查。

第42条　银行业监督管理机构依法对银行业金融机构进行检查时，经设区的市一级以上银行业监督管理机构负责人批准，可以对与涉嫌违法事项有关的单位和个人采取下列措施：

（一）询问有关单位或者个人，要求其对有关情况作出说明；

（二）查阅、复制有关财务会计、财产权登记等文件、资料；

（三）对可能被转移、隐匿、毁损或者伪造的文件、资料，予以先行登记保存。

银行业监督管理机构采取前款规定措施，调查人员不得少于二人，并应当出示合法证件和调查通知书；调查人员少于二人或者未出示合法证件和调查通知书的，有关单位或者个人有权拒绝。对依法采取的措施，有关单位和个人应当配合，如实说明有关情况并提供有关文件、资料，不得拒绝、阻碍和隐瞒。

第43条　银行业监督管理机构从事监督管理工作的人员有下列情形之一的，依法给予行政处分；构成犯罪的，依法追究刑事责任：

……

（二）违反规定对银行业金融机构进行现场检查的；

……

第49条　阻碍银行业监督管理机构工作人员依法执行检查、调查职务的，由公安机关依法给予治安管理处罚；构成犯罪的，依法追究刑事责任。

3.《**商业银行法**》（2015年8月29日）

第62条　国务院银行业监督管理机构有权依照本法第三章、第四章、第五章的规定，随时对商业银行的存款、贷款、结算、呆账等情况进行检查监督。检查监督时，检查监督人员应当出示合法的证件。商业银行应当按照国务院银行业监督管理机构的要求，提供财务会计资料、业务合同和有关经营管理方面的其他信息。

中国人民银行有权依照《中华人民共和国中国人民银行法》第三十二条、第三十四条①的规定对商业银行进行检查监督。

第75条　商业银行有下列情形之一，由国务院银行业监督管理机构责令改正，并处二十万元以上五十万元以下罚款；情节特别严重或者逾期不改正的，可以责令停业整顿或者吊销其经营许可证；构成犯罪的，依法追究刑事责任：

（一）拒绝或者阻碍国务院银行业监督管理机构检查监督的；

……

第77条　商业银行有下列情形之一，由中国人民银行责令改正，并处二十万元以上五十万元以下罚款；情节特别严重或者逾期不改正的，中国人民银行可以建议国务院银行业监督管理机构责令停业整顿或者吊销其经营许可证；构成犯罪的，依法追究刑事责任：

（一）拒绝或者阻碍中国人民银行检查监督的；

……

● 部门规章及文件

4.《金融机构反洗钱规定》（2006年11月14日）

第18条　中国人民银行及其分支机构根据履行反洗钱职责的需要，可以采取下列措施进行反洗钱现场检查：

（一）进入金融机构进行检查；

（二）询问金融机构的工作人员，要求其对有关检查事项作出说明；

---

① 《中国人民银行法》第三十四条规定："当银行业金融机构出现支付困难，可能引发金融风险时，为了维护金融稳定，中国人民银行经国务院批准，有权对银行业金融机构进行检查监督。"

（三）查阅、复制金融机构与检查事项有关的文件、资料，并对可能被转移、销毁、隐匿或者篡改的文件资料予以封存；

（四）检查金融机构运用电子计算机管理业务数据的系统。

中国人民银行或者其分支机构实施现场检查前，应填写现场检查立项审批表，列明检查对象、检查内容、时间安排等内容，经中国人民银行或者其分支机构负责人批准后实施。

现场检查时，检查人员不得少于 2 人，并应出示执法证和检查通知书；检查人员少于 2 人或者未出示执法证和检查通知书的，金融机构有权拒绝检查。

现场检查后，中国人民银行或者其分支机构应当制作现场检查意见书，加盖公章，送达被检查机构。现场检查意见书的内容包括检查情况、检查评价、改进意见与措施。

第 20 条　中国人民银行对金融机构实施现场检查，必要时将检查情况通报中国银行业监督管理委员会、中国证券监督管理委员会或者中国保险监督管理委员会。

5.《金融机构反洗钱和反恐怖融资监督管理办法》（2021 年 4 月 15 日）

第 10 条　金融机构应当根据反洗钱和反恐怖融资工作需要，建立和完善相关信息系统，并根据风险状况、反洗钱和反恐怖融资工作需求变化及时优化升级。

第 19 条　根据履行反洗钱和反恐怖融资职责的需要，中国人民银行及其分支机构可以按照规定程序，对金融机构履行反洗钱和反恐怖融资义务的情况开展执法检查。

中国人民银行及其分支机构可以对其下级机构负责监督管理的金融机构进行反洗钱和反恐怖融资执法检查，可以授权下级机构检查由上级机构负责监督管理的金融机构。

第 22 条　中国人民银行及其分支机构进入金融机构现场开展反洗钱和反恐怖融资检查的，按照规定可以询问金融机构工作人员，要求其对监管事项作出说明；查阅、复制文件、资料，对可能被转移、隐匿或者销毁的文件、资料予以封存；查验金融机构运用信息化、数字化管理业务数据和进行洗钱和恐怖融资风险管理的系统。

第 26 条　根据金融机构合规情况和风险状况，中国人民银行及其分支机构可以采取监管提示、约见谈话、监管走访等措施。在监管过程中，发现金融机构存在较高洗钱和恐怖融资风险或者涉嫌违反反洗钱和反恐怖融资规定的，中国人民银行及其分支机构应当及时开展执法检查。

第 30 条　为了解、核实金融机构反洗钱和反恐怖融资政策执行情况以及监管意见整改情况，中国人民银行及其分支机构可以对金融机构开展监管走访。

第 31 条　中国人民银行及其分支机构进行监管走访前，应当填制《反洗钱监管审批表》及《反洗钱监管通知书》，由本行（营业管理部）行长（主任）或者分管副行长（副主任）批准。

《反洗钱监管通知书》应当至少提前 5 个工作日送达金融机构。情况特殊需要立即实施监管走访的，应当在进入金融机构现场时送达《反洗钱监管通知书》。

监管走访时，中国人民银行及其分支机构反洗钱工作人员不得少于 2 人，并出示合法证件。

中国人民银行及其分支机构应当做好监管走访记录，必要时，可以制发《反洗钱监管意见书》。

第 32 条　中国人民银行及其分支机构应当持续跟踪金融机构对监管发现问题的整改情况，对于未合理制定整改计划或者未有效实施整改的，可以启动执法检查或者进一步采取其他监管措施。

6. **《中国银保监会办公厅关于进一步做好银行业保险业反洗钱和反恐怖融资工作的通知》**（2019 年 12 月 30 日）

三、银保监会及其派出机构应当在现场检查工作中贯彻反洗钱和反恐怖融资监管要求，现场检查工作要重点对机构反洗钱和反恐怖融资内控制度建立和执行情况进行检查。

7.《中国人民银行关于印发证券期货保险机构反洗钱执法检查数据提取接口规范的通知》（2019 年 3 月 11 日）

一、义务机构工作要求

（一）各义务机构应当优化业务系统和反洗钱系统，在相关系统（或专门对接监管部门数据提取的系统）中设置《提数规范》所列的全部数据项目，并在日常工作中将数据内容及时录入系统。

（二）各义务机构应当建立健全数据资源关联整合机制，将不同系统、不同来源、不同时点获取的数据进行有效整合，在保证数据质量和安全的前提下，提高数据提取效率。

（三）有条件的义务机构应当进行数据格式预加工，以法人（集团）为单位搭建统一的数据提取平台，具备按照业务发生时间、办理业务分支机构、特定业务种类等维度的数据自定义配置功能，实现数据提取的自动化操作。

二、人民银行工作要求

（一）人民银行各级机构实施反洗钱执法检查时，对《提数规范》已规定的数据表，不再提出数据字段、格式等方面的新要求，不额外增加义务机构不必要的负担；对《提数规范》未涉及的数据或资料，可以根据实际需要要求义务机构补充提供。

（二）依据《提数规范》提取的数据，人民银行各级机构应当对其严格管理，仅限反洗钱执法检查使用；非依法律规定，不得向任何机构和个人提供或披露。

（三）在实施反洗钱执法检查过程中，义务机构不及时提供数据，以及格式、内容、数值等不符合《提数规范》要求等问题，视情节严重程度，人民银行各级机构按照《中华人民共和国反洗钱法》第三十二条①相关规定予以处理。

（四）人民银行分支机构应当于每年度结束后20个工作日内将涉及《提数规范》的使用情况和改进建议逐级汇总报送至人民银行反洗钱局。

8.《银行业金融机构反洗钱和反恐怖融资管理办法》（2019年1月29日）

第24条 银行业金融机构应当配合银行业监督管理机构做好反洗钱和反恐怖融资监督检查工作。

第34条 银行业监督管理机构应当在职责范围内对银行业金融机构反洗钱和反恐怖融资义务履行情况依法开展现场检查。现场检查可以开展专项检查，或者与其他检查项目结合进行。

银行业监督管理机构可以与反洗钱行政主管部门开展联合检查。

第48条 银行业监督管理机构应当在职责范围内对银行业金融机构境外机构洗钱和恐怖融资风险管理情况依法开展现场检查，对存在问题的境外机构及时采取监管措施，并对违规机构依法依规进行处罚。

9.《互联网金融从业机构反洗钱和反恐怖融资管理办法（试行）》（2018年9月29日）

第21条 从业机构应当依法接受中国人民银行及其分支机构的反洗钱和反恐怖融资的现场检查、非现场监管和反洗钱调查，按照中国人民银行及其分支机构的要求提供相关信息、数据和资料，对所提供的信息、数据和资料的真实性、准确性、完整性负责，不得拒绝、阻挠、逃避监督检查和反洗钱调查，不得谎报、隐匿、销毁相关信息、数据和资料。金融机构、非银行支付

---

① 对应2024年11月8日修订的《反洗钱法》第五十二条、第五十三条和第五十四条。

机构以外的其他从业机构通过网络监测平台向中国人民银行报送反洗钱和反恐怖融资报告、报表及相关信息、数据和资料。

从业机构应当依法配合国务院有关金融监督管理机构及其派出机构的监督管理。

10.《中国人民银行关于印发〈非银行支付机构反洗钱现场检查数据接口规范（试行）〉的通知》（2017年12月29日）

二、实施要求

（一）准确理解接口规范含义。非银行支付机构要高度重视，组织数据提取相关部门认真学习接口规范，确保准确理解接口规范的数据提取范围、格式要求、数据表字段含义等内容。

（二）完善制度流程。非银行支付机构要从内部管理、流程设计、职责分工、风险防控等方面，制定相应的制度规范，以满足接口规范要求。

（三）强化系统数据管理。有技术条件的非银行支付机构应建立反洗钱现场检查数据管理平台，满足下列要求：业务系统（或专门对接监管部门提取数据的系统）中设置数据项目必须包括但不限于接口规范所列的全部数据项目，并在日常工作中将数据内容录入系统；具备数据时间范围、机构范围的自定义配置功能，简化数据提取流程，实现数据提取的自动化操作。

（四）积极组织测试。非银行支付机构要按照接口规范要求开展数据完整性和准确性分析。通过提取小样本数据，检验业务客户、交易以及接口规范各数据表的完整性；检验各数据表与系统数据的一致性。

（五）优化系统设计。非银行支付机构要按照接口规范要求对现有业务系统及反洗钱相关系统数据资源开展比较分析，对于当前反洗钱系统缺少的字段，应当从上游系统接入相关数据表，进一步扩大数据来源。同时，制定系统升级改造计划，优化数据提取逻辑，在保证数据质量的前提下，简化数据提取复杂度。

三、规范监管

（一）严格落实接口规范要求。人民银行各级机构不得额外增加被查非银行支付机构不必要的负担。对接口规范已规定的数据表，不得提出数据表字段、格式等方面的新要求；对接口规范未规定的数据和资料，可根据实际需要要求被查非银行支付机构提供特定格式的数据资料。

（二）加强督促指导。人民银行各级机构要在确保数据资料及时、完整、准确提取的同时，推动接口规范有效实施。对2018年6月30日前组织实施的反洗钱现场检查项目，要求被查非银行支付机构在20日内提供数据；对2018年7月1日后组织实施的反洗钱现场检查项目，要求被查非银行支付机构在10日内提供数据。在实施反洗钱现场检查过程中，如被查非银行支付机构不及时提供数据，格式、内容、数值等不符合接口规范要求等，将视情节严重程度，依法予以处理。

11.《中国人民银行关于印发〈银行业金融机构反洗钱现场检查数据接口规范（试行）〉的通知》（2017年12月29日）

二、实施要求

（一）准确理解接口规范含义。银行要高度重视，组织数据提取相关部门认真学习接口规范，确保准确理解接口规范的数据提取范围、格式要求、数据表字段含义等内容。

（二）完善制度流程。银行要从内部管理、流程设计、职责分工、风险防控等方面，制定相应的制度规范，以满足接口规范要求。

（三）强化系统数据管理。有技术条件的银行应建立反洗钱现场检查数据管理平台，满足下列要求：业务系统（或专门对接监管部门提数的系统）中设置数据项目必须包括但不限于接口规范所列的全部数据项目，并在日常工作中将数据内容录入系统；具备数据时间范围、机构范围的自定义配置功能，简化数据提取流程，实现数据提取的自动化操作。

（四）积极组织测试。银行要按照接口规范要求开展数据完整性和准确性分析。通过提取小样本数据，检验业务、客户、交易以及接口规范各数据表的完整性；检验各数据表与系统数据的一致性。

（五）优化系统设计。银行要按照接口规范要求对现有业务系统及反洗钱相关系统数据资源开展比较分析，对于当前反洗钱系统缺少的字段，应当从上游系统接入相关数据表，进一步扩大数据来源。同时，制定系统升级改造计划，优化数据提取逻辑，在保证数据质量的前提下，简化数据提取复杂度。

三、规范监管

（一）严格落实接口规范要求。人民银行各级机构不得额外增加被查银行不必要的负担。对接口规范已规定的数据表，不得提出数据表字段、格式等方面的新要求；对接口规范未规定的数据和资料，可根据实际需要要求被查银行提供特定格式的数据资料。

（二）加强督促指导。人民银行各级机构要在确保数据资料及时、完整、准确提取的同时，推动接口规范有效实施。对2018年6月30日前组织实施的反洗钱现场检查项目，要求被查银行在20日内提供数据；对2018年7月1日后组织实施的反洗钱现场检查项目，要求被查银行在10日内提供数据。在实施反洗钱现场检查过程中，对于被查银行不及时提供数据，以及格式、内容、数值等不符合接口规范要求等问题，视情节严重程度，按照《中华人民共和国反洗钱法》第三十二条①相关规定予以处理。

---

① 对应2024年11月8日修订的《反洗钱法》第五十二条、第五十三条和第五十四条。

12. 《社会组织反洗钱和反恐怖融资管理办法》（2017 年 11 月 17 日）

第 15 条 社会组织应当积极配合中国人民银行及其分支机构、民政部门的监督检查，如实提供有关文件和资料，并对文件和资料的真实性、准确性和完整性负责。

13. 《支付机构反洗钱和反恐怖融资管理办法》（2012 年 3 月 5 日）

第 46 条 中国人民银行及其分支机构可以采取下列措施对支付机构进行反洗钱和反恐怖融资现场检查：

（一）进入支付机构检查；

（二）询问支付机构的工作人员，要求其对有关检查事项做出说明；

（三）查阅、复制支付机构与检查事项有关的文件、资料，并对可能被转移、销毁、隐匿或者篡改的文件资料予以封存；

（四）检查支付机构运用电子计算机管理业务数据的系统。

中国人民银行及其分支机构依法对支付机构进行反洗钱和反恐怖融资现场检查，适用《中国人民银行执法检查程序规定》（中国人民银行令〔2010〕第 1 号发布）。[①]

14. 《保险业反洗钱工作管理办法》（2011 年 9 月 13 日）

第 32 条 保险监管机构依法开展反洗钱现场检查与非现场监管。

第 33 条 反洗钱现场检查可以开展专项检查或者与其他检查项目结合进行。

第 34 条 保险监管机构有权根据监管需要，要求保险公司、保险资产管理公司提交反洗钱报告或者专项反洗钱资料。

[①] 该规定已失效。请参考 2022 年 4 月 14 日公布的《中国人民银行执法检查程序规定》（中国人民银行令〔2022〕第 2 号）。

第二十三条　洗钱风险和评估

国务院反洗钱行政主管部门会同国家有关机关评估国家、行业面临的洗钱风险，发布洗钱风险指引，加强对履行反洗钱义务的机构指导，支持和鼓励反洗钱领域技术创新，及时监测与新领域、新业态相关的新型洗钱风险，根据洗钱风险状况优化资源配置，完善监督管理措施。

● 行政法规及文件

1. 《国务院办公厅关于完善反洗钱、反恐怖融资、反逃税监管体制机制的意见》（2017年8月29日）

（九）优化监管资源配置，研究完善监管资源保障机制。按照金融领域全覆盖、特定非金融行业高风险领域重点监管的目标，适时扩大反洗钱、反恐怖融资监管范围。优化监管资源配置与使用，统筹考虑"三反"[①]监管资源保障问题，为"三反"监管提供充足人力物力。

（十七）鼓励创新和坚守底线并重，妥善应对伴随新业务和新业态出现的风险。建立健全反洗钱义务机构洗钱和恐怖融资风险自评估制度，对新产品、新业务、新技术、新渠道产生的洗钱和恐怖融资风险自主进行持续识别和评估，动态监测市场风险变化，完善有关反洗钱监管要求。强化反洗钱义务机构自主管理风险的责任，反洗钱义务机构推出新产品、新业务前，须开展洗钱和恐怖融资风险自评估，并按照风险评估结果采取有效的风险防控措施。鼓励反洗钱义务机构利用大数据、云计算等新技术提升反洗钱和反恐怖融资工作有效性。

---

① 指反洗钱、反恐怖融资、反逃税。

● 部门规章及文件

2.《证券期货业反洗钱工作实施办法》(2022年8月12日)

第12条 证券期货经营机构应当按照反洗钱法律法规的要求及时建立客户风险等级划分制度,并报当地证监会派出机构备案。在持续关注的基础上,应适时调整客户风险等级。

| 第二十四条 | 洗钱高风险国家和地区的应对措施 |

对存在严重洗钱风险的国家或者地区,国务院反洗钱行政主管部门可以在征求国家有关机关意见的基础上,经国务院批准,将其列为洗钱高风险国家或者地区,并采取相应措施。[①]

● 部门规章及文件

《中国人民银行办公厅关于进一步加强反洗钱和反恐怖融资工作的通知》(2018年7月23日)

一、加强客户身份识别管理

……

(二)……义务机构依托境外第三方机构开展客户身份识别,应当充分评估该机构所在国家或地区的风险状况,不得依托来自高风险国家或地区的第三方机构开展客户身份识别。

二、加强洗钱或恐怖融资高风险领域的管理

……

(二)高风险国家或地区的管控要求。

义务机构应当建立工作机制,及时获取金融行动特别工作组(FATF)发布和更新的高风险国家或地区名单。在与来自FATF名单所列的高风险国家或地区的客户建立业务关系或进行交易

[①] 参见中国人民银行反洗钱局网站"风险提示与金融制裁"金融行动特别工作组更新的高风险及应加强监控的国家或地区名单,http://www.pbc.gov.cn/fanxiqianju/135153/135267/135279/index.html。

时，义务机构应采取与高风险相匹配的强化身份识别、交易监测等控制措施，发现可疑情形时应当及时提交可疑交易报告，必要时拒绝提供金融服务乃至终止业务关系。

已经与高风险国家或地区的机构建立代理行关系的，义务机构应当进行重新审查，必要时终止代理行关系。对于在高风险国家或地区设立的分支机构或附属机构，义务机构应当提高内部监督检查或审计的频率和强度，确保所属分支机构或附属机构严格履行反洗钱和反恐怖融资义务。

义务机构应当采取合理方式，关注其他国家或地区的反洗钱和反恐怖融资体系缺陷。上述"合理方式"应当参照《中国人民银行关于印发〈金融机构洗钱和恐怖融资风险评估及客户分类管理指引〉的通知》（银发〔2013〕2号）中关于"地域风险"子项①所列的内容。

……

---

① 该项规定："金融机构应衡量客户及其实际受益人、实际控制人的国籍注册地、住所、经营所在地与洗钱及其他犯罪活动的关联度，并适当考虑客户主要交易对手方及境外参与交易金融机构的地域风险传导问题。风险子项包括但不限于：1. 某国（地区）受反洗钱监控或制裁的情况。金融机构既要考虑我国的反洗钱监控要求，又要考虑其他国家（地区）和国际组织推行且得到我国承认的反洗钱监控或制裁要求。经营国际业务的金融机构还要考虑对该业务有管辖权的国家（地区）的反洗钱监控或制裁要求。2. 对某国（地区）进行反洗钱风险提示的情况。金融机构应遵循中国人民银行和其他有权部门的风险提示，参考金融行动特别工作组（英文简称 FATF）、亚太反洗钱组织（英文简称 APG）欧亚反洗钱及反恐怖融资组织（英文简称 EAG）等权威组织对各国（地区）执行 FATF 反洗钱标准的互评估结果。3. 国家（地区）的上游犯罪状况。金融机构可参考我国有关部门以及 FATF 等国际权威组织发布的信息，重点关注存在较严重恐怖活动、大规模杀伤性武器扩散、毒品、走私、跨境有组织犯罪、腐败、金融诈骗、人口贩运、海盗等犯罪活动的国家（地区），以及支持恐怖主义活动等严重犯罪的国家（地区）。对于我国境内或外国局部区域存在的严重犯罪，金融机构应参考有权部门的要求或风险提示，酌情提高涉及该区域的客户风险评级。4. 特殊的金融监管风险。例如避税型离岸金融中心对于其住所、注册地、经营所在地与本金融机构经营所在地相距很远的客户，金融机构应考虑酌情提高其风险评级。"

2. 《关于加强联合国安理会制裁决议名单管理和 FATF 公布的高风险国家或地区客户管理的风险提示》(2018 年 7 月 20 日)

二、风险提示

(一) 义务机构应建立健全名单库管理制度和操作规程,指定专人负责名单库维护工作,确保及时更新名单库内容。联合国安理会制裁决议名单更新后,义务机构应立即针对本机构的所有客户以及上溯三年内的交易启动回溯性调查;对属于名单范围的实体或个人,严格执行《中国人民银行关于落实执行联合国安理会相关决议的通知》(银发〔2017〕187 号)的规定。

(二) 义务机构与境外客户建立业务关系或进行交易时,应准确识别客户所在国家或地区风险状况。如果客户或其受益所有人来自反洗钱、反恐怖融资高风险国家或地区,义务机构应采取强化的尽职调查措施,审查客户建立业务关系或交易的目的、性质,提高交易监测的频率和强度,发现可疑情形时应按规定提交可疑交易报告,必要时应拒绝与客户建立业务关系或与其发生交易。

(三) 义务机构不得依托来自高风险国家或地区的第三方机构开展客户身份识别工作。

(四) 如果已经与来自高风险国家或地区的机构建立代理行关系,义务机构应进行重新审查,必要时终止代理行关系。对于在高风险国家或地区设立的分支机构或附属机构,义务机构应提高内部监督检查或审计的频率和强度,确保上述分支机构或附属机构严格履行反洗钱和反恐怖融资义务。

3. 《金融机构客户身份识别和客户身份资料及交易记录保存管理办法》(2007 年 6 月 21 日)

第 18 条第 1 款　金融机构应按照客户的特点或者账户的属

性，并考虑地域、业务、行业、客户是否为外国政要等因素，划分风险等级，并在持续关注的基础上，适时调整风险等级。在同等条件下，来自于反洗钱、反恐怖融资监管薄弱国家（地区）客户的风险等级应高于来自于其他国家（地区）的客户。

4.《金融机构洗钱和恐怖融资风险评估及客户分类管理指引》（2013年1月5日）

  第二章 风险评估指标体系

  ……

  二、风险子项

  ……

  （三）业务（含金融产品、金融服务）风险子项。

  ……

  3.跨境交易。跨境开展客户尽职调查难度大，不同国家（地区）的监管差异又可能直接导致反洗钱监控漏洞产生。金融机构可重点结合地域风险，关注客户是否存在单位时间内多次涉及跨境异常交易报告等情况。

  ……

第二十五条　反洗钱行业自律

  履行反洗钱义务的机构可以依法成立反洗钱自律组织。反洗钱自律组织与相关行业自律组织协同开展反洗钱领域的自律管理。

  反洗钱自律组织接受国务院反洗钱行政主管部门的指导。

● 法　律

1.《银行业监督管理法》（2006年10月31日）

  第31条　国务院银行业监督管理机构对银行业自律组织的活动进行指导和监督。

银行业自律组织的章程应当报国务院银行业监督管理机构备案。

2. 《证券法》（2019年12月28日）

第169条 国务院证券监督管理机构在对证券市场实施监督管理中履行下列职责：

……

（六）依法对证券业协会的自律管理活动进行指导和监督；

……

● **行政法规及文件**

3. 《国务院办公厅关于完善反洗钱、反恐怖融资、反逃税监管体制机制的意见》（2017年8月29日）

（二十六）加强自律管理，充分发挥自律组织积极作用。各主管部门要指导相关行业协会积极参与"三反"① 工作，制定反洗钱自律规则和工作指引，加强自律管理，强化反洗钱义务机构守法、诚信、自律意识，推动反洗钱义务机构积极参与和配合"三反"工作，促进反洗钱义务机构之间交流信息和经验，营造积极健康的反洗钱合规环境。

● **部门规章及文件**

4. 《金融机构反洗钱规定》（2006年11月14日）

第12条 中国人民银行会同中国银行业监督管理委员会、中国证券监督管理委员会、中国保险监督管理委员会指导金融行业自律组织制定本行业的反洗钱工作指引。

5. 《互联网金融从业机构反洗钱和反恐怖融资管理办法（试行）》（2018年9月29日）

第4条 中国互联网金融协会按照中国人民银行、国务院有

---

① 指反洗钱、反恐怖融资、反逃税。

关金融监督管理机构关于从业机构履行反洗钱和反恐怖融资义务的规定，协调其他行业自律组织，制定并发布各类从业机构执行本办法所适用的行业规则；配合中国人民银行及其分支机构开展线上和线下反洗钱相关工作，开展洗钱和恐怖融资风险评估，发布风险评估报告和风险提示信息；组织推动各类从业机构制定并实施反洗钱和反恐怖融资方面的自律公约。

其他行业自律组织按照中国人民银行、国务院有关金融监督管理机构的规定对从业机构提出建立健全反洗钱内控制度的要求，配合中国互联网金融协会推动从业机构之间的业务交流和信息共享。

6.《证券期货业反洗钱工作实施办法》（2022年8月12日）

第4条 中国证券业协会和中国期货业协会依照本办法的规定，履行证券期货业反洗钱自律管理职责。

7.《银行业金融机构反洗钱和反恐怖融资管理办法》（2019年1月29日）

第54条 行业自律组织制定的反洗钱和反恐怖融资行业规则等应当向银行业监督管理机构报告。

第二十六条　反洗钱行业服务机构

提供反洗钱咨询、技术、专业能力评价等服务的机构及其工作人员，应当勤勉尽责、恪尽职守地提供服务；对于因提供服务获得的数据、信息，应当依法妥善处理，确保数据、信息安全。

国务院反洗钱行政主管部门应当加强对上述机构开展反洗钱有关服务工作的指导。

● **行政法规及文件**

《国务院办公厅关于完善反洗钱、反恐怖融资、反逃税监管体制机制的意见》（2017年8月29日）

（十四）建立健全防控风险为本的监管机制，引导反洗钱义务机构有效化解风险。以有效防控风险为目标，持续优化反洗钱监管政策框架，合理确定反洗钱监管风险容忍度，建立健全监管政策传导机制，督促、引导、激励反洗钱义务机构积极主动加强洗钱和恐怖融资风险管理，充分发挥其在预防洗钱、恐怖融资和逃税方面的"第一道防线"作用。综合运用反洗钱监管政策工具，推行分类监管，完善风险预警和应急处置机制，切实强化对高风险市场、高风险业务和高风险机构的反洗钱监管。

第三章 反洗钱义务

第二十七条 金融机构内部控制制度

金融机构应当依照本法规定建立健全反洗钱内部控制制度，设立专门机构或者指定内设机构牵头负责反洗钱工作，根据经营规模和洗钱风险状况配备相应的人员，按照要求开展反洗钱培训和宣传。

金融机构应当定期评估洗钱风险状况并制定相应的风险管理制度和流程，根据需要建立相关信息系统。

金融机构应当通过内部审计或者社会审计等方式，监督反洗钱内部控制制度的有效实施。

金融机构的负责人对反洗钱内部控制制度的有效实施负责。

● 法　律

1. 《银行业监督管理法》（2006 年 10 月 31 日）

　　第 12 条　国务院银行业监督管理机构应当公开监督管理程序，建立监督管理责任制度和内部监督制度。

　　第 21 条第 2 款　前款规定的审慎经营规则，包括风险管理、内部控制、资本充足率、资产质量、损失准备金、风险集中、关联交易、资产流动性等内容。

2. 《商业银行法》（2015 年 8 月 29 日）

　　第 59 条　商业银行应当按照有关规定，制定本行的业务规则，建立、健全本行的风险管理和内部控制制度。

　　第 63 条　商业银行应当依法接受审计机关的审计监督。

● 行政法规及文件

3. 《国务院办公厅关于完善反洗钱、反恐怖融资、反逃税监管体制机制的意见》（2017 年 8 月 29 日）

　　（十九）建立健全培训教育机制，培养建设专业人才队伍。建立全面覆盖各类反洗钱义务机构的反洗钱培训教育机制，提升相关人员反洗钱工作水平。积极鼓励创新反洗钱培训教育形式，充分利用现代科技手段扩大受众范围，加大对基层人员的教育培训力度。

● 部门规章及文件

4. 《金融机构反洗钱规定》（2006 年 11 月 14 日）

　　第 8 条　金融机构及其分支机构应当依法建立健全反洗钱内部控制制度，设立反洗钱专门机构或者指定内设机构负责反洗钱工作，制定反洗钱内部操作规程和控制措施，对工作人员进行反洗钱培训，增强反洗钱工作能力。

　　金融机构及其分支机构的负责人应当对反洗钱内部控制制度的有效实施负责。

5. **《证券期货业反洗钱工作实施办法》**（2022 年 8 月 12 日）

第 9 条 证券期货经营机构应当依法履行反洗钱义务，建立健全反洗钱内部控制制度。证券期货经营机构负责人应当对反洗钱内部控制制度的有效实施负责，总部应当对分支机构执行反洗钱内部控制制度进行监督管理，根据要求向当地证监会派出机构报告反洗钱工作开展情况。

第 12 条 证券期货经营机构应当按照反洗钱法律法规的要求及时建立客户风险等级划分制度，并报当地证监会派出机构备案。在持续关注的基础上，应适时调整客户风险等级。

第 16 条 证券期货经营机构应当建立反洗钱培训、宣传制度，每年开展对单位员工的反洗钱培训工作和对客户的反洗钱宣传工作，持续完善反洗钱的预防和监控措施。每年年初，应当向当地证监会派出机构上报反洗钱培训和宣传的落实情况。

第 17 条 证券期货经营机构不遵守本办法有关报告、备案或建立相关内控制度等规定的，证监会及其派出机构可采取责令改正、监管谈话或责令参加培训等监管措施。

6. **《金融机构反洗钱和反恐怖融资监督管理办法》**（2021 年 4 月 15 日）

第 4 条 金融机构应当按照规定建立健全反洗钱和反恐怖融资内部控制制度，评估洗钱和恐怖融资风险，建立与风险状况和经营规模相适应的风险管理机制，搭建反洗钱信息系统，设立或者指定部门并配备相应人员，有效履行反洗钱和反恐怖融资义务。

第 6 条 金融机构应当按照规定，结合本机构经营规模以及洗钱和恐怖融资风险状况，建立健全反洗钱和反恐怖融资内部控制制度。

第 7 条第 3 款 金融机构应当定期审查和不断优化洗钱和恐怖融资风险评估工作流程和指标体系。

第9条　金融机构应当设立专门部门或者指定内设部门牵头开展反洗钱和反恐怖融资管理工作。

金融机构应当明确董事会、监事会、高级管理层和相关部门的反洗钱和反恐怖融资职责，建立相应的绩效考核和奖惩机制。

金融机构应当任命或者授权一名高级管理人员牵头负责反洗钱和反恐怖融资管理工作，并采取合理措施确保其独立开展工作以及充分获取履职所需权限和资源。

金融机构应当根据本机构经营规模、洗钱和恐怖融资风险状况和业务发展趋势配备充足的反洗钱岗位人员，采取适当措施确保反洗钱岗位人员的资质、经验、专业素质及职业道德符合要求，制定持续的反洗钱和反恐怖融资培训计划。

第10条　金融机构应当根据反洗钱和反恐怖融资工作需要，建立和完善相关信息系统，并根据风险状况、反洗钱和反恐怖融资工作需求变化及时优化升级。

第11条　金融机构应当建立反洗钱和反恐怖融资审计机制，通过内部审计或者独立审计等方式，审查反洗钱和反恐怖融资内部控制制度制定和执行情况。审计应当遵循独立性原则，全面覆盖境内外分支机构、控股附属机构，审计的范围、方法和频率应当与本机构经营规模及洗钱和恐怖融资风险状况相适应，审计报告应当向董事会或者其授权的专门委员会提交。

第17条　发生下列情况的，金融机构应当按照规定及时向中国人民银行或者所在地中国人民银行分支机构报告：

（一）制定或者修订主要反洗钱和反恐怖融资内部控制制度的；

（二）牵头负责反洗钱和反恐怖融资工作的高级管理人员、牵头管理部门或者部门主要负责人调整的；

……

7.《银行跨境业务反洗钱和反恐怖融资工作指引（试行）》（2021年1月19日）

第25条 【内控架构】银行应结合跨境业务流程及管理要求，建立健全内控组织架构，明确跨境业务反洗钱和反恐怖融资工作的职责分工。

第26条 【内控制度】银行应将跨境业务反洗钱和反恐怖融资要求全面纳入内控制度体系，包括客户尽职调查、洗钱和恐怖融资风险管理、可疑交易报告、客户身份资料和交易记录保存反洗钱和反恐怖融资内部检查和审计、重大洗钱案件应急处置等方面。

第27条 【信息系统要求】银行跨境业务操作系统和信息管理系统应满足跨境业务反洗钱和反恐怖融资实际管理需求，确保客户身份信息和交易信息的完整、连续、准确和可追溯。

第28条 【内控检查要求】银行应将跨境业务反洗钱和反恐怖融资管理情况纳入内部检查和审计范围，并定期开展监督检查工作。

第29条 【考核要求】银行应将跨境业务洗钱和恐怖融资风险识别及控制的执行情况纳入内部考核评估，明确各项业务责任范围和责任追究机制。

8.《法人金融机构洗钱和恐怖融资风险自评估指引》（2021年1月15日）

第8条 法人金融机构在评估地域环境的固有风险时，应当全面考虑经营场所覆盖地域，分别评估境内各地区和境外各司法管辖区地域风险，境内地区划分原则上按经营地域范围内的下一级行政区划划分，如全国性机构按省划分，或按总部对分支机构管理结构划分。对于地理位置相近、经营情况类似的地域可合并评估。

对各地域的固有风险评估可考虑以下因素：

（一）当地洗钱、恐怖融资与（广义）上游犯罪形势，是否毗邻洗钱、恐怖融资或上游犯罪、恐怖主义活动活跃的境外国家和地区，或是否属于较高风险国家和地区（至少包括金融行动特别工作组呼吁采取行动的高风险国家、地区和应加强监控的国家、地区，也可参考国际组织有关避税天堂名单等，以下简称较高风险和地区）；

（二）接受司法机关刑事查询、冻结、扣划和监察机关、公安机关查询、冻结、扣划（以下简称刑事查冻扣）中涉及该地区的客户数量、交易金额、资产规模等；

（三）本机构上报的涉及当地的一般可疑交易和重点可疑交易报告数量及客户数量、交易金额；

（四）本机构在当地网点数量、客户数量、客户资产规模、交易金额及市场占有率水平。

第10条 法人金融机构在评估产品业务的固有风险时，应当全面考虑本机构向客户提供的各类产品业务（或服务）。产品业务划分原则上应在本机构产品业务管理结构的基础上进一步细化，如私人银行业务、国际金融业务、个人银行卡、理财产品等。业务模式、性质相同且洗钱风险因素不存在重大差异的，可作为同一类产品业务进行评估。

对各类产品业务的固有风险评估可考虑以下因素：

（一）产品业务规模，如账户数量、管理资产总额，年度交易量等；

（二）是否属于已知存在洗钱案例、洗钱类型手法的产品业务；

（三）产品业务面向的主要客户群体，以及高风险客户数量和相应资产规模、交易金额和比例；

（四）产品业务销售、办理渠道及相应渠道的风险程度，是否允许他人代办或难以识别是否本人办理；

（五）产品业务记录跟踪资金来源、去向的程度，与现金的关联程度，现金交易金额和比例；

（六）产品业务是否可向他人转移价值，包括资产（合约）所有权、受益权转移，以及转移的便利程度，是否有额度限制，是否可跨境转移；

（七）产品业务是否可作为客户的资产（如储蓄存款、理财产品等），是否有额度限制，保值程度和流动性如何，是否可便利、快速转换为现金或活期存款；

（八）产品业务是否可作为收付款工具（如结算账户），使用范围、额度、便利性如何，是否可跨境使用；

（九）产品业务是否可作为其他业务的办理通道或身份认证手段，身份识别措施是否比原有通道和手段更为简化，是否有额度限制或使用范围限制；

（十）产品业务是否应用可能影响客户尽职调查和资金交易追踪的新技术。

第 11 条　法人金融机构在评估渠道的固有风险时，应当全面考虑本机构自有或通过第三方与客户建立关系、提供服务的渠道。渠道可划分为机构自有实体经营场所、自有互联网渠道、自助设备与终端、第三方实体经营场所、第三方互联网渠道，银行业机构还应考虑代理行渠道。

对各类渠道的固有风险评估可考虑以下因素：

（一）渠道覆盖范围（线下网点数量与分布区域，线上可及地域范围）及相应地区（包括境外国家和地区）的风险程度；

（二）通过该渠道建立业务关系的客户数量和风险水平分布；

（三）通过该渠道办理业务的客户数量、交易笔数与金额，办理业务的主要类型和风险水平。

第 13 条　法人金融机构在评估控制措施有效性时，既要从整体上评估机构反洗钱内部控制的基础与环境、洗钱风险管理机制有效性，也要按照固有风险评估环节的分类方法，分别对与各类地域、客户群体、产品业务、渠道相应的特殊控制措施进行评价。

第 15 条　对法人金融机构整体洗钱风险管理机制有效性的评价，可以考虑以下因素：

……

（三）机构反洗钱内控制度与监管要求的匹配程度，是否得到及时更新，各条线业务操作规程和系统中内嵌洗钱风险管理措施的情况；

……

（九）名单筛查工作机制健全性，覆盖业务与客户范围的全面性，以及系统预警和回溯性筛查功能。

第 21 条　法人金融机构应当指定一名高级管理人员全面负责洗钱风险自评估工作，建立包括反洗钱牵头部门和业务部门、稽核与内审部门等在内的领导小组。领导小组应当组织协调自评估整体工作，指导相关业务条线、部门、分支机构按照评估方案承担本部门、本机构自评估职责，确保自评估的客观性与相对独立性。各条线、部门、分支机构应充分梳理和反映自身面临的洗钱风险和反洗钱工作存在的困难与脆弱性，提供自评估工作所必需的数据、信息和支持。

法人金融机构可聘请第三方专业机构协助进行评估方案、指标与方法的起草和内外部信息收集整理等辅助性工作，但评估过程中对各类固有风险、控制措施有效性及剩余风险的讨论、分析和判断应由领导小组、反洗钱牵头部门及各条线、部门、分支机构主导完成。不得将自评估工作完全委托或外包至第三方专业机构完成。

第 30 条　法人金融机构应当定期开展本机构洗钱风险自评估，原则上自评估的周期应不超过 36 个月，机构固有风险或剩余风险处于较高及以上等级的,自评估周期应不超过 24 个月。

法人金融机构出现以下情形时应及时开展自评估工作:

(一)经济金融和反洗钱法律制度、监管政策作出重大调整,使机构经营环境或应当履行的反洗钱义务发生重大变化;

(二)公司实际控制人、受益所有人发生变化或公司治理结构发生重大调整;

(三)经营发展策略有重大调整;

(四)内外部风险状况发生显著变化,如出现重大洗钱风险事件;

(五)其他认为有必要评估风险的情形。

第 32 条 法人金融机构应当积极加强自评估相关系统建设,建立并定期维护产品业务种类清单和客户类型清单,逐步实现通过系统准确提取自评估所需的各类数据信息,提高自评估工作效能。

第 34 条第 3 款 具有关联关系的农村信用社、农村商业银行及农村信用联社可根据本机构实际情况,在确定的层级范围内开展统一的联合风险评估。

9. 《中国银保监会办公厅关于进一步做好银行业保险业反洗钱和反恐怖融资工作的通知》(2019 年 12 月 30 日)

二、银保监会及其派出机构应当将反洗钱和反恐怖融资工作情况纳入机构日常监管工作范围,督促银行保险机构建立健全反洗钱和反恐怖融资内部控制机制。

五、银行保险机构应当强化组织保障,加大反洗钱和反恐怖融资资源投入,加强对从业人员的反洗钱和反恐怖融资培训,提高反洗钱和反恐怖融资工作能力。

10. 《银行业金融机构反洗钱和反恐怖融资管理办法》(2019 年 1 月 29 日)

第 7 条 银行业金融机构应当依法建立反洗钱和反恐怖融资

内部控制制度，并对分支机构和附属机构的执行情况进行管理。反洗钱和反恐怖融资内部控制制度应当包括下列内容：

（一）反洗钱和反恐怖融资内部控制职责划分；

（二）反洗钱和反恐怖融资内部控制措施；

（三）反洗钱和反恐怖融资内部控制评价机制；

（四）反洗钱和反恐怖融资内部控制监督制度；

（五）重大洗钱和恐怖融资风险事件应急处置机制

（六）反洗钱和反恐怖融资工作信息保密制度；

（七）国务院银行业监督管理机构及国务院反洗钱行政主管部门规定的其他内容。

第8条 银行业金融机构应当建立组织架构健全、职责边界清晰的洗钱和恐怖融资风险治理架构，明确董事会、监事会、高级管理层、业务部门、反洗钱和反恐怖融资管理部门和内审部门等在洗钱和恐怖融资风险管理中的职责分工。

第9条 银行业金融机构董事会应当对反洗钱和反恐怖融资工作承担最终责任。

第11条 银行业金融机构应当设立反洗钱和反恐怖融资专门机构或者指定内设机构负责反洗钱和反恐怖融资管理工作。反洗钱和反恐怖融资管理部门应当设立专门的反洗钱和反恐怖融资岗位，并配备足够人员。

银行业金融机构应当明确相关业务部门的反洗钱和反恐怖融资职责，保证反洗钱和反恐怖融资内部控制制度在业务流程中的贯彻执行。

第18条第1款 银行业金融机构应当建立健全和执行洗钱和恐怖融资风险自评估制度，对本机构的内外部洗钱和恐怖融资风险及相关风险控制措施有效性进行评估。

第21条 银行业金融机构应当每年开展反洗钱和反恐怖融资内部审计，内部审计可以是专项审计，或者与其他审计项目结合进行。

第 23 条　银行业金融机构应当将可量化的反洗钱和反恐怖融资控制指标嵌入信息系统，使风险信息能够在业务部门和反洗钱和反恐怖融资管理部门之间有效传递、集中和共享，满足对洗钱和恐怖融资风险进行预警、信息提取、分析和报告等各项要求。

第 29 条　银行业金融机构应当制定反洗钱和反恐怖融资培训制度，定期开展反洗钱和反恐怖融资培训。

第 30 条　银行业金融机构应当开展反洗钱和反恐怖融资宣传，保存宣传资料和宣传工作记录。

第 42 条　银行业金融机构股东应当确保资金来源合法，不得以犯罪所得资金等不符合法律、行政法规及监管规定的资金入股。银行业金融机构应当知悉股东入股资金来源，在发生股权变更或者变更注册资本时应当按照要求向银行业监督管理机构报批或者报告。

第 44 条　申请银行业金融机构董事、高级管理人员任职资格，拟任人应当具备以下条件：

（一）不得有故意或重大过失犯罪记录；

（二）熟悉反洗钱和反恐怖融资法律法规，接受了必要的反洗钱和反恐怖融资培训，通过银行业监督管理机构组织的包含反洗钱和反恐怖融资内容的任职资格测试。

须经任职资格审核的银行业金融机构境外机构董事、高级管理人员应当熟悉境外反洗钱和反恐怖融资法律法规，具备相应反洗钱和反恐怖融资履职能力。

银行业金融机构董事、高级管理人员任职资格申请材料中应当包括接受反洗钱和反恐怖融资培训情况报告及本人签字的履行反洗钱和反恐怖融资义务的承诺书。

第 49 条　银行业金融机构违反本办法规定，有下列情形之一的，银行业监督管理机构可以根据《中华人民共和国银行业监督管理法》规定采取监管措施或者对其进行处罚：

（一）未按规定建立反洗钱和反恐怖融资内部控制制度的；

（二）未有效执行反洗钱和反恐怖融资内部控制制度的；

（三）未按照规定设立反洗钱和反恐怖融资专门机构或者指定内设机构负责反洗钱和反恐怖融资工作的；

（四）未按照规定履行其他反洗钱和反恐怖融资义务的。

11.《互联网金融从业机构反洗钱和反恐怖融资管理办法（试行）》（2018年9月29日）

第7条 从业机构应当遵循风险为本方法，根据法律法规和行业规则，建立健全反洗钱和反恐怖融资内部控制制度，强化反洗钱和反恐怖融资合规管理，完善相关风险管理机制。

从业机构应当建立统一的反洗钱和反恐怖融资合规管理政策，对其境内外附属机构、分支机构、事业部的反洗钱和反恐怖融资工作实施统一管理。

从业机构应当按规定方式向中国人民银行及其分支机构、国务院有关金融监督管理机构及其派出机构报备反洗钱和反恐怖融资内部控制制度。

第8条 从业机构应当明确机构董事、高级管理层及部门管理人员的反洗钱和反恐怖融资职责。从业机构的负责人应当对反洗钱和反恐怖融资内部控制制度的有效实施负责。

从业机构应当设立专门部门或者指定内设部门牵头负责反洗钱和反恐怖融资管理工作。各业务条线（部门）应当承担反洗钱和反恐怖融资工作的直接责任，并指定人员负责反洗钱和反恐怖融资工作。从业机构应当确保反洗钱和反恐怖融资管理部门及反洗钱和反恐怖融资工作人员具备有效履职所需的授权、资源和独立性。

12. 《中国人民银行办公厅关于进一步加强反洗钱和反恐怖融资工作的通知》(2018 年 7 月 23 日)

五、加强交易记录保存，及时报送可疑交易报告

义务机构应当强化内部管理措施，更新技术手段，逐步完善相关信息系统，采取切实可行的管理措施，确保交易记录和客户身份信息完整准确，便于开展资金监测，配合反洗钱监管和案件调查。义务机构应当建立适当的授权机制，明确工作程序，按照规定将客户身份信息和交易记录迅速、便捷、准确地提供给监管机构、执法机构等部门。

……

13. 《社会组织反洗钱和反恐怖融资管理办法》(2017 年 11 月 17 日)

第 4 条　社会组织应当依法建立健全反洗钱和反恐怖融资内部控制制度，确保资金使用符合其宗旨和业务范围。社会组织的负责人应当对内部控制制度的有效实施及资金的合法使用负责。社会组织应当对其分支机构（代表机构）反洗钱和反恐怖融资内部控制制度的执行情况进行监督管理。

第 5 条　社会组织应当设立反洗钱和反恐怖融资专门岗位或者指定专门人员负责反洗钱和反恐怖融资工作。有条件的社会组织，可以设立专门机构或者指定专门机构负责反洗钱和反恐怖融资工作。

第 22 条　中国人民银行会同民政部发布关于社会组织反洗钱和反恐怖融资内部控制制度、与境外组织合作协议以及其他实践操作的指引文件。

14. 《保险机构洗钱和恐怖融资风险评估及客户分类管理指引》(2014 年 12 月 30 日)

第 28 条　保险机构应在洗钱风险评估和客户风险等级划分的基础上，酌情采取相应的风险控制措施。对风险水平较高的产

品和风险较高的客户应采取强化的风险控制措施,包括但不限于:

……

(二)异常资金流向监测。保险机构应当在业务、财务系统中设定和完善资金流向异常预警指标,对于大额交易、支票给付、资金流向异常交易,保险机构应当留存完整的资金收付信息,包括但不限于账户名称、账号、开户行、支票背书等,对于系统无法自动留存的收付信息,保险机构应当采取人工录入措施,以实现对资金收付异常行为的过程监控。

(三)关键流程节点管控。保险机构应当根据高风险客户特征,酌情在承保、保全、理赔等环节采取强化的控制措施。

1. 承保环节可采取的控制措施有:经相关负责人授权后,再为客户办理业务;对客户的投保金额、投保方式等实施合理限制。

2. 保全环节可采取的控制措施有:完善保全管控制度,严格退保和给付资金支付对象管控;定期开展退保风险数据排查工作。

3. 理赔环节可采取的控制措施有:强化调查与洗钱相混同的保险欺诈行为,如利用犯罪资金购买标的投保后实施的欺诈行为。

……

第31条 保险机构应指定适当的部门及人员整体负责风险评估工作流程的设置及监控工作,组织各相关部门充分参与风险评估工作。

第32条 保险机构应确保客户风险评估工作流程具有可稽核性或可追溯性。

15.《中国人民银行关于金融机构在跨境业务合作中加强反洗钱工作的通知》(2012年8月19日)

六、金融机构应在高级管理层中明确专人负责管理境外分支机构反洗钱工作,并在业务条线之外指定专门部门具体承担对境外分支机构的洗钱合规管理职责。

金融机构应建立适当的机制，确保业务条线及时关注并评估本金融机构因与境外金融机构之间开展业务合作而可能出现的洗钱风险，确保高级管理层及反洗钱合规管理部门及时获得业务条线风险评估信息，以便采取有效措施处置风险。

金融机构应定期对境外分支机构反洗钱工作情况进行审计，发现问题要及时纠正。

16.《中国人民银行关于加强金融从业人员反洗钱履职管理及相关反洗钱内控建设的通知》（2012年7月18日）

三、金融机构应定期开展反洗钱内部审计，加强对业务条线（部门）或其分支机构反洗钱工作的检查，及时发现并纠正反洗钱工作中出现的不合规问题。

四、金融机构应增强内部反洗钱工作报告路线的独立性和灵活性，完善内部管理制约机制，股份制商业银行应实施董事会、监事会对高级管理层的有效监督和高级管理层对其金融从业人员的有效监控，防范内部人员参与违法犯罪活动。金融机构应建立违规事件举报机制，切实保障每一位员工均有权利并通过适当的途径举报违规事件。

五、金融机构聘用人员时，应对聘用对象提出必要的职业道德、资质、经验、专业素质及其他个人素质标准要求，看其是否具备履行所在岗位反洗钱职责所需的基本能力。此外，金融机构应对新聘用金融从业人员进行必要的反洗钱培训，使其了解并掌握反洗钱义务及其所在岗位的反洗钱工作要求。

六、金融机构高级管理层应增强履行反洗钱义务职责的认识，正确处理金融业务发展与合规经营、风险控制的关系。金融机构应确保承担反洗钱合规管理职责的高管人员具备较强的反洗钱履职能力，为其反洗钱履职提供各类资源保障。

七、金融机构应建立反洗钱培训长效机制，确保各类金融从业人员及时了解反洗钱监管政策、反洗钱内控要求、反洗钱新方法、反洗钱新技术、洗钱风险变动情况等方面的反洗钱工作信息。对于从事洗钱风险较高岗位的金融从业人员，应适当提高反洗钱培训的强度和频率。

八、金融机构应及时梳理与本金融机构有关的金融违法案件信息（含媒体报道、互联网信息），发现涉及金融从业人员反洗钱履职问题的，应及时妥善处理。

17.《支付机构反洗钱和反恐怖融资管理办法》（2012年3月5日）

第5条 支付机构总部应当依法建立健全统一的反洗钱和反恐怖融资内部控制制度，并报总部所在地的中国人民银行分支机构备案。反洗钱和反恐怖融资内部控制制度应当包括下列内容：

（一）客户身份识别措施；

（二）客户身份资料和交易记录保存措施；

（三）可疑交易标准和分析报告程序；

（四）反洗钱和反恐怖融资内部审计、培训和宣传措施；

（五）配合反洗钱和反恐怖融资调查的内部程序；

（六）反洗钱和反恐怖融资工作保密措施；

（七）其他防范洗钱和恐怖融资风险的措施。

支付机构及其分支机构的负责人应当对反洗钱和反恐怖融资内部控制制度的有效实施负责。支付机构应当对其分支机构反洗钱和反恐怖融资内部控制制度的执行情况进行监督管理。

第6条 支付机构应当设立专门机构或者指定内设机构负责反洗钱和反恐怖融资工作，并设立专门的反洗钱和反恐怖融资岗位。

18.《关于报送保险业反洗钱工作信息的通知》（2011年12月14日）

四、报送内容

……

（二）各公司反洗钱制度建设、机构岗位设置、人员配备、系统开发、宣传培训、内部审计、配合外部调查或采取相应措施的情况；

……

五、相关要求

……

（三）各公司应当明确反洗钱信息报送责任人，如责任人发生变更，应及时通知中国保监会。

……

19. 《保险业反洗钱工作管理办法》（2011年9月13日）

第6条　保险公司、保险资产管理公司和保险专业代理公司、保险经纪公司应当以保单实名制为基础，按照客户资料完整、交易记录可查、资金流转规范的工作原则，切实提高反洗钱内控水平。

第11条　发生下列情形之一，保险公司、保险资产管理公司应当知悉投资资金来源，提交投资资金来源情况说明和投资资金来源合法的声明：

（一）增加注册资本；

（二）股权变更，但通过证券交易所购买上市机构股票不足注册资本5%的除外；

（三）中国保监会规定的其他情形。

第12条　保险公司、保险资产管理公司董事、监事、高级管理人员应当了解反洗钱法律法规，接受反洗钱培训，通过保险监管机构组织的包含反洗钱内容的任职资格知识测试。

保险公司、保险资产管理公司董事、监事、高级管理人员任职资格核准申请材料中应当包括接受反洗钱培训情况报告及本人签字的履行反洗钱义务的承诺书。

第13条　保险公司、保险资产管理公司应当建立健全反洗钱内控制度。

反洗钱内控制度应当包括下列内容：

（一）客户身份识别；

（二）客户身份资料和交易记录保存；

（三）大额交易和可疑交易报告；

（四）反洗钱培训宣传；

（五）反洗钱内部审计；

（六）重大洗钱案件应急处置；

（七）配合反洗钱监督检查、行政调查以及涉嫌洗钱犯罪活动调查；

（八）反洗钱工作信息保密；

（九）反洗钱法律法规规定的其他内容。

保险公司、保险资产管理公司分支机构可以根据总公司的反洗钱内控制度制定本级的实施细则。

第14条 保险公司、保险资产管理公司应当设立反洗钱专门机构或者指定内设机构，组织开展反洗钱工作。

指定内设机构组织开展反洗钱工作的，应当设立反洗钱岗位。

保险公司、保险资产管理公司应当明确相关业务部门的反洗钱职责，保证反洗钱内控制度在业务流程中贯彻执行。

第22条 保险公司通过保险专业代理公司、金融机构类保险兼业代理机构开展保险业务时，应当在合作协议中写入反洗钱条款。

反洗钱条款应当包括下列内容：

（一）保险专业代理公司、金融机构类保险兼业代理机构按照保险公司的反洗钱法律义务要求识别客户身份；

（二）保险公司在办理业务时能够及时获得保险业务客户身份信息，必要时，可以从保险专业代理公司、金融机构类保险兼业代理机构获得客户有效身份证件或者其他身份证明文件的复印件或者影印件；

（三）保险公司为保险专业代理公司、金融机构类保险兼业代理机构代其识别客户身份提供培训等必要协助。

保险经纪公司代理客户与保险公司开展保险业务时，应当提供保险公司识别客户身份所需的客户身份信息，必要时，还应当依法提供客户身份证件或者其他身份证明文件的复印件或者影印件。

保险公司承担未履行客户身份识别义务的最终责任，保险专业代理公司、保险经纪公司、金融机构类保险兼业代理机构承担相应责任。

第23条 保险公司、保险资产管理公司应当开展反洗钱培训，保存培训课件和培训工作记录。

对本公司人员的反洗钱培训应当包括下列内容：

（一）反洗钱法律法规和监管规定；

（二）反洗钱内控制度、与其岗位职责相应的反洗钱工作要求；

（三）开展反洗钱工作必备的其他知识、技能等。

对保险销售从业人员的反洗钱培训应当包括下列内容：

（一）反洗钱法律法规和监管规定；

（二）反洗钱内控制度；

（三）展业中的反洗钱要求，如提醒客户提供相关信息资料、配合履行反洗钱义务等。

20.《金融机构客户身份识别和客户身份资料及交易记录保存管理办法》（2007年6月21日）

第4条 金融机构应当根据反洗钱和反恐怖融资方面的法律规定，建立和健全客户身份识别、客户身份资料和交易记录保存等方面的内部操作规程，指定专人负责反洗钱和反恐融资合规管理工作，合理设计业务流程和操作规范，并定期进行内部审计，评估内部操作规程是否健全、有效，及时修改和完善相关制度。

21.《金融机构大额交易和可疑交易报告管理办法》（2018 年 7 月 26 日）

第四章　内部管理措施

第 19 条　金融机构应当根据本办法制定大额交易和可疑交易报告内部管理制度和操作规程，对本机构的大额交易和可疑交易报告工作做出统一要求，并对分支机构、附属机构大额交易和可疑交易报告制度的执行情况进行监督管理。

金融机构应当将大额交易和可疑交易报告制度向中国人民银行或其总部所在地的中国人民银行分支机构报备。

第 20 条　金融机构应当设立专职的反洗钱岗位，配备专职人员负责大额交易和可疑交易报告工作，并提供必要的资源保障和信息支持。

第 21 条　金融机构应当建立健全大额交易和可疑交易监测系统，以客户为基本单位开展资金交易的监测分析，全面、完整、准确地采集各业务系统的客户身份信息和交易信息，保障大额交易和可疑交易监测分析的数据需求。

第 22 条　金融机构应当按照完整准确、安全保密的原则，将大额交易和可疑交易报告、反映交易分析和内部处理情况的工作记录等资料自生成之日起至少保存 5 年。

保存的信息资料涉及正在被反洗钱调查的可疑交易活动，且反洗钱调查工作在前款规定的最低保存期届满时仍未结束的，金融机构应将其保存至反洗钱调查工作结束。

第 23 条　金融机构及其工作人员应当对依法履行大额交易和可疑交易报告义务获得的客户身份资料和交易信息，对依法监测、分析、报告可疑交易的有关情况予以保密，不得违反规定向任何单位和个人提供。

22.《中国人民银行关于〈金融机构大额交易和可疑交易报告管理办法〉有关执行要求的通知》(2017年4月21日)

五、关于完善内部管理措施的履职要求

义务机构应当强化董事会和高级管理层反洗钱履职责任,在总部或集团层面推动落实大额交易和可疑交易报告的制度、流程、系统建设等工作要求,切实保障相关人员、信息和技术等资源需求。

(一)义务机构总部应当加强对分支机构、附属机构的监督管理,定期开展内部检查或稽核审计,完善内部问责机制,加大问责力度,将大额交易和可疑交易报告履职情况纳入对分支机构、附属机构及反洗钱相关人员的考核和责任追究范围,对违规行为严格追究负责人、高级管理层、反洗钱主管部门、相关业务条线和具体经办人员的相应责任。

(二)义务机构应当根据交易监测分析工作机制、操作流程、工作量等因素科学配备反洗钱岗位人员,满足监测分析人员充足性、专业性和稳定性等要求。义务机构总部或可疑交易集中处理中心应当配备专职的反洗钱岗位人员;分支机构应当根据业务实际和内部操作规程,配备专职或兼职反洗钱岗位人员。专职反洗钱岗位人员应至少具有三年以上金融从业经历。

……

23.《金融机构洗钱和恐怖融资风险评估及客户分类管理指引》(2013年1月5日)

第五章 管理与保障措施

……

二、组织管理措施

金融机构应完善风险评估流程,指定适当的条线(部门)及人员整体负责风险评估工作流程的设置及监控工作,组织各相关条线(部门)充分参与风险评估工作。

金融机构应确保客户风险评估工作流程具有可稽核性或可追

溯性。

三、技术保障措施

金融机构应确保洗钱风险管理工作所需的必要技术条件，积极运用信息系统提升工作有效性。系统设计应着眼于运用客户风险等级管理工作成果，为各级分支机构查询使用信息提供方便。

……

● 案例指引

邮包里的秘密[①]

案例要旨：金融机构应建立健全反洗钱内部控制制度。谭某是某银行客户服务部主任，2005年12月至2007年4月，谭某与其兄及北京某医疗器械公司法人代表陈某串谋，利用快件渠道采取伪报品名、瞒报价格、分期邮寄中转等手段，从美国将价值人民币1112.11万元的心脏支架等医疗器械分装在323个包裹中走私入境，偷逃应缴税款人民币199.76万元。其间，谭某在直接参与走私医疗器械犯罪的同时，利用在银行工作的有利条件，采用邮政汇兑、提取现金、借用他人银行卡转账、境内外对冲等手段，接收和转移走私资金达1100.85万元，直接构成洗钱罪的洗钱数额为80.03万元。2007年12月7日，当地人民法院对谭某等人走私及洗钱一案一审宣判，认定被告人谭某犯走私和洗钱罪，依法判处有期徒刑3年，并处罚金105万元。

第二十八条　金融机构客户尽职调查制度

金融机构应当按照规定建立客户尽职调查制度。

金融机构不得为身份不明的客户提供服务或者与其进行交易，不得为客户开立匿名账户或者假名账户，不得为冒用他人身份的客户开立账户。

---

① 参见中国人民银行网站，http://guiyang.pbc.gov.cn/guiyang/113337/114075/2270476/index.html，最后访问时间：2024年11月19日。

● 法　律

1.《**商业银行法**》（2015 年 8 月 29 日）

第 5 条　商业银行与客户的业务往来，应当遵循平等、自愿、公平和诚实信用的原则。

第 7 条第 1 款　商业银行开展信贷业务，应当严格审查借款人的资信，实行担保，保障按期收回贷款。

第 35 条　商业银行贷款，应当对借款人的借款用途、偿还能力、还款方式等情况进行严格审查。

商业银行贷款，应当实行审贷分离、分级审批的制度。

第 36 条第 1 款　商业银行贷款，借款人应当提供担保。商业银行应当对保证人的偿还能力，抵押物、质物的权属和价值以及实现抵押权、质权的可行性进行严格审查。

● 行政法规及文件

2.《**个人存款账户实名制规定**》（2000 年 3 月 20 日）

第 5 条　本规定所称实名，是指符合法律、行政法规和国家有关规定的身份证件上使用的姓名。

下列身份证件为实名证件：

（一）居住在境内的中国公民，为居民身份证或者临时居民身份证；

（二）居住在境内的 16 周岁以下的中国公民，为户口簿；

（三）中国人民解放军军人，为军人身份证件；中国人民武装警察，为武装警察身份证件；

（四）香港、澳门居民，为港澳居民往来内地通行证；台湾居民，为台湾居民来往大陆通行证或者其他有效旅行证件；

（五）外国公民，为护照。

前款未作规定的，依照有关法律、行政法规和国家有关规定执行。

第 6 条 个人在金融机构开立个人存款账户时,应当出示本人身份证件,使用实名。

代理他人在金融机构开立个人存款账户的,代理人应当出示被代理人和代理人的身份证件。

第 7 条 在金融机构开立个人存款账户的,金融机构应当要求其出示本人身份证件,进行核对,并登记其身份证件上的姓名和号码。代理他人在金融机构开立个人存款账户的,金融机构应当要求其出示被代理人和代理人的身份证件,进行核对,并登记被代理人和代理人的身份证件上的姓名和号码。

不出示本人身份证件或者不使用本人身份证件上的姓名的,金融机构不得为其开立个人存款账户。

● 部门规章及文件

3.《金融机构反洗钱和反恐怖融资监督管理办法》(2021 年 4 月 15 日)

第 14 条 金融机构应当按照规定,结合内部控制制度和风险管理机制的相关要求,履行客户尽职调查、客户身份资料和交易记录保存、大额交易和可疑交易报告等义务。

4.《银行跨境业务反洗钱和反恐怖融资工作指引(试行)》(2021 年 1 月 19 日)

第 4 条 【管理环节】银行对跨境业务洗钱和恐怖融资风险的识别、评估、监测和控制工作,应贯穿整个跨境业务流程,包括客户背景调查、业务审核、持续监控、信息资料留存及报告等。

第 7 条 【尽职调查要求】银行应在为客户开立外汇账户或与客户建立跨境业务关系时,切实落实"了解你的客户"原则,严格按照反洗钱和反恐怖融资以及跨境业务管理相关要求,使用可靠的数据或信息、独立来源的证明文件对客户身份进行识别和核实,充分了解非自然人客户受益所有人等,确保客户具备从事相关业务的资格,以及客户身份信息的完整性、准确性和时效性。

第8条 【尽职调查信息】银行在办理跨境业务的准入和存续期间,应识别客户以下背景信息,包括但不限于:客户洗钱和恐怖融资风险等级、在相关监管部门和银行的违规记录、不良记录等;客户经营状况、股东或实际控制人、受益所有人、主要关联企业与交易对手、信用记录、财务指标、资金来源和用途、建立业务关系的意图和性质、交易意图及逻辑、涉外经营和跨境收支行为、是否为政治公众人物等。

第19条 【强化审查措施】银行应围绕真实性、合规性、合理性及审慎性开展尽职审查,形成对客户交易真实性与合规性风险的整体判断,并根据客户风险和业务风险等级采取与风险相称的尽职审查措施。对于低风险客户和低风险业务,银行可按照现行管理法规及内控制度规定,简化审查措施。对于高风险客户或高风险业务,或者存在异常或可疑情况的业务,银行应根据实际情况选择采取以下强化审查措施:

(一)要求客户提供或主动收集更多的直接证明材料;

(二)通过自行查证、银行系统内部共享信息、第三方查证等方法,查证客户提供的真实性证明材料是否真实、是否系伪造变造、是否被违规重复使用;

(三)通过联网核查公民身份信息系统、工商登记系统、征信系统、海外关联机构协查认证等方式,核实客户身份和背景信息;

(四)深入了解客户的背景信息,如法定代表人、实际控制人、受益所有人、生产经营情况、财务状况、行业状况、上下游合作伙伴、母公司和关联企业、业务历史记录、资信评级记录其他通过公共数据库或互联网渠道获取的信息;

(五)全面分析客户申请办理业务信息,如业务需求背景交易目的、交易性质、资金来源和用途、交易对手方、交易受益人；

（六）实地查访客户住所或单位所在地，机构客户注册地或实际办公地；

（七）通过代理银行或跨境业务上下游银行或机构，调查或查询客户与业务信息；

（八）其他审查措施。

第20条 【禁止性要求】银行不得以跨境业务竞争和发展需要为由降低尽职审查标准，也不得以资金风险较低而降低或免于尽职审查责任。

第21条 【未排除风险情形】经尽职审查无法排除风险或发现客户涉嫌违法违规行为的，银行应将其纳入高风险客户名单，并在一定时间内限制或拒绝为其办理某类或所有跨境业务。

5.《法人金融机构洗钱和恐怖融资风险自评估指引》（2021年1月15日）

第12条 法人金融机构应在分别评估不同地域、不同客户群体、不同产品业务、不同渠道固有风险的基础上，汇总得出机构地域、客户、产品业务、渠道四个维度的固有风险评估结果，最终得出对机构整体固有风险的判断。各层次评估应当包括对主要风险点的分析和总体风险的评价，并给出相应的风险评级，以便进行地域、客户群体、产品业务、渠道之间的横向对比和不同年度评估结果的纵向对比。

第15条 对法人金融机构整体洗钱风险管理机制有效性的评价，可以考虑以下因素：

......

（六）客户尽职调查与客户风险等级划分和调整工作的覆盖面、及时性和质量，客户身份资料获取、保存和更新的完整性、准确性、及时性，客户风险等级划分指标的合理性（包括考虑地域、产品业务、渠道风险的情况），对风险较高客户采取强化尽职调查和其他管控措施的机制；

......

第 24 条 法人金融机构收集自评估所需的各类信息，应当充分考虑内外部各方面来源，例如：

......

（四）本机构的客户群体规模信息、特征分析数据，各类金融产品业务和渠道的发展规模状况、结构分析数据，客户洗钱和恐怖融资风险等级划分以及产品业务洗钱风险评估结果等；

（五）本机构反洗钱和相关业务制度、工作机制，信息系统建设、运行情况，内部审计情况，必要时查找和了解具体客户、业务、交易或反洗钱工作信息作为例证；

......

6.《互联网金融从业机构反洗钱和反恐怖融资管理办法（试行）》（2018 年 9 月 29 日）

第 12 条 从业机构在与客户建立业务关系或者开展法律法规、规章、规范性文件和行业规则规定的特定类型交易时，应当履行以下客户身份识别程序：

（一）了解并采取合理措施获取客户与其建立业务关系或者进行交易的目的和意图。

（二）核对客户有效身份证件或者其他身份证明文件，或者按照法律法规、规章、规范性文件和行业规则要求客户提供资料并通过合法、安全、可信的渠道取得客户身份确认信息，识别客户、账户持有人及交易操作人员的身份。

（三）按照法律法规、规章、规范性文件和行业规则通过合法、安全且信息来源独立的外部渠道验证客户、账户持有人及交易操作人员的身份信息，并确保外部渠道反馈的验证信息与被验证信息之间具有一致性和唯一对应性。

（四）按照法律法规、规章、规范性文件和行业规则登记并保存客户、账户持有人及交易操作人员的身份基本信息。

（五）按照法律法规、规章、规范性文件和行业规则保存客户有效身份证件或者其他身份证明文件的影印件或者复印件，或者渠道反馈的客户身份确认信息。

7.《中国人民银行办公厅关于"三证合一"登记制度改革有关反洗钱工作管理事项的通知》（2016年4月22日）

一、客户有效身份证件和身份基本信息的核对、登记和留存是开展反洗钱工作的重要基础。金融机构为法人和其他组织办理业务或提供服务的，应当区分实行"三证合一"①的企业和农民专业合作社（以下统称企业），未纳入"三证合一"的个体工商户和机关、事业单位、社会团体等其他组织单位，勤勉尽责，遵循"了解你的客户"原则，按照规定开展客户身份识别、身份资料保存等工作，确保客户身份资料真实、完整和有效。

二、企业持新版营业执照（含加载统一社会信用代码营业执照、改革过渡期内使用的"一照一号"、"一照三号"营业执照）办理业务的，金融机构应当按照规定核对其新版营业执照，留存新版营业执照的复印件或影印件；持电子营业执照的，已配备电子营业执照识别机具的金融机构应当予以办理，并留存电子营业执照影印件。核对新版营业执照时，可通过当地工商行政管理部门，或登陆全国或地区企业信用信息公示系统查询以及实地查访等方式核实证照的真实性。

三、企业持新版营业执照办理业务的，金融机构应当完整登

---

① 根据《国务院办公厅关于加快推进"三证合一"登记制度改革的意见》（国办发〔2015〕50号），"三证合一"登记制度是指将企业登记时依次申请，分别由工商行政管理部门核发工商营业执照、质量技术监督部门核发组织机构代码证、税务部门核发税务登记证，改为一次申请、由工商行政管理部门核发一个营业执照的登记制度。

记身份基本信息,包括"一照一码"、"一照一号"或"一照三号"等信息。新版营业执照包含有效期的,应当登记有效期信息;未包含有效期的,应当以适当形式进行标识。业务关系存续期间,企业有效身份证件变更为新版营业执照的,金融机构应当采取措施建立以组织机构代码为基础的新旧证码的映射关系,确保新旧证照信息的关联性和客户交易信息的完整性。

四、金融机构应当在相关业务系统中设置有效身份证件有效期到期提示功能。发现企业有效身份证件,包括营业执照、组织机构代码证、税务登记证中任一证照过期的,应当提示其到当地工商行政管理部门换发新版营业执照。企业先前提交的有效身份证件已过有效期的,企业未在合理期限内更新且没有提出合理理由的,金融机构应当中止办理业务。

五、金融机构报送大额交易报告和可疑交易报告,如需填写统一社会信用代码,报告要素"客户身份证件/证明文件类型"可选择"其他",注明证照类型,填写相应的证照号码。

六、"三证合一"登记制度改革过渡期内,企业原发营业执照、组织机构代码证、税务登记证仍在有效期内的,金融机构仍应当按照《金融机构客户身份识别和客户身份资料及交易记录保存管理办法》(中国人民银行 中国银行业监督管理委员会 中国证券监督管理委员会 中国保险监督管理委员会令〔2007〕第 2 号发布)等相关规定执行。改革过渡期结束后,企业原发营业执照、组织机构代码证、税务登记证停止使用,金融机构应当提示企业及时更换新版营业执照,未在合理期限内更换且没有提出合理理由的,金融机构应当中止办理业务。

七、金融机构应当采取切实措施,落实"三证合一"登记制度改革要求,修订相关业务操作规程,升级完善相关业务系统。积极宣传"三证合一"登记制度改革,引导企业按时更换新版营业执照。

八、非银行支付机构、银行卡清算机构、资金清算中心等从事支付清算业务,以及从事汇兑业务、基金销售业务的机构开展客户身份识别、身份资料保存等工作参照适用本通知的有关规定。

九、人民银行各分支机构应当根据"三证合一"登记制度改革要求,监督指导金融机构按照规定开展客户身份识别、身份资料保存等工作。执行中如遇重要情况,请及时告知人民银行反洗钱局。

8.《保险机构洗钱和恐怖融资风险评估及客户分类管理指引》(2014年12月30日)

第4条第2款 本指引所确定的风险评估方法及指标体系同样可用于保险中介机构开展客户尽职调查工作。

第28条 保险机构应在洗钱风险评估和客户风险等级划分的基础上,酌情采取相应的风险控制措施。对风险水平较高的产品和风险较高的客户应采取强化的风险控制措施,包括但不限于:

(一)强化的和持续性的客户尽职调查。

1. 进一步调查客户及其实际控制人、实际受益人情况。

2. 进一步了解客户投保目的、收入状况及保险费资金来源。

3. 进一步分析客户的交易行为,审核投保人保险费支付能力是否与其经济状况相符合,要求客户提供财务证明文件。

4. 适度提高客户及其实际控制人、实际受益人信息的收集或更新频率。

……

第35条 本指引中"客户"是指投保人,鼓励保险机构将本指引的要求运用于被保险人、受益人、实际控制人、实际受益人等其他人员。

9.《金融机构洗钱和恐怖融资风险评估及客户分类管理指引》
(2013年1月5日)

第二章 风险评估指标体系

……

二、风险子项

(一)客户特性风险子项。

金融机构应综合考虑客户背景、社会经济活动特点、声誉、权威媒体披露信息以及非自然人客户的组织架构等各方面情况,衡量本机构对其开展客户尽职调查工作的难度,评估风险。风险子项包括但不限于:

1. 客户信息的公开程度。客户信息公开程度越高,金融机构客户尽职调查成本越低,风险越可控。例如,对国家机关、事业单位、国有企业以及在规范证券市场上市的公司开展尽职调查的成本相对较低,风险评级可相应调低。

2. 金融机构与客户建立或维持业务关系的渠道。渠道会对金融机构尽职调查工作的便利性、可靠性和准确性产生影响。例如,在客户直接与金融机构见面的情况下,金融机构更能全面了解客户,其尽职调查成果比来源于间接渠道的成果更为有效。不同类的间接渠道风险也不尽相同,例如,金融机构通过关联公司比通过中介机构更能便捷准确地取得客户尽职调查结果。

3. 客户所持身份证件或身份证明文件的种类。身份证件或身份证明文件越难以查验,客户身份越难以核实,风险程度就越高。

4. 反洗钱交易监测记录。金融机构对可疑交易报告进行回溯性审查,有助于了解客户的风险状况。在成本允许的情况下,金融机构还可对客户的大额交易进行回溯性审查。

5. 非自然人客户的股权或控制权结构。股权或控制权关系的复杂程度及其可辨识度,直接影响金融机构客户尽职调查的有效性。例如,个人独资企业、家族企业、合伙企业、存在隐名股东或匿名股东公司的尽职调查难度通常会高于一般公司。

6. 涉及客户的风险提示信息或权威媒体报道信息。金融机构如发现,客户曾被监管机构、执法机关或金融交易所提示予以关注,客户存在犯罪、金融违规、金融欺诈等方面的历史记录,或者客户涉及权威媒体的重要负面新闻报道评论的,可适当调高其风险评级。

7. 自然人客户年龄。年龄与民事行为能力有直接关联,与客户的财富状况、社会经济活动范围、风险偏好等有较高关联度。

8. 非自然人客户的存续时间。客户存续时间越长,关于其社会经济活动的记录可能越完整,越便于金融机构开展客户尽职调查。金融机构可将存续时间的长度作为衡量客户风险程度的参考因素。

……

10. 《中国人民银行关于加强贵金属交易场所反洗钱和反恐怖融资工作的通知》(2017 年 9 月 26 日)

二、交易场所、交易商应当积极履行反洗钱和反恐怖融资义务

……

(三)交易场所、交易商应当勤勉尽责,遵循"了解你的客户"原则,针对具有不同洗钱或者恐怖融资风险特征的客户、业务关系或者交易应当采取相应的客户身份识别措施,了解客户及其交易目的和交易性质,了解客户资金的来源和性质,了解实际控制客户的自然人和交易的实际受益人。

(四)交易场所、交易商识别客户身份时,应当核对客户的有效身份证件或者其他身份证明文件,登记客户身份基本信息,并留存有效身份证件或者其他身份证明文件的复印件或者影印件。

……

答记者问

11.《〈金融机构客户尽职调查和客户身份资料及交易记录保存管理办法〉答记者问》[①]（2022年1月26日）

为完善反洗钱监管机制，进一步提升我国洗钱和恐怖融资风险防范能力，中国人民银行、中国银行保险监督管理委员会、中国证券监督管理委员会日前联合印发《金融机构客户尽职调查和客户身份资料及交易记录保存管理办法》（以下简称《办法》），自2022年3月1日起施行。有关部门负责人就相关问题回答了记者提问。

一、《办法》出台的背景是什么？

党的十九届四中全会提出，坚持和完善中国特色社会主义制度，推进国家治理体系和治理能力现代化。《国务院办公厅关于完善反洗钱、反恐怖融资、反逃税监管体制机制的意见》对发挥反洗钱在推进国家治理体系和治理能力现代化、维护经济社会安全稳定等方面的作用提出了明确要求。随着国内金融业务发展创新、国际反洗钱标准不断变化，现行《金融机构客户身份识别和客户身份资料及交易记录保存管理办法》需要进一步完善，以发挥反洗钱在建设现代金融体系、扩大金融业双向开放等领域中的作用。

二、制定《办法》的意义是什么？

一是制定《办法》有利于顺应金融行业发展，提升我国洗钱和恐怖融资风险防范能力。近年来，随着金融产品和业务模式发生变化，金融行业反洗钱工作出现一些新挑战，为提升我国洗钱和恐怖融资风险防范能力，需要通过制定《办法》进一步完善反洗钱监管制度，加强反洗钱监管。二是制定《办法》有利于践行

[①] 参见中国人民银行网站，http://www.pbc.gov.cn/goutongjiaoliu/113456/113469/4460350/index.html，最后访问时间：2025年1月3日。

"风险为本"反洗钱理念,提升金融机构反洗钱工作水平。当前,金融机构客户尽职调查工作未充分体现"风险为本"理念,需要进一步强调基于风险的客户尽职调查措施,在防范利用金融体系从事洗钱等犯罪活动的基础上,提升金融服务效率。三是制定《办法》有利于接轨反洗钱国际标准。反洗钱国际评估认为我国需要进一步明确对金融机构客户尽职调查和客户身份资料及交易记录保存的相关要求,不断完善反洗钱监管制度。

三、《办法》修订的主要内容包括哪些?

(一)调整《办法》名称、体例及适用范围。

一是在规章名称及正文中使用"客户尽职调查"一词取代"客户身份识别";二是总则部分突出强调"风险为本"的基本原则;三是将第二章客户尽职调查分设"一般规定"和"其他规定"两节,分别明确客户尽职调查一般性要求,和特殊情形下尽职调查要求;四是完善并扩大《办法》的适用范围,增加非银行支付机构、理财公司以及各类新增的金融机构。

(二)将"风险为本"要求贯穿到《办法》中。

一是要求义务机构建立清晰的客户接纳政策;二是完善并强调持续尽职调查规定,要求将客户全生命周期管理融入持续尽职调查的要求中;三是增加关于强化尽职调查和简化尽职调查的要求,明确适用情形以及相应的措施;四是根据各金融行业的业务发展和风险状况,完善银行、证券、保险、非银行支付、信托、资产管理等行业的客户尽职调查要求。

(三)补充完善客户尽职调查的相关要求。

补充完善电汇、受益所有人识别、通过第三方开展尽职调查、代理行、高风险国家或地区、新技术(非面对面开展业务)、寿险受益人识别、客户尽职调查兜底要求以及核实身份的时机等相关要求。

● 案例指引

1. 中缅边境的暗流[①]

案例要旨：金融机构在为客户办理开户等业务时，应当核查客户身份，防止被洗钱分子利用。自2004年以来，缅甸籍毒犯钏某一直在缅甸木姐等地贩毒，并多次指使其妻子杨某（中国公民）和手下刘某（中国公民）帮其在中国境内银行开立假名账户，存取、划转大量贩毒所得资金，同时指使杨某和刘某以假名购买房产和汽车，涉及人民币700万元。2008年3月7日，当地人民法院对杨某、刘某涉毒洗钱案一审宣判：认定被告人杨某、刘某犯洗钱罪，依法判处杨某有期徒刑3年，缓刑4年；判处刘某有期徒刑2年，缓刑3年。

2. 宣某诉某证券公司证券交易代理合同纠纷案（人民法院案例库：2023-08-2-310-001）

裁判要旨：1. 根据我国《反洗钱法》的规定，金融机构应当建立健全客户身份识别、客户身份资料制度，履行反洗钱义务，对先前获得的客户身份资料的真实性、有效性或者完整性有疑问的，其应当重新识别客户身份。《金融机构客户身份识别和客户身份资料及交易记录保存管理办法》明确了金融机构自然人客户的身份基本信息包括职业和联系方式。2. 本案中，某证券公司有权依法开展客户身份信息核实工作，包括获知其电话号码和职业信息，客户亦应当依法予以配合。就需要核实的信息内容以及拒不配合的行为后果，某证券公司负有向客户提前告知的义务，对于年岁较长的客户，应以合理方式履行相应通知义务。本案中某证券公司告知客户的形式为在官网以及APP上发布公告，而在其公告的截止日期之前，宣某并未下载其APP，且在本案审理过程中，宣某明确表示并未收到或者知晓相应公告，故无法认定某证券公司首次对宣某账户采取限制措施之前，已履行对客户的告知义务，其在未告知宣某的情况下，

[①] 参见中国人民银行网站，http：//guiyang.pbc.gov.cn/guiyang/113337/114075/2270473/index.html，最后访问时间：2024年11月19日。

径行对宣某的账户采取限制措施有违双方合同约定。3. 2019 年 8 月 14 日，某证券公司解除宣某股票交易账户的限制措施，后工作人员远程指导宣某更新身份信息，此时可推定宣某已知晓客户身份核实需求及拒不提供的后果，其应向某证券公司提供相关信息。宣某未在当日向某证券公司提供相关信息，某证券公司根据《金融机构客户身份识别和客户身份资料及交易记录保存管理办法》的要求，对其账户采取限制措施符合金融机构操作的流程规范。4. 在本案一审审理过程中，某证券公司已获知客户的相应身份信息，已可完成信息核实工作，但对案涉账户的限制措施却仍延续实施数月，其行为再次违反合同约定，存在不当。故本案争议双方在合同履行过程中均存在违反合同约定的行为，考虑到案涉账户采取限制措施后对客户所能造成的损失以及宣某账户内的证券市值情况，结合直至二审中，某证券公司才对案涉账户解除限制措施的事实，酌情确定某证券公司应向宣某支付赔偿金 10000 元。

第二十九条　客户尽职调查的情形和内容

有下列情形之一的，金融机构应当开展客户尽职调查：

（一）与客户建立业务关系或者为客户提供规定金额以上的一次性金融服务；

（二）有合理理由怀疑客户及其交易涉嫌洗钱活动；

（三）对先前获得的客户身份资料的真实性、有效性、完整性存在疑问。

客户尽职调查包括识别并采取合理措施核实客户及其受益所有人身份，了解客户建立业务关系和交易的目的，涉及较高洗钱风险的，还应当了解相关资金来源和用途。

金融机构开展客户尽职调查，应当根据客户特征和交易活动的性质、风险状况进行，对于涉及较低洗钱风险的，金融机构应当根据情况简化客户尽职调查。

● 部门规章及文件

1. **《法人金融机构洗钱和恐怖融资风险自评估指引》**（2021 年 1 月 15 日）

  第 9 条 法人金融机构在评估客户群体的固有风险时，应当全面考虑本机构服务客户群体范围和结构，分别评估各主要客户群体固有风险。客户群体划分可结合本机构对客户管理的分类，如个人客户、公司客户、机构客户等，有条件的机构可按照行业（职业）或主要办理业务、建立业务关系方式等角度进一步聚焦洗钱风险突出的群体。同时，也应对具有高风险特征的客户群体进行评估，如政治公众人物客户、非居民客户。

  对各客户群体的固有风险评估可考虑以下因素：

  （一）客户数量、资产规模、交易金额及相应占比；

  （二）客户涉有权机关刑事查冻扣、涉人民银行调查的数量与比例；

  （三）客户身份信息完整、丰富程度和对客户交易背景、目的了解程度；

  （四）识别客户身份不同方式的分布，如当面核实身份、或采取可靠的技术手段核实身份、通过第三方机构识别身份的比例；

  （五）客户风险等级划分的分布结构；

  （六）非自然人客户的股权或控制权结构，存在同一控制人风险的情况；

  （七）客户来自较高风险国家或地区的情况；

  （八）客户办理高风险业务（如现金、跨境、高额价值转移等）的种类和相应的规模；

  （九）客户涉可疑交易报告的数量及不同管控措施的比例；

  （十）客户属于高风险行业或职业的数量、比例；

  （十一）该类型客户是否属于洗钱或上游犯罪高风险群体；

（十二）客户群体涉联合国定向金融制裁名单及其他人民银行要求关注的反洗钱和反恐怖融资监控名单，或其交易对手涉以上名单的比例。

2.《互联网金融从业机构反洗钱和反恐怖融资管理办法（试行）》（2018年9月29日）

第17条 从业机构发现或者有合理理由怀疑客户及其行为、客户的资金或者其他资产、客户的交易或者试图进行的交易与洗钱、恐怖融资等犯罪活动相关的，不论所涉资金金额或者资产价值大小，应当按本机构可疑交易报告内部操作规程确认为可疑交易后，及时提交可疑交易报告。

3.《中国人民银行办公厅关于进一步加强反洗钱和反恐怖融资工作的通知》（2018年7月23日）

二、加强洗钱或恐怖融资高风险领域的管理

……

（三）不得简化客户身份识别措施的情形。

义务机构怀疑客户涉嫌洗钱、恐怖融资等违法犯罪活动的，无论其交易金额大小，不得采取简化的客户身份识别措施，并应采取与其风险状况相称的管理措施。

4.《保险机构洗钱和恐怖融资风险评估及客户分类管理指引》（2014年12月30日）

第29条 保险机构可对低风险产品和低风险客户采取简化的客户尽职调查及其他风险控制措施，包括但不限于：

（一）在退保、理赔或给付环节再核实被保险人、受益人与投保人的关系。

（二）适当延长客户身份资料的更新周期。

（三）在合理的交易规模内，适当降低客户身份识别措施的频率或强度。

第三十条　持续的客户尽职调查与洗钱风险管理措施

在业务关系存续期间，金融机构应当持续关注并评估客户整体状况及交易情况，了解客户的洗钱风险。发现客户进行的交易与金融机构所掌握的客户身份、风险状况等不符的，应当进一步核实客户及其交易有关情况；对存在洗钱高风险情形的，必要时可以采取限制交易方式、金额或者频次，限制业务类型，拒绝办理业务，终止业务关系等洗钱风险管理措施。

金融机构采取洗钱风险管理措施，应当在其业务权限范围内按照有关管理规定的要求和程序进行，平衡好管理洗钱风险与优化金融服务的关系，不得采取与洗钱风险状况明显不相匹配的措施，保障与客户依法享有的医疗、社会保障、公用事业服务等相关的基本的、必需的金融服务。

● 法　律

1. 《银行业监督管理法》（2006年10月31日）

第23条　银行业监督管理机构应当对银行业金融机构的业务活动及其风险状况进行非现场监管，建立银行业金融机构监督管理信息系统，分析、评价银行业金融机构的风险状况。

第27条　国务院银行业监督管理机构应当建立银行业金融机构监督管理评级体系和风险预警机制，根据银行业金融机构的评级情况和风险状况，确定对其现场检查的频率、范围和需要采取的其他措施。

第28条　国务院银行业监督管理机构应当建立银行业突发事件的发现、报告岗位责任制度。

银行业监督管理机构发现可能引发系统性银行业风险、严重影响社会稳定的突发事件的，应当立即向国务院银行业监督管理机构负责人报告；国务院银行业监督管理机构负责人认为需要向国务院报告的，应当立即向国务院报告，并告知中国人民银行、国务院财政部门等有关部门。

● 部门规章及文件

2. 《证券期货业反洗钱工作实施办法》（2022年8月12日）

第12条 证券期货经营机构应当按照反洗钱法律法规的要求及时建立客户风险等级划分制度，并报当地证监会派出机构备案。在持续关注的基础上，应适时调整客户风险等级。

第13条 证券期货经营机构在为客户办理业务过程中，发现客户所提供的个人身份证件或机构资料涉嫌虚假记载的，应当拒绝办理；发现存在可疑之处的，应当要求客户补充提供个人身份证件或机构原件等足以证实其身份的相关证明材料，无法证实的，应当拒绝办理。

3. 《金融机构反洗钱和反恐怖融资监督管理办法》（2021年4月15日）

第8条 金融机构应当根据本机构经营规模和已识别出的洗钱和恐怖融资风险状况，经董事会或者高级管理层批准，制定相应的风险管理政策，并根据风险状况变化和控制措施执行情况及时调整。

金融机构应当将洗钱和恐怖融资风险管理纳入本机构全面风险管理体系，覆盖各项业务活动和管理流程；针对识别的较高风险情形，应当采取强化措施，管理和降低风险；针对识别的较低风险情形，可以采取简化措施；超出金融机构风险控制能力的，不得与客户建立业务关系或者进行交易，已经建立业务关系的，应当中止交易并考虑提交可疑交易报告，必要时终止业务关系。

4. 《银行跨境业务反洗钱和反恐怖融资工作指引（试行）》（2021年1月19日）

第9条 【风险等级分类管理】银行应按照现行反洗钱和反

恐怖融资法律法规，合理确定客户的洗钱和恐怖融资风险等级，根据风险状况采取相应的控制措施，并在持续关注的基础上实现对风险的动态追踪。

第10条 【未通过审核情形】客户有拒绝提供有效身份证件或者其他身份证明文件，提供虚假身份证明资料、经营资料或业务背景资料，开户理由不合理、开立业务与客户身份不相符等情形的，银行应拒绝受理其业务申请，并按反洗钱相关规定报告可疑行为。

第11条 【持续识别】在与客户的跨境业务关系存续期间，银行应按照现行反洗钱和反恐怖融资法律法规要求，持续识别和重新识别客户。

第17条 【识别参考因素】银行对各类跨境业务进行洗钱和恐怖融资风险识别时，应根据业务特点、业务开展区域和客户群体等实际情况，区分新业务和存量业务，综合考虑确定风险因素可参考客户声誉、客户类型或群体、交易渠道、交易特征、业务特点、业务开展区域等，包括但不限于：

（一）已被银行列入洗钱高风险分类，或被中国人民银行国家外汇管理局或其他监管部门纳入限制性分类管理目录或重点监管名单；

（二）因重大违规行为，近一年内被中国人民银行、国家外汇管理局或其他监管部门行政处罚、风险提示或通报；

（三）客户身份信息存在疑问、背景不明，或者无法获取足够信息对客户背景进行评估，如无正式固定办公经营场所、无准确联系方式、主营业务在异地的客户、身份信息存疑的新创建业务关系的客户等；

（四）新设立或新开户即开展大额频繁跨境交易，或长期睡眠账户突然出现大额频繁跨境交易，且无合理理由；

（五）跨境交易业务种类、跨境交易规模与客户资本实力、投资总额、生产经营规模、历史交易习惯显著不符；

（六）交易价格明显偏离市场价格正常范围，交易明显不符合常理或不具有商业合理性；

（七）交易资金来源或去向可疑，或交易主体、交易性质、目的、背景等信息异常；

（八）其他异常情形，如中国人民银行、国家外汇管理局发布的相关风险提示列示的情形等。

第18条　【持续监控要求】在与客户的跨境业务关系存续期间，银行应对客户和跨境业务准入后的后续交易及资金流向进行持续监测，确保当前交易、资金流向及用途符合跨境业务反洗钱和反恐怖融资管理要求，保持对客户及其业务、风险状况、资金来源等方面的持续了解。若发现重大异常情况，应按现行反洗钱和反恐怖融资法律法规采取有效控制措施。

5.《法人金融机构洗钱和恐怖融资风险自评估指引》（2021年1月15日）

第15条　对法人金融机构整体洗钱风险管理机制有效性的评价，可以考虑以下因素：

……

（二）机构洗钱风险管理政策制定情况，以及政策与所识别风险的匹配程度，如机构拓展业务范围，包括地域范围、业务范围、客户范围、渠道范围是否考虑相应的洗钱风险，并经过董事会、高级管理层或适当层级的审议决策；

……

第16条　对不同地域、客户群体、产品业务、渠道有特殊控制措施的，可以在评估时分别考虑以下因素：

（一）针对地域风险

1. 当地分支机构反洗钱合规管理部门设置与人员配备；

2. 当地分支机构执行总部反洗钱政策情况，内审和检查发现问题及整改情况；

3. 所在国或地区反洗钱监管要求与我国是否存在重要差异，是否有未满足当地监管要求或我国监管要求的情形；

4. 当地分支机构接受反洗钱监管检查、走访情况和后续整改工作；

5. 对涉当地线上客户、业务的管控措施；

6. 是否因洗钱风险而控制客户、业务规模，减缓或减少经营网点、限制或停止线上服务等。

（二）针对客户风险

对该客户群在建立业务管理、持续监测和退出环节的特殊管理措施，包括强化身份识别，交易额度、频次与渠道限制，提高审批层级等。

（三）针对产品业务风险

1. 在建立业务关系和后续使用过程中识别、核验客户身份的手段措施，可获取的客户身份（包括代办人）信息，了解客户交易性质、目的的程度；

2. 产品业务交易信息保存的全面性和透明度，可否便捷查询使用；

3. 是否纳入可疑交易监测和名单监测范围，或有强化监测情形；

4. 是否针对特定情形采取限制客户范围或交易金额、频率、渠道等措施。

（四）针对渠道风险

1. 渠道识别与核验客户身份的手段措施及准确性；

2. 渠道获取、保存和查询客户与交易信息的能力；

3. 与第三方机构、代理行之间客户尽职调查和反洗钱相关工作职责划分与监督情况；

4. 是否针对特定情形采取限制客户范围、产品业务种类、交易金额或频率等措施。

在评估过程中，可采取映射方式反映同一控制措施与不同固有风险之间的对应关系，实现对不同维度控制措施有效性和剩余风险的差别化评估。

第17条 法人金融机构应在综合考虑反洗钱内部控制基础与环境、洗钱风险管理机制有效性和特殊控制措施基础上，得出对不同地域、客户群体、产品业务、渠道的风险控制措施有效性评级，再汇总得出地域、客户、产品业务、渠道四个维度的风险控制措施有效性评价和评级，最终得出对机构整体控制措施有效性的判断。

第18条 法人金融机构应在整体固有风险评级基础上，考虑整体控制措施有效性，得出经反洗钱控制后的机构整体剩余风险评级。同时，对于地域、客户群体、产品业务、渠道维度及细分类别，也应在考虑固有风险与包括特殊控制措施在内的整体控制措施有效性的基础上，得出相应类别的剩余风险评级。

第19条 法人金融机构应当合理划分固有风险、控制措施有效性以及剩余风险的等级。风险等级原则上应分为五级或更高。机构规模较小、业务类型单一的机构可简化至不少于三级。规模越大、结构越复杂的机构，其设定的风险等级应当越详细。

第20条 法人金融机构可以通过固有风险与控制措施有效性二维矩阵方式（见下表，以固有风险和控制措施有效性均分为五级为例）对照计量机构整体及不同维度的剩余风险等级，或根据自身的实际情况确定依据固有风险和控制措施有效性情况计量剩余风险的方法。

矩阵对照计量剩余风险方法

控制措施有效性 固有风险	非常有效	较有效	一般有效	低效
高风险	中风险	中高风险	中高风险	高风险
较高风险	中风险	中风险	中高风险	中高风险
中风险	中低风险	中风险	中风险	中高风险
较低风险	中低风险	中低风险	中低风险	中风险
低风险	低风险	中低风险	中低风险	中风险

第27条 法人金融机构应当以自评估报告和结论为基础，制定或持续调整、完善经高级管理层批准的洗钱风险管理政策、控制措施和程序，并关注控制措施的执行情况。

针对自评估发现的高风险或较高风险情形，或原有控制措施有效性存在不足时，应当采取以下一项或多项强化风险管理措施：

（一）根据洗钱风险自评估结论，确定反洗钱工作所需的资源配置和优先顺序，必要时调整经营策略，确保与风险管理相适应；

（二）根据评估发现的控制措施薄弱环节，加强内控制度建设、工作流程优化、完善工作机制，严格内部检查和审计；

（三）针对评估发现的高风险客户类型进行优先处理，采取从严的客户接纳政策或强化的尽职调查，提高对其信息更新的频率，或加强对其的交易监测和限制；

（四）针对评估发现的高风险业务类型采取强化控制措施，在业务准入、交易频率、交易金额等方面设置限制；

（五）调整和优化交易监测指标与名单监控，对评估发现的高风险业务活动，进行更频繁深入的审查；

（六）针对评估发现的问题，进行风险提示；

（七）强化信息系统功能建设，支持洗钱风险管理的需要；

（八）其他能够有效控制风险的措施。

法人金融机构制定的改进措施不改变当次洗钱风险自评估结论，其执行效果应在后续评估中予以考虑。

第29条 法人金融机构应当动态、持续关注风险变化情况，及时更新完善本机构的自评估指标及方法，特别是在机构可疑交易监测分析结果或接受外部协查情况与评估结果出现明显偏差时，应及时分析原因并调整风险评估方法或改进可疑交易监测模型等措施。

第31条第1款和第2款 在两次自评估间期，法人金融机构应在拟作出以下调整或变化时，参照本指引第二章相关内容，对相应的地域、客户群体、产品业务、渠道或控制措施开展专项评估，并考虑其对机构整体风险的影响：

（一）在新的境外国家或地区开设分支机构或附属机构；

（二）面向新的客户群体提供产品业务或服务；

（三）开发新的产品业务类型，或在产品业务（包括已有产品业务和新产品新业务）中应用可能对洗钱风险产生重大影响的新技术；

（四）采用新的渠道类型与客户建立业务关系或提供服务；

（五）对洗钱风险管理的流程、方式、内部控制制度或信息系统等作出重要变更。

专项评估应由负责管理相应变化因素的部门与反洗钱工作牵头部门共同开展，于调整或变化实现前完成评估，并根据结果完善或强化洗钱风险控制措施，确保剩余风险水平处于机构洗钱风险接纳或管理能力范围内。法人金融机构应对调整后可能的客户、业务、交易等情况作出合理估计，并在评估后持续监测以上调整或变化实际发生后的风险状况，在6至12个月的期间内根据最新的客户、业务、交易等情况更新专项评估结果。

第33条 在法人金融机构洗钱风险自评估及相关工作符合本指引前述要求的情况下，对于评估发现的低风险情形，可以采取适当的简化措施。但发现涉嫌洗钱和恐怖融资活动时，不得采取简化措施。

6.《银行业金融机构反洗钱和反恐怖融资管理办法》（2019年1月29日）

第6条 银行业金融机构应当将洗钱和恐怖融资风险管理纳入全面风险管理体系，将反洗钱和反恐怖融资要求嵌入合规管理、内部控制制度，确保洗钱和恐怖融资风险管理体系能够全面覆盖各项产品及服务。

第10条 银行业金融机构的高级管理层应当承担洗钱和恐怖融资风险管理的实施责任。

银行业金融机构应当任命或者授权一名高级管理人员牵头负责洗钱和恐怖融资风险管理工作，其有权独立开展工作。银行业金融机构应当确保其能够充分获取履职所需的权限和资源，避免可能影响其履职的利益冲突。

第17条 银行业金融机构应当按照客户特点或者账户属性，以客户为单位合理确定洗钱和恐怖融资风险等级，根据风险状况采取相应的控制措施，并在持续关注的基础上适时调整风险等级。

第43条 银行业金融机构开展新业务需要经银行业监督管理机构批准的，应当提交新业务的洗钱和恐怖融资风险评估报告。银行业监督管理机构在进行业务准入时，应当对新业务的洗钱和恐怖融资风险评估情况进行审核。

7.《互联网金融从业机构反洗钱和反恐怖融资管理办法（试行）》（2018年9月29日）

第10条第6款 从业机构不得为身份不明或者拒绝身份查验的客户提供服务或者与其进行交易，不得为客户开立匿名账户或者假名账户，不得与明显具有非法目的的客户建立业务关系。

第 18 条　从业机构应当按照中国人民银行、国务院有关金融监督管理机构的要求和行业规则，建立交易监测标准和客户行为监测方案，定期或者在发生特定风险时评估交易监测标准和客户行为监测方案的有效性，并及时予以完善。

从业机构应当按照法律法规、规章、规范性文件和行业规则，结合对相关联的客户、账户持有人、交易操作人员的身份识别情况，对通过交易监测标准筛选出的交易进行分析判断，记录分析过程；不作为可疑交易报告的，应当记录分析排除的合理理由；确认为可疑交易的，应当在可疑交易报告理由中完整记录对客户身份特征、交易特征或者行为特征的分析过程。

8.《中国人民银行办公厅关于进一步加强反洗钱和反恐怖融资工作的通知》（2018 年 7 月 23 日）

二、加强洗钱或恐怖融资高风险领域的管理

（一）高风险领域的客户身份识别和交易监测要求。

在洗钱和恐怖融资风险较高的领域，义务机构应当采取与风险相称的客户身份识别和交易监测措施，包括但不限于：

1. 进一步获取客户及其受益所有人身份信息，适度提高客户及其受益所有人信息的收集或更新频率。

2. 进一步获取业务关系目的和性质的相关信息，深入了解客户经营活动状况、财产或资金来源。

3. 进一步调查客户交易及其背景情况，询问交易目的，核实交易动机。

4. 适度提高交易监测的频率及强度。

5. 按照法律规定或与客户的事先约定，对客户的交易方式、交易规模、交易频率等实施合理限制。

6. 合理限制客户通过非面对面方式办理业务的金额、次数和业务类型。

7. 与客户建立、维持业务关系，或为客户办理业务，需经高级管理层批准或授权。

……

三、加强跨境汇款业务的风险防控和管理

（一）办理跨境汇出汇款的风险防控和管理要求。

办理跨境汇出汇款时，义务机构应当获取和登记汇款人姓名或名称、账号、住所，以及收款人的姓名或名称、账号。汇款人没有在本机构开户的或本机构无法登记收款人账号的，义务机构应当将唯一交易识别码作为汇款人或收款人账号进行登记，确保该笔交易可跟踪稽核。其中，唯一交易识别码是指由字母、数字或符号组成的号码，与用于汇款的支付清算系统或报文系统协议相一致。

对于单笔人民币 1 万元或外币等值 1000 美元以上的跨境汇出汇款，义务机构还应当登记汇款人的有效身份证件或其他身份证明文件的号码，并通过核对或查看已留存的客户有效身份证件、其他身份证明文件等措施核实汇款人信息，确保信息的准确性。如怀疑客户涉嫌洗钱、恐怖融资等违法犯罪活动的，无论交易金额大小，义务机构应当核实汇款人信息。

义务机构应当将汇款人和收款人的姓名或名称、账号或唯一交易识别码完整传递给接收汇款的机构。

（二）义务机构作为跨境汇款业务中间机构的风险防控和管理要求。

义务机构作为跨境汇款业务的中间机构时，应当完整传递汇款人和收款人的所有信息，采取合理措施识别是否缺少汇款人和收款人必要信息，并依据风险为本的政策和程序，明确执行、拒绝或暂停上述汇款业务的适用情形及相应的后续处理措施。

（三）办理跨境汇入汇款的风险防控和管理要求。

办理跨境汇入汇款时，义务机构应当获取收款人姓名或名称、账号或唯一交易识别码等信息，采取实时监测或事后监测等合理措施，识别是否缺少汇款人或收款人必要信息，并依据风险为本的政策和程序，明确执行、拒绝或暂停上述跨境汇款业务的适用情形及相应的后续处理措施。

对于单笔人民币1万元或外币等值1000美元以上的跨境汇入汇款，义务机构应当通过核对或查看已留存的客户有效身份证件或其他身份证明文件等措施核实收款人身份，并根据风险状况采取相应的其他客户身份识别措施。

（四）其他要求。

……

4. 办理跨境汇出汇款的义务机构，如不能遵从上述要求的，则不得为客户办理汇款业务。

四、加强预付卡代理销售机构的风险管理

非银行支付机构委托销售合作机构代理销售预付卡时，应当在委托代理协议中明确双方的反洗钱和反恐怖融资职责，将销售合作机构纳入自身的反洗钱和反恐怖融资体系，对销售合作机构遵守反洗钱和反恐怖融资义务的情况进行监督。非银行支付机构应当按照安全、准确、完整的原则，保存销售合作机构的名录，登记其姓名或名称、有效身份证件或其他身份证明文件的种类和号码、地址，并按照规定及时向监管机构、执法机构等部门报送。

9.《社会组织反洗钱和反恐怖融资管理办法》（2017年11月17日）

第16条　中国人民银行及其分支机构会同民政部门定期评估社会组织洗钱和恐怖融资风险，并根据风险评估结果采取相应的风险管理措施。

10.《中国人民银行关于加强反洗钱客户身份识别有关工作的通知》（2017年10月20日）

三、加强特定业务关系中客户的身份识别措施

……

（二）义务机构采取有效措施仍无法进行客户身份识别的，或者经过评估超过本机构风险管理能力的，不得与客户建立业务关系或者进行交易；已建立业务关系的，应当中止交易并考虑提交可疑交易报告，必要时可终止业务关系。

义务机构怀疑交易与洗钱或者恐怖融资有关，但重新或者持续识别客户身份将无法避免泄密时，可以终止身份识别措施，并提交可疑交易报告。

……

11.《保险机构洗钱和恐怖融资风险评估及客户分类管理指引》（2014年12月30日）

第6条 洗钱内部风险评估重点考察产品风险以及与保险业务直接相关的操作风险，包括产品属性、业务流程、系统控制等要素。保险机构可结合自身情况，合理设定各风险要素的子项。

保险机构还可就本机构反洗钱内控机制的健全性、产品风险识别有效性、合规风险管理架构完整性以及损害自我修复能力做出整体评价。

第7条 产品属性要素主要考察产品本身被用于洗钱的可能性，保险机构应综合考察各子项的影响，考察范围包括但不限于：

（一）与投资的关联程度。保险产品特别是投资性理财产品，与投资的关联程度越高，越容易受到洗钱分子的关注，其相应的洗钱风险越高。

（二）每单平均保费金额。一般来说，保险产品每单平均保费金额越高，洗钱风险相对越大。

（三）现金价值大小。在相同保险期间内，保单现金价值比率越高，其洗钱风险相对越大，如高现金价值产品。

（四）保单质押变现能力。保单质押变现能力越高，其洗钱风险相对越大。

（五）保险责任满足难易程度。理赔或给付条件较难满足，或者退保损失较大的产品，洗钱风险相对较小；反之，被用于洗钱的风险相对较大。

（六）能否任意追加保费。在保险期间内，可任意超额追加保费、资金可在风险保障账户和投资账户间自由调配的产品，洗钱风险相对较大；相反，不可任意追加保费和跨账户调配资金的产品，洗钱风险相对较小。

（七）历史退保比例和退保金额。退保量较大、退保比例较高的保险产品，洗钱的风险相对较大。

（八）是否存在涉外交易。存在涉外交易的产品，跨境开展客户尽职调查难度大，不同国家（地区）的监管差异也可能导致反洗钱监控漏洞产生，易于被洗钱分子利用，存在较大的洗钱风险。

人身保险产品应考察上述全部风险因子，财产保险产品可选择部分风险因子进行考察。

第8条　业务流程要素主要考察承保、保全、理赔等环节设计是否合理，能否有效防范洗钱风险，考察范围包括但不限于：

（一）客户身份核实是否有效，尽职调查措施是否合理。

（二）财产保险承保前是否核验保险标的，人身保险是否有生存调查。

（三）人身保险是否有最高保额限制。

（四）保险费收取方式是否包括现金，是否有限额。

（五）是否限制第三方账户支付保费。

（六）是否核实投保人申请退保或是变更投保人、受益人、证件号码、银行账号的原因。

（七）是否限定保单质押贷款申请人为投保人本人，贷款账户为原投保账户。

（八）是否限制退保至第三方账户。

（九）是否限制现金支付退保金、保险金、保单贷款。

（十）赔偿或给付保险金前是否开展调查或查勘定损。

（十一）快速理赔或给付政策是否存在漏洞。

（十二）资金支付至境外是否有特别规定。

第9条　系统控制要素主要考察核心业务系统能否实现设定的反洗钱功能，考察范围包括但不限于：

（一）业务系统关于客户和保单的要素设置是否完善，客户身份信息留存是否符合监管要求。

（二）业务系统对资金来源与流向的管控措施是否完善，是否留存反映资金收付的银行账户信息。

（三）业务系统对资金支付人与接收人的管控措施是否完善。

（四）业务系统中的保单、批单信息是否可以全面展示交易过程。

（五）高风险客户或高风险国家或地区的风险预警提示是否健全。

（六）业务系统黑名单种类和管控措施是否完善。

（七）风险信息是否能够在业务部门和反洗钱部门之间有效传递、集中和共享。

第10条　洗钱外部风险要素包括客户风险、地域风险、业务风险、行业（含职业）风险等项目，保险机构可结合自身情况，合理设定各风险要素的子项。

第11条　保险机构应综合考虑客户背景、社会经济活动特点等各方面情况，衡量本机构对其开展客户尽职调查工作的难度，评估客户风险。客户风险子项包括但不限于：

（一）客户信息的公开程度。

（二）客户所持身份证件或身份证明文件的种类。

（三）自然人客户财务状况、资金来源、年龄。

（四）非自然人客户的股权或控制权结构、存续时间。

（五）反洗钱交易监测记录。

（六）涉及客户的风险提示信息或权威媒体报道信息。

第12条　保险机构应当衡量客户的国籍、注册地、住所、经常居住地、经营所在地与洗钱、恐怖活动及其他犯罪活动的关联度，评估其地域风险。地域风险子项包括但不限于涉及中国人民银行和国家其他有权部门的反洗钱监控要求或风险提示，或是其他国家（地区）和国际组织推行且得到我国承认的反洗钱监控和制裁要求的国家或地区的风险状况：

（一）某国（地区）受反洗钱监控或制裁的情况。

（二）对某国（地区）进行洗钱风险提示的情况。

（三）某国（地区）的上游犯罪状况。

（四）国内特殊地域的金融监管风险。

第13条　保险机构应当考虑业务方式所固有的洗钱风险并关注客户的异常交易行为，结合当前市场的具体运行状况，综合分析业务风险。业务风险子项包括但不限于：

（一）代理交易。代理交易是保险行业的突出特点。在人身险领域，保险机构获得的客户信息高度依赖代理人，某些情形下保险机构难以直接与客户接触，尽职调查有效性受到限制。在财产险领域，条款费率的确定依赖于保险标的的特性和风险状况，保险机构一般还会对保险标的做进一步核实，故渠道因素导致的洗钱风险相对较小。为追求收入，部分中介机构在明知客户可能洗钱的情况下并不报告甚至帮助掩饰，部分中介机构与客户还可能存在隐性关系。另外，客户还会委托他人代办保险业务。保险机构应根据自身代理渠道的特点，区分不同类型代理渠道的风险大小，重点关注风险较高的情形，例如：

1. 同一家代理机构代理多家保险公司产品，对客户投保情况披露不充分。

2. 代理机构拒绝在代理协议中写入反洗钱条款，或者代为履行客户身份识别义务不主动，提供的客户信息不真实、不完整。

3. 多个不相关的个险客户预留电话为同一号码或紧急联系人为同一人，电话回访发现预留电话非客户本人且无法联系到客户本人等异常情况。

4. 代刷卡行为。代理人为促使保险合同的早日达成，某些情况下会采用先行代投保人刷卡垫付保费，合同成立后由投保人支付保费至代理人的方式。这种行为使得保险机构无法掌握保费的真正来源及交易方式，蕴含一定的洗钱风险。

5. 对客户委托他人代办保险业务的，重点关注该代理人是否经常代理他人办理保险业务、代办的业务是否多次涉及可疑交易报告等情形。

（二）非面对面交易。非面对面交易方式（如电销、网销）使客户无需与工作人员直接接触即可办理业务，增加了保险机构开展客户尽职调查的难度，洗钱风险相应上升。保险机构在设计该类保险产品时，可对保险金额进行累积限制，销售时重点关注投保人投保频率、退保频率过高，多个电销客户使用同一联系方式等情况，并对超过一定金额或存在可疑情形的客户采取强化的尽职调查方式。

（三）异常交易或行为。当客户出现某些异常交易或行为时，保险机构应当仔细核实客户身份，必要时提高其风险等级。例如：

1. 短期内在一家或多家保险机构频繁投保、退保、拆单投保且不能合理解释。

2. 趸缴大额保费或保费明显超过投保人的收入或资产状况。

3. 购买的保险产品与其表述的需求明显不符，经金融机构及其工作人员解释后，仍坚持购买的。

4. 异常关注保险公司的审计、核保、理赔、给付、退保规定，而不关注保险产品的保障功能和投资收益。

5. 拒绝提供或者提供的有关投保人、被保险人和受益人的姓名（名称）、职业（行业）、住所、联系方式或者财务状况等信息不真实。

6. 财产保险投保人虚构保险标的投保。

7. 无合理原因，坚持要求以现金方式缴付较大金额的保费。

8. 通过第三人支付保费，不能合理解释第三人与投保人、被保险人和受益人关系。

9. 多交保费并随即要求返还超额部分。保险机构在下述情况下应特别提高警觉：（1）多交的保费金额较大；（2）多交的保费来源于第三方或要求把多交的保费退还给第三方；（3）客户身处或来自洗钱高风险国家或地区；（4）多交保费所涉及的金额或频密程度很可疑；（5）法人业务刚刚投保不久就办理减人或减额退保，且退保金转入非缴费账户；（6）客户多交保费的行为与其恶化的资产状况或经营状况不符。

10. 投保后短期内申请退保，特别是要求将退保资金转入第三方账户或非缴费账户。

11. 财产险重复投保后申请全额退保。

12. 投保后频繁办理保单质押贷款，或以保险单为抵押品向其他机构借款。

13. 没有合理原因，投保人坚持要求用现金赔偿、给付保险金、退还保险费和保单现金价值以及支付其他资金数额较大的保险业务。

14. 客户要求将赔偿金、保险金和保单现金价值支付至被保险人、受益人以外的第三方。

15. 客户要求将赔偿金、保险金、退还的保险费和保单现金价值支付到洗钱高风险国家和地区。

保险机构自建异常交易监测指标的，可按照自建指标执行。

12.《中国人民银行关于金融机构在跨境业务合作中加强反洗钱工作的通知》（2012年8月19日）

一、金融机构在与境外金融机构建立代理行或者类似业务关系时，应当严格按照《金融机构客户身份识别和客户身份资料及交易记录保存管理办法》（中国人民银行 中国银行业监督管理委员会 中国证券监督管理委员会 中国保险监督管理委员会令（2007）第2号发布，以下简称《身份识别办法》）第六条①的规定，充分收集有关境外金融机构业务、声誉、内部控制、接受监管等方面的信息，评估境外金融机构接受反洗钱监管的情况及其反洗钱、反恐怖融资（以下统称反洗钱）措施的健全性和有效性，以决定是否与境外金融机构建立代理行关系或开展其他形式的业务合作。

对于在注册地无实质性经营管理活动、没有受到良好监管的外国金融机构，金融机构不得为其开立代理行账户或与其发展可能危及自身声誉的其他业务关系。

二、金融机构应按照《身份识别办法》第十八条②的规定，对与本金融机构存在业务合作关系的境外金融机构逐一确定风险

---

① 《金融机构客户身份识别和客户身份资料及交易记录保存管理办法》第六条规定："金融机构与境外金融机构建立代理行或者类似业务关系时，应当充分收集有关境外金融机构业务、声誉、内部控制、接受监管等方面的信息，评估境外金融机构接受反洗钱监管的情况和反洗钱、反恐怖融资措施的健全性和有效性，以书面方式明确本金融机构与境外金融机构在客户身份识别、客户身份资料和交易记录保存方面的职责。金融机构与境外金融机构建立代理行或者类似业务关系应当经董事会或者其他高级管理层的批准。"

② 《金融机构客户身份识别和客户身份资料及交易记录保存管理办法》第十八条规定："金融机构应按照客户的特点或者账户的属性，并考虑地域、业务、行业、客户是否为外国政要等因素，划分风险等级，并在持续关注的基础上，适时调整风险等级。在同等条件下，来自于反洗钱、反恐怖融资监管薄弱国家（地区）客户的风险等级应高于来自于其他国家（地区）的客户。金融机构应当根据客户或者账户的风险等级，定期审核本金融机构保存的客户基本信息，对风险等级较高客户或者账户的审核应严于对风险等级较低客户或者账户的审核。对本金融机构风险等级最高的客户或者账户，至少每半年进行一次审核。金融机构的风险划分标准应报送中国人民银行。"

等级，采取与其风险状况相当的风险控制措施。

对于风险等级较高的境外金融机构，金融机构不仅要按照《身份识别办法》第六条的规定以书面方式明确本金融机构与境外金融机构在客户身份识别、客户身份资料和交易记录保存方面的职责，而且应当明确约定本金融机构出于执行我国反洗钱法律规定、遵循国际反洗钱监管惯例、自主控制洗钱以及恐怖融资风险（以下统称洗钱风险）等方面的需要，可对境外金融机构采取必要的洗钱风险控制措施。

七、金融机构发现与自己存在业务联系的境外金融机构出现洗钱问题时，应及时向高级管理层报告，并采取妥善措施予以应对。

如果金融机构或其境外分支机构出现重大洗钱风险、涉及国际重要媒体有关洗钱事件的报道时，金融机构应当及时向董事会（或下设专业委员会）、高级管理层和人民银行及其分支机构报告，并采取有效的风险防范措施，防止事态恶化。

13. 《中国人民银行关于加强跨境汇款业务反洗钱工作的通知》（2012年8月12日）

三、防范境外反洗钱监管风险

鉴于跨境汇款业务的特殊性，金融机构不仅应严格遵守国内反洗钱规定，而且应认真研究反洗钱国际通行标准中有关电汇透明度、反扩散融资、执行联合国定向金融制裁等方面的监管要求，关注欧美等发达国家反洗钱监管政策走向，采取应对策略，有效控制风险。

14. 《中国人民银行关于加强金融从业人员反洗钱履职管理及相关反洗钱内控建设的通知》（2012年7月18日）

一、金融机构应科学评估洗钱风险（含恐怖融资风险，下同）与市场风险、操作风险等其他风险的关联性，确保各项风险管理政策协调一致，反洗钱是金融机构的全员性义务，金融机构要明晰各条线（部门）和各类人员的反洗钱职责，特别是要积极发挥业务条线（部门）在了解客户方面的基础性作用，避免反洗钱工作职责空洞化。

二、反洗钱风险控制体系要全面覆盖各项金融产品或金融服务。金融机构应从全流程管理的角度对各项金融业务进行系统性的洗钱风险评估，并按照风险为本的原则，强化风险较高领域的反洗钱合规管理措施，防范金融从业人员的专业知识和专业技能被不法分子所利用。金融机构在研发创新型金融产品过程中，应进行洗钱风险评估，并书面记录风险评估情况。

15. 《关于报送保险业反洗钱工作信息的通知》（2011年12月14日）

五、相关要求

……

（二）各公司应当将反洗钱信息报告与洗钱风险监测有机结合，定期分析本系统各业务种类、各销售渠道的洗钱风险，研究洗钱行为特点和变化规律，有针对性地完善反洗钱内控机制，防范化解风险。

……

16. 《保险业反洗钱工作管理办法》（2011年9月13日）

第17条 保险公司、保险资产管理公司应当按照客户特点或者账户属性，划分风险等级，并在持续关注的基础上，适时调整风险等级。

17. 《金融机构客户身份识别和客户身份资料及交易记录保存管理办法》（2007年6月21日）

第18条第2款和第3款 金融机构应当根据客户或者账户的风险等级，定期审核本金融机构保存的客户基本信息，对风险等级较高客户或者账户的审核应严于对风险等级较低客户或者账户的审核。对本金融机构风险等级最高的客户或者账户，至少每半年进行一次审核。

金融机构的风险划分标准应报送中国人民银行。

第 19 条　在与客户的业务关系存续期间，金融机构应当采取持续的客户身份识别措施，关注客户及其日常经营活动、金融交易情况，及时提示客户更新资料信息。

对于高风险客户或者高风险账户持有人，金融机构应当了解其资金来源、资金用途、经济状况或者经营状况等信息，加强对其金融交易活动的监测分析。客户为外国政要的，金融机构应采取合理措施了解其资金来源和用途。

客户先前提交的身份证件或者身份证明文件已过有效期的，客户没有在合理期限内更新且没有提出合理理由的，金融机构应中止为客户办理业务。

18.《金融机构大额交易和可疑交易报告管理办法》（2018 年 7 月 26 日）

第 12 条　金融机构应当制定本机构的交易监测标准，并对其有效性负责。交易监测标准包括并不限于客户的身份、行为，交易的资金来源、金额、频率、流向、性质等存在异常的情形，并应当参考以下因素：

（一）中国人民银行及其分支机构发布的反洗钱、反恐怖融资规定及指引、风险提示、洗钱类型分析报告和风险评估报告。

（二）公安机关、司法机关发布的犯罪形势分析、风险提示、犯罪类型报告和工作报告。

（三）本机构的资产规模、地域分布、业务特点、客户群体、交易特征，洗钱和恐怖融资风险评估结论。

（四）中国人民银行及其分支机构出具的反洗钱监管意见。

（五）中国人民银行要求关注的其他因素。

第 21 条　金融机构应当建立健全大额交易和可疑交易监测系统，以客户为基本单位开展资金交易的监测分析，全面、完整、准确地采集各业务系统的客户身份信息和交易信息，保障大额交易和可疑交易监测分析的数据需求。

19.《金融机构洗钱和恐怖融资风险评估及客户分类管理指引》
(2013年1月5日)

第二章 风险评估指标体系

一、指标体系概述

洗钱风险评估指标体系包括客户特性、地域、业务(含金融产品、金融服务)、行业(含职业)四类基本要素。金融机构应结合行业特点、业务类型、经营规模、客户范围等实际情况,分解出某一基本要素所蕴含的风险子项。金融机构可根据实际需要,合理增加新的风险评估指标。例如,金融机构可区分新客户和既有客户、自然人客户和非自然人客户等不同群体的风险状况,设置差异化的风险评级标准。

二、风险子项

(一)客户特性风险子项。

金融机构应综合考虑客户背景、社会经济活动特点、声誉、权威媒体披露信息以及非自然人客户的组织架构等各方面情况,衡量本机构对其开展客户尽职调查工作的难度,评估风险。风险子项包括但不限于:

1. 客户信息的公开程度。客户信息公开程度越高,金融机构客户尽职调查成本越低,风险越可控。例如,对国家机关、事业单位、国有企业以及在规范证券市场上市的公司开展尽职调查的成本相对较低,风险评级可相应调低。

2. 金融机构与客户建立或维持业务关系的渠道。渠道会对金融机构尽职调查工作的便利性、可靠性和准确性产生影响。例如,在客户直接与金融机构见面的情况下,金融机构更能全面了解客户,其尽职调查成果比来源于间接渠道的成果更为有效。不同类的间接渠道风险也不尽相同,例如,金融机构通过关联公司比通过中介机构更能便捷准确地取得客户尽职调查结果。

3. 客户所持身份证件或身份证明文件的种类。身份证件或身份证明文件越难以查验,客户身份越难以核实,风险程度就越高。

4. 反洗钱交易监测记录。金融机构对可疑交易报告进行回溯性审查,有助于了解客户的风险状况。在成本允许的情况下,金融机构还可对客户的大额交易进行回溯性审查。

5. 非自然人客户的股权或控制权结构。股权或控制权关系的复杂程度及其可辨识度,直接影响金融机构客户尽职调查的有效性。例如,个人独资企业、家族企业、合伙企业、存在隐名股东或匿名股东公司的尽职调查难度通常会高于一般公司。

6. 涉及客户的风险提示信息或权威媒体报道信息。金融机构如发现,客户曾被监管机构、执法机关或金融交易所提示予以关注,客户存在犯罪、金融违规、金融欺诈等方面的历史记录,或者客户涉及权威媒体的重要负面新闻报道评论的,可适当调高其风险评级。

7. 自然人客户年龄。年龄与民事行为能力有直接关联,与客户的财富状况、社会经济活动范围、风险偏好等有较高关联度。

8. 非自然人客户的存续时间。客户存续时间越长,关于其社会经济活动的记录可能越完整,越便于金融机构开展客户尽职调查。金融机构可将存续时间的长度作为衡量客户风险程度的参考因素。

(二)地域风险子项。

金融机构应衡量客户及其实际受益人、实际控制人的国籍、注册地、住所、经营所在地与洗钱及其他犯罪活动的关联度,并适当考虑客户主要交易对手方及境外参与交易金融机构的地域风险传导问题。风险子项包括但不限于:

1. 某国(地区)受反洗钱监控或制裁的情况。金融机构既要考虑我国的反洗钱监控要求,又要考虑其他国家(地区)和国际组织推行且得到我国承认的反洗钱监控或制裁要求。经营国际业务的金融机构还要考虑对该业务有管辖权的国家（地区）的反洗钱监控或制裁要求。

2. 对某国（地区）进行反洗钱风险提示的情况。金融机构应遵循中国人民银行和其他有权部门的风险提示，参考金融行动特别工作组（英文简称 FATF）、亚太反洗钱组织（英文简称 APG）、欧亚反洗钱及反恐怖融资组织（英文简称 EAG）等权威组织对各国（地区）执行 FATF 反洗钱标准的互评估结果。

3. 国家（地区）的上游犯罪状况。金融机构可参考我国有关部门以及 FATF 等国际权威组织发布的信息，重点关注存在较严重恐怖活动、大规模杀伤性武器扩散、毒品、走私、跨境有组织犯罪、腐败、金融诈骗、人口贩运、海盗等犯罪活动的国家（地区），以及支持恐怖主义活动等严重犯罪的国家（地区）。对于我国境内或外国局部区域存在的严重犯罪，金融机构应参考有权部门的要求或风险提示，酌情提高涉及该区域的客户风险评级。

4. 特殊的金融监管风险。例如避税型离岸金融中心。

对于其住所、注册地、经营所在地与本金融机构经营所在地相距很远的客户，金融机构应考虑酌情提高其风险评级。

（三）业务（含金融产品、金融服务）风险子项。

金融机构应当对各项金融业务的洗钱风险进行评估，制定高风险业务列表，并对该列表进行定期评估、动态调整。金融机构进行风险评级时，不仅要考虑金融业务的固有风险，而且应结合当前市场的具体运行状况，进行综合分析。风险子项包括但不限于：

1. 与现金的关联程度。现金业务容易使交易链条断裂，难于核实资金真实来源、去向及用途，因此现金交易或易于让客户取得现金的金融业务（以下简称关联业务）具有较高风险。考虑到我国金融市场运行现状和居民的现金交易偏好，现金及其关联业务的普遍存在具有一定的合理性，金融机构可重点关注客户在单位时间内累计发生的金额较大的现金交易情况或是具有某些异常特征的大额现金交易情况。此项标准如能结合客户行业或职业特性一并考虑将更为合理。

2. 非面对面交易。非面对面交易方式（如网上交易）使客户无需与工作人员直接接触即可办理业务，增加了金融机构开展客户尽职调查的难度，洗钱风险相应上升。金融机构在关注此类交易方式固有风险的同时，需酌情考虑客户选择或偏好此类交易方式所具有的一些现实合理性，特别是在以互联网为主要交易平台的细分金融领域（如证券市场的二级市场交易），要结合反洗钱资金监测和自身风险控制措施情况，灵活设定风险评级指标。例如，可重点审查以下交易：

（1）由同一人或少数人操作不同客户的金融账户进行网上交易；

（2）网上金融交易频繁且IP地址分布在非开户地或境外；

（3）使用同一IP地址进行多笔不同客户账户的网银交易；

（4）金额特别巨大的网上金融交易；

（5）公司账户与自然人账户之间发生的频繁或大额交易；

（6）关联企业之间的大额异常交易。

3. 跨境交易。跨境开展客户尽职调查难度大，不同国家（地区）的监管差异又可能直接导致反洗钱监控漏洞产生。金融机构可重点结合地域风险，关注客户是否存在单位时间内多次涉及跨境异常交易报告等情况。

4. 代理交易。由他人（非职业性中介）代办业务可能导致金融机构难以直接与客户接触，尽职调查有效性受到限制。鉴于代理交易在现实中的合理性，金融机构可将关注点集中于风险较高的特定情形，例如：

（1）客户的账户是由经常代理他人开户人员或经常代理他人

转账人员代为开立的；

（2）客户由他人代办的业务多次涉及可疑交易报告；

（3）同一代办人同时或分多次代理多个账户开立；

（4）客户信息显示紧急联系人为同一人或者多个客户预留电话为同一号码等异常情况。

5. 特殊业务类型的交易频率。对于频繁进行异常交易的客户，金融机构应考虑提高风险评级。

银行业金融机构可关注开（销）户数量、非自然人与自然人大额转账汇款频率、涉及自然人的跨境汇款频率等。

证券业金融机构可关注交易所预警交易、大宗交易、转托管和指定（撤指）、因第三方存款单客户多银行业务而形成的资金跨银行或跨地区划转等。

期货业金融机构可关注盗码交易、自然人客户违规持仓、对倒、对敲等异常行为。

保险业金融机构可关注投保频率、退保频率、团险投保人数明显与企业人员规模不匹配、团险保全业务发生率、申请保单质押贷款（保单借款）金额或频率、生存保险受益人变更频率、万能险追加保费金额或频率等。

信托公司可关注客户购买、转让信托产品的频率或金额等。

在业务关系建立之初，金融机构可能无法准确预估出客户使用的全部业务品种，但可在重新审核客户风险等级时审查客户曾选择过的金融业务类别。

（四）行业（含职业）风险子项。

金融机构应评估行业、身份与洗钱、职务犯罪等的关联性，合理预测某些行业客户的经济状况、金融交易需求，酌情考虑某些职业技能被不法分子用于洗钱的可能性。本指引对此基本要素不再细分风险子项，金融机构可从以下角度进行评估：

1. 公认具有较高风险的行业（职业）。原则上，按照我国反洗钱监管制度及 FATF 建议等反洗钱国际标准应纳入反洗钱监管范围的行业（职业），其洗钱风险通常较高。

2. 与特定洗钱风险的关联度。例如，客户或其实际受益人、实际控制人、亲属、关系密切人等属于外国政要。

3. 行业现金密集程度。例如，客户从事废品收购、旅游、餐饮、零售、艺术品收藏、拍卖、娱乐场所、博彩、影视娱乐等行业。

三、指标使用方法

本指引运用权重法，以定性分析与定量分析相结合的方式来计量风险、评估等级。中国人民银行鼓励金融机构研发其他风险计量工具或方法，金融机构自主研发的风险计量工具或方法应能全面覆盖本指引所列风险子项，并有书面文件对其设计原理和使用方法进行说明。

（一）金融机构应对每一基本要素及其风险子项进行权重赋值，各项权重均大于 0，总和等于 100。对于风险控制效果影响力越大的基本要素及其风险子项，赋值相应越高。对于经评估后决定不采纳的风险子项，金融机构无需赋值。

同一基本要素或风险子项所概括的风险事件，在不同的细分金融领域内有可能导致不同的危害性后果发生。即使是处于同一细分金融领域内的不同金融机构，也可能因为客户来源、销售渠道、经营规模、合规文化等方面的原因而面临不同的风险状况，从而对同一风险事件的风险程度作出不同的判断。因此，每个金融机构需结合自身情况，合理确定个性化的权重赋值。

（二）金融机构应逐一对照每个风险子项进行评估。例如，金融机构采用五级分类法时，最高风险评分为 5，较高风险评分为 4，一般风险评分为 3，较低风险评分为 2，低风险评分为 1。

金融机构应根据各风险子项评分及权重赋值计算客户风险等级总分，计算公式为：$\sum_{i=1}^{n} \frac{a_i P_i}{m}$，其中 a 代表风险子项评分，P 代表权重，m 代表金融机构所选取的风险分级数（例如三级分类、五级分类等），n 代表风险子项数量。客户风险等级总分最高100分。

（三）金融机构应建立客户风险等级总分（区间）与风险等级之间的映射规则，以确定每个客户具体的风险评级，引导资源配置。

金融机构确定的风险评级不得少于三级。从有利于运用评级结果配置反洗钱资源角度考虑，金融机构可设置较多的风险评级等次，以增强反洗钱资源配置的灵活性。

四、例外情形

（一）对于风险程度显著较低且预估能够有效控制其风险的客户，金融机构可自行决定不按上述风险要素及其子项评定风险，直接将其定级为低风险，但此类客户不应具有以下任何一种情形：

1. 在同一金融机构的金融资产净值超过一定限额（原则上，自然人客户限额为20万元人民币，非自然人客户限额为50万元人民币），或寿险保单年缴保费超过1万元人民币或外币等值超过1000美元，以及非现金趸交保费超过20万元人民币或外币等值超过2万美元；

2. 与金融机构建立或开展了代理行、信托等高风险业务关系；

3. 客户为非居民，或者使用了境外发放的身份证件或身份证明文件；

4. 涉及可疑交易报告；

5. 由非职业性中介机构或无亲属关系的自然人代理客户与金融机构建立业务关系；

6. 拒绝配合金融机构客户尽职调查工作。

对于按照上述要求不能直接定级为低风险的客户，金融机构逐一对照各项风险要素及其子项进行风险评估后，仍可能将其定级为低风险。

（二）对于具有下列情形之一的客户，金融机构可直接将其风险等级确定为最高，而无需逐一对照上述风险要素及其子项进行评级：

1. 客户被列入我国发布或承认的应实施反洗钱监控措施的名单；

2. 客户为外国政要或其亲属、关系密切人；

3. 客户实际控制人或实际受益人属前两项所述人员；

4. 客户多次涉及可疑交易报告；

5. 客户拒绝金融机构依法开展的客户尽职调查工作；

6. 金融机构自定的其他可直接认定为高风险客户的标准。

不具有上述情形的客户，金融机构逐一对照各项风险基本要素及其子项进行风险评估后，仍可能将其定级为高风险。

第三章　风险评估及客户等级划分操作流程

一、时机

（一）对于新建立业务关系的客户，金融机构应在建立业务关系后的10个工作日内划分其风险等级。

（二）对于已确立过风险等级的客户，金融机构应根据其风险程度设置相应的重新审核期限，实现对风险的动态追踪。原则上，风险等级最高的客户的审核期限不得超过半年，低一等级客户的审核期限不得超出上一级客户审核期限时长的两倍。对于首次建立业务关系的客户，无论其风险等级高低，金融机构在初次确定其风险等级后的三年内至少应进行一次复核。

（三）当客户变更重要身份信息、司法机关调查本金融机构客户、客户涉及权威媒体的案件报道等可能导致风险状况发生实质性变化的事件发生时，金融机构应考虑重新评定客户风险等级。

二、操作步骤

（一）收集信息。金融机构应根据反洗钱风险评估需要，确定各类信息的来源及其采集方法。

信息来源渠道通常有：

1. 金融机构在与客户建立业务关系时，客户向金融机构披露的信息；

2. 金融机构客户经理或柜面人员工作记录；

3. 金融机构保存的交易记录；

4. 金融机构委托其他金融机构或中介机构对客户进行尽职调查工作所获信息；

5. 金融机构利用商业数据库查询信息；

6. 金融机构利用互联网等公共信息平台搜索信息。

金融机构在风险评估过程中应遵循勤勉尽责的原则，依据所掌握的事实材料，对部分难以直接取得或取得成本过高的风险要素信息进行合理评估。为统一风险评估尺度，金融机构应当事先确定本机构可预估信息列表及其预估原则，并定期审查和调整。

（二）筛选分析信息。评估人员应认真对照风险评估基本要素及其子项，对所收集的信息进行归类，逐项评分。如果同一基本要素或风险子项对应有多项相互重复或交叉的关联性信息存在时，评估人员应进行甄别和合并。如果同一基本要素或风险子项对应有多项相互矛盾或抵触的关联性信息存在时，评估人员应在调查核实的基础上，删除不适用信息，并加以注释。

金融机构工作人员整理完基础信息后，应当整体性梳理各项风险评估要素及其子项。如发现要素项下有内容空缺或信息内容不充分的，可在兼顾风险评估需求与成本控制要求的前提下，确定是否需要进一步收集补充信息。

金融机构可将上述工作流程嵌入相应业务流程中，以减少执行成本。例如，从客户经理或营销人员开始寻找目标客户或与客户接触起,即可在自身业务范围采集信息,并随着业务关系的逐步确立,由处在业务链条上的各类人员在各自职责范围内负责相应的资料收集工作。

(三)初评。除存在前述例外情形的客户外,金融机构工作人员应逐一分析每个风险评估基本要素项及其子项所对应的信息,确定出相应的得分。对于材料不全或可靠性存疑的要素信息,评估人员应在相应的要素项下进行标注,并合理确定相应分值。在综合分析要素信息的基础上,金融机构工作人员累计计算客户评分结果,相应确定其初步评级。

金融机构可利用计算机系统等技术手段辅助完成部分初评工作。

(四)复评。初评结果均应由初评人以外的其他人员进行复评确认。初评结果与复评结果不一致的,可由反洗钱合规管理部门决定最终评级结果。

20.《中国人民银行关于加强贵金属交易场所反洗钱和反恐怖融资工作的通知》(2017年9月26日)

一、高度重视贵金属交易领域的洗钱和恐怖融资风险

贵金属交易存在交易金额大、现金交易比例高等特点,国际社会普遍将其视为洗钱和恐怖融资高风险领域。从事的业务或者提供的服务涉及贵金属现货交易的贵金属交易场所(以下简称交易场所)以及在其场所内从事贵金属现货交易的贵金属交易商(以下简称交易商)应当充分了解并妥善处理所在领域面临的洗钱和恐怖融资风险。

二、交易场所、交易商应当积极履行反洗钱和反恐怖融资义务

(一)交易场所、交易商应当评估本机构面临的洗钱和恐怖融资风险,建立健全与其风险水平相适应的反洗钱和反恐怖融资工作机制及风险防控措施。

（二）交易场所应当对交易商就本场所内的活动履行反洗钱和反恐怖融资职责进行管理，加强指导。

……

第三十一条　识别代理人

客户由他人代理办理业务的，金融机构应当按照规定核实代理关系，识别并核实代理人的身份。

金融机构与客户订立人身保险、信托等合同，合同的受益人不是客户本人的，金融机构应当识别并核实受益人的身份。

● 部门规章及文件

1.《互联网金融从业机构反洗钱和反恐怖融资管理办法（试行）》（2018年9月29日）

第13条　从业机构应当提示客户如实披露他人代办业务或者员工经办业务的情况，确认代理关系或者授权经办业务指令的真实性，并按照本办法第十二条①的有关要求对代理人和业务经办人采取客户身份识别措施。

---

① 《互联网金融从业机构反洗钱和反恐怖融资管理办法（试行）》第十二条规定："从业机构在与客户建立业务关系或者开展法律法规、规章、规范性文件和行业规则规定的特定类型交易时，应当履行以下客户身份识别程序：（一）了解并采取合理措施获取客户与其建立业务关系或者进行交易的目的和意图。（二）核对客户有效身份证件或者其他身份证明文件，或者按照法律法规、规章、规范性文件和行业规则要求客户提供资料并通过合法、安全、可信的渠道取得客户身份确认信息，识别客户、账户持有人及交易操作人员的身份。（三）按照法律法规、规章、规范性文件和行业规则通过合法、安全且信息来源独立的外部渠道验证客户、账户持有人及交易操作人员的身份信息，并确保外部渠道反馈的验证信息与被验证信息之间具有一致性和唯一对应性。（四）按照法律法规、规章、规范性文件和行业规则登记并保存客户、账户持有人及交易操作人员的身份基本信息。（五）按照法律法规、规章、规范性文件和行业规则保存客户有效身份证件或者其他身份证明文件的影印件或者复印件，或者渠道反馈的客户身份确认信息。"

2. 《金融机构客户身份识别和客户身份资料及交易记录保存管理办法》(2007年6月21日)

第20条 金融机构应采取合理方式确认代理关系的存在，在按照本办法的有关要求对被代理人采取客户身份识别措施时，应当核对代理人的有效身份证件或者身份证明文件，登记代理人的姓名或者名称、联系方式、身份证件或者身份证明文件的种类、号码。

3. 《金融机构洗钱和恐怖融资风险评估及客户分类管理指引》(2013年1月5日)

第二章 风险评估指标体系

……

二、风险子项

……

（三）业务（含金融产品、金融服务）风险子项。

……

4. 代理交易。由他人（非职业性中介）代办业务可能导致金融机构难以直接与客户接触，尽职调查有效性受到限制。鉴于代理交易在现实中的合理性，金融机构可将关注点集中于风险较高的特定情形，例如：

（1）客户的账户是由经常代理他人开户人员或经常代理他人转账人员代为开立的；

（2）客户由他人代办的业务多次涉及可疑交易报告；

（3）同一代办人同时或分多次代理多个账户开立；

（4）客户信息显示紧急联系人为同一人或者多个客户预留电话为同一号码等异常情况。

……

第三十二条　委托第三方开展客户尽职调查

金融机构依托第三方开展客户尽职调查的，应当评估第三方的风险状况及其履行反洗钱义务的能力。第三方具有较高风险情形或者不具备履行反洗钱义务能力的，金融机构不得依托其开展客户尽职调查。

金融机构应当确保第三方已经采取符合本法要求的客户尽职调查措施。第三方未采取符合本法要求的客户尽职调查措施的，由该金融机构承担未履行客户尽职调查义务的法律责任。

第三方应当向金融机构提供必要的客户尽职调查信息，并配合金融机构持续开展客户尽职调查。

● **部门规章及文件**

1. 《法人金融机构洗钱和恐怖融资风险自评估指引》（2021年1月15日）

第24条　法人金融机构收集自评估所需的各类信息，应当充分考虑内外部各方面来源，例如：

……

（七）本机构依托开展客户尽职调查或有其他业务、客户合作的第三方机构在客户尽职调查、客户身份资料和交易记录保存方面的情况，以及双方信息传递权利义务划分与执行情况。

2. 《银行跨境业务反洗钱和反恐怖融资工作指引（试行）》（2021年1月19日）

第12条　【代理情形】银行依托第三方机构识别客户身份的，应通过合同、协议或其他书面文件，明确第三方机构在识别客户身份及反洗钱和反恐怖融资监控方面的职责，要求第三方机构制定符合要求的客户身份识别措施，并督促其执行。依托第三方代为履行客户身份识别的，银行应当承担未履行客户身份识别义务的责任。

3.《中国人民银行办公厅关于进一步加强反洗钱和反恐怖融资工作的通知》(2018 年 7 月 23 日)

一、加强客户身份识别管理

……

(二) 依托第三方机构开展客户身份识别的要求。

义务机构依托第三方机构开展客户身份识别的,应当采取以下措施:一是确认第三方机构接受反洗钱和反恐怖融资监管,并按照反洗钱法律、行政法规和本通知要求,采取了客户身份识别及交易记录保存措施;二是立即从第三方机构获取客户身份识别的必要信息;三是在需要时立即从第三方机构获取客户身份证明文件和其他相关资料的复印件或影印件。义务机构应当承担第三方机构未履行客户身份识别义务的责任。

……

4.《中国人民银行关于加强反洗钱客户身份识别有关工作的通知》(2017 年 10 月 20 日)

三、加强特定业务关系中客户的身份识别措施

……

(四) 义务机构委托境外第三方机构开展客户身份识别的,应当充分评估该机构所在国家或者地区的风险状况,并将其作为对客户身份识别、风险评估和分类管理的基础。

当义务机构与委托的境外第三方机构属于同一金融集团,且集团层面采取的客户身份识别等反洗钱内部控制措施能有效降低境外国家或者地区的风险水平,则义务机构可以不将境外的风险状况纳入对客户身份识别、风险评估和分类管理的范畴。

……

5.《保险机构洗钱和恐怖融资风险评估及客户分类管理指引》（2014年12月30日）

第34条 保险机构委托其他机构开展客户风险等级划分等洗钱风险管理工作时，应与受托机构签订书面协议，并由高级管理层批准。委托机构对受托机构进行的洗钱风险管理工作承担最终法律责任。

6.《金融机构客户身份识别和客户身份资料及交易记录保存管理办法》（2007年6月21日）

第24条 金融机构委托其他金融机构向客户销售金融产品时，应在委托协议中明确双方在识别客户身份方面的职责，相互间提供必要的协助，相应采取有效的客户身份识别措施。

符合下列条件时，金融机构可信赖销售金融产品的金融机构所提供的客户身份识别结果，不再重复进行已完成的客户身份识别程序，但仍应承担未履行客户身份识别义务的责任：

（一）销售金融产品的金融机构采取的客户身份识别措施符合反洗钱法律、行政法规和本办法的要求。

（二）金融机构能够有效获得并保存客户身份资料信息。

第25条 金融机构委托金融机构以外的第三方识别客户身份的，应当符合下列要求：

（一）能够证明第三方按反洗钱法律、行政法规和本办法的要求，采取了客户身份识别和身份资料保存的必要措施。

（二）第三方为本金融机构提供客户信息，不存在法律制度、技术等方面的障碍。

（三）本金融机构在办理业务时，能立即获得第三方提供的客户信息，还可在必要时从第三方获得客户的有效身份证件、身份证明文件的原件、复印件或者影印件。

委托第三方代为履行识别客户身份的，金融机构应当承担未履行客户身份识别义务的责任。

7. 《金融机构洗钱和恐怖融资风险评估及客户分类管理指引》
(2013年1月5日)

第五章 管理与保障措施

……

四、代理业务管理

金融机构委托其他机构开展客户风险等级划分等洗钱风险管理工作时，应与受托机构签订书面协议，并由高级管理层批准。受托机构应当积极协助委托机构开展洗钱风险管理。由委托机构对受托机构进行的洗钱风险管理工作承担最终法律责任。

金融机构应建立专门机制，审核受托机构确定的客户风险等级。

第三十三条　相关部门支持客户尽职调查

金融机构进行客户尽职调查，可以通过反洗钱行政主管部门以及公安、市场监督管理、民政、税务、移民管理、电信管理等部门依法核实客户身份等有关信息，相关部门应当依法予以支持。

国务院反洗钱行政主管部门应当协调推动相关部门为金融机构开展客户尽职调查提供必要的便利。

第三十四条　客户身份资料和交易记录保存制度

金融机构应当按照规定建立客户身份资料和交易记录保存制度。

在业务关系存续期间，客户身份信息发生变更的，应当及时更新。

客户身份资料在业务关系结束后、客户交易信息在交易结束后，应当至少保存十年。

金融机构解散、被撤销或者被宣告破产时，应当将客户身份资料和客户交易信息移交国务院有关部门指定的机构。

● 部门规章及文件

1. 《金融机构客户身份识别和客户身份资料及交易记录保存管理办法》（2007 年 6 月 21 日）

第三章　客户身份资料和交易记录保存

第 27 条　金融机构应当保存的客户身份资料包括记载客户身份信息、资料以及反映金融机构开展客户身份识别工作情况的各种记录和资料。

金融机构应当保存的交易记录包括关于每笔交易的数据信息、业务凭证、账簿以及有关规定要求的反映交易真实情况的合同、业务凭证、单据、业务函件和其他资料。

第 28 条　金融机构应采取必要管理措施和技术措施，防止客户身份资料和交易记录的缺失、损毁，防止泄漏客户身份信息和交易信息。

金融机构应采取切实可行的措施保存客户身份资料和交易记录，便于反洗钱调查和监督管理。

第 29 条　金融机构应当按照下列期限保存客户身份资料和交易记录：

（一）客户身份资料，自业务关系结束当年或者一次性交易记账当年计起至少保存 5 年。

（二）交易记录，自交易记账当年计起至少保存 5 年。

如客户身份资料和交易记录涉及正在被反洗钱调查的可疑交易活动，且反洗钱调查工作在前款规定的最低保存期届满时仍未结束的，金融机构应将其保存至反洗钱调查工作结束。

同一介质上存有不同保存期限客户身份资料或者交易记录的，应当按最长期限保存。同一客户身份资料或者交易记录采用不同介质保存的，至少应当按照上述期限要求保存一种介质的客户身份资料或者交易记录。

法律、行政法规和其他规章对客户身份资料和交易记录有更长保存期限要求的，遵守其规定。

第30条　金融机构破产或者解散时，应当将客户身份资料和交易记录移交中国银行业监督管理委员会、中国证券监督管理委员会或者中国保险监督管理委员会指定的机构。

2.《金融机构反洗钱规定》（2006年11月14日）

第10条　金融机构应当在规定的期限内，妥善保存客户身份资料和能够反映每笔交易的数据信息、业务凭证、账簿等相关资料。

前款规定的具体实施办法由中国人民银行会同中国银行业监督管理委员会、中国证券监督管理委员会、中国保险监督管理委员会制定。

3.《证券期货业反洗钱工作实施办法》（2022年8月12日）

第14条　证券期货经营机构通过销售机构向客户销售基金等金融产品时，应当通过合同、协议或其他书面文件，明确双方在客户身份识别、客户身份资料和交易记录保存与信息交换、大额交易和可疑交易报告等方面的反洗钱职责和程序。

4.《金融机构反洗钱和反恐怖融资监督管理办法》（2021年4月15日）

第14条　金融机构应当按照规定，结合内部控制制度和风险管理机制的相关要求，履行客户尽职调查、客户身份资料和交易记录保存、大额交易和可疑交易报告等义务。

5.《银行跨境业务反洗钱和反恐怖融资工作指引（试行）》（2021年1月19日）

第4条　【管理环节】银行对跨境业务洗钱和恐怖融资风险

的识别、评估、监测和控制工作，应贯穿整个跨境业务流程，包括客户背景调查、业务审核、持续监控、信息资料留存及报告等

第 24 条　【资料留存要求】银行应建立可用于各类跨境业务的客户信息档案，以书面或电子等形式完整妥善保存客户身份资料、交易记录，以及反映银行开展客户尽职调查及风险分类尽职审查情况及过程的相关资料和记录。客户资料应按照相关法律规定的期限归档留存备查。

6. 《法人金融机构洗钱和恐怖融资风险自评估指引》（2021 年 1 月 15 日）

第 15 条　对法人金融机构整体洗钱风险管理机制有效性的评价，可以考虑以下因素：

……

（八）交易记录保存完整性和查询、调阅便利性；

……

7. 《银行业金融机构反洗钱和反恐怖融资管理办法》（2019 年 1 月 29 日）

第 13 条　银行业金融机构应当按照规定建立健全和执行客户身份资料和交易记录保存制度，妥善保存客户身份资料和交易记录，确保能重现该项交易，以提供监测分析交易情况、调查可疑交易活动和查处洗钱案件所需的信息。

第 16 条　银行业金融机构解散、撤销或者破产时，应当将客户身份资料和交易记录移交国务院有关部门指定的机构。

8. 《互联网金融从业机构反洗钱和反恐怖融资管理办法（试行）》（2018 年 9 月 29 日）

第 20 条　从业机构应当按照法律法规和行业规则规定的保存范围、保存期限、技术标准，妥善保存开展客户身份识别、交易监测分析、大额交易报告和可疑交易报告等反洗钱和反恐怖融资工作所产生的信息、数据和资料，确保能够完整重现每笔交

易，确保相关工作可追溯。

从业机构终止业务活动时，应当按照相关行业主管部门及中国人民银行要求处理前款所述信息、数据和资料。

9.《中国人民银行办公厅关于进一步加强反洗钱和反恐怖融资工作的通知》（2018年7月23日）

三、加强跨境汇款业务的风险防控和管理

……

（四）其他要求。

1. 对于办理上述跨境汇款业务中获取的汇款人、收款人等相关信息，义务机构应当至少保存5年。

……

10.《社会组织反洗钱和反恐怖融资管理办法》（2017年11月17日）

第12条 社会组织应当保存所有业务活动相关交易记录、本办法第十一条所列信息及所有公开信息，保存时间不少于五年。交易记录应当充分详细，以确认资金的使用符合其宗旨和业务范围。

中国人民银行及其分支机构和民政部门可以依法调取上述信息。

11.《住房和城乡建设部 人民银行 银监会关于规范购房融资和加强反洗钱工作的通知》（2017年9月29日）

四、加强房地产交易反洗钱工作的监督管理

（十）积极履行反洗钱义务。房地产开发企业、房地产中介机构要在销售房屋、提供经纪等相关服务时履行反洗钱义务，建立健全反洗钱内控制度体系，加强对高风险业务、客户的风险管控措施；采取适当的措施，了解客户及其交易目的和交易性质，了解实际控制客户的自然人和交易的实际受益人，核对客户的有效身份证件并留存复印件；妥善保存客户身份资料和交易记录，且保存期限不少于5年……

12.《支付机构反洗钱和反恐怖融资管理办法》（2012年3月5日）

第三章　客户身份资料和交易记录保存

第26条　支付机构应当妥善保存客户身份资料和交易记录，保证能够完整准确重现每笔交易。

第27条　支付机构应当保存的客户身份资料包括各种记载客户身份信息的资料、辅助证明客户身份的资料和反映支付机构开展客户身份识别工作情况的资料。

第28条　支付机构保存的交易记录应当包括反映以下信息的数据、业务凭证、账簿和其他资料：

（一）交易双方名称；

（二）交易金额；

（三）交易时间；

（四）交易双方的开户银行或支付机构名称；

（五）交易双方的银行账户号码、支付账户号码、预付卡号码、特约商户编号或者其他记录资金来源和去向的号码。本办法未要求开展客户身份识别的业务，支付机构应按照保证完整准确重现每笔交易的原则保存交易记录。

第29条　支付机构应当建立客户身份资料和交易记录保存系统，实时记载操作记录，防止客户身份信息和交易记录的泄露、损毁和缺失，保证客户信息和交易数据不被篡改，并及时发现并记录任何篡改或企图篡改的操作。

第30条　支付机构应当完善客户身份资料和交易记录保存系统的查询和分析功能，便于反洗钱和反恐怖融资的调查和监督管理。

第31条　支付机构应当按照下列期限保存客户身份资料和交易记录：

（一）客户身份资料，自业务关系结束当年计起至少保存5年；

（二）交易记录，自交易记账当年计起至少保存5年。

如客户身份资料和交易记录涉及反洗钱和反恐怖融资调查，且反洗钱和反恐怖融资调查工作在前款规定的最低保存期届满时仍未结束的，支付机构应将其保存至反洗钱和反恐怖融资调查工作结束。

同一介质上存有不同保存期限客户身份资料或者交易记录的，应当按最长期限保存。同一客户身份资料或者交易记录采用不同介质保存的，至少应当按照上述期限要求保存一种介质的客户身份资料或者交易记录。

法律、行政法规和规章对客户身份资料和交易记录有更长保存期限要求的，遵守其规定。

第32条　支付机构终止支付业务时，应当按照中国人民银行有关规定处理客户身份资料和交易记录。

13. 《关于报送保险业反洗钱工作信息的通知》（2011年12月14日）

四、报送内容

（一）各公司识别客户身份、保存客户身份资料和交易记录、报告大额交易和可疑交易的工作量；

……

14. 《保险业反洗钱工作管理办法》（2011年9月13日）

第19条　保险公司、保险资产管理公司应当依法保存客户身份资料和交易记录，确保能足以重现该项交易，以提供监测分析交易情况、调查可疑交易活动和查处洗钱案件所需的信息。

第20条　保险公司、保险资产管理公司破产和解散时，应当将客户身份资料和交易记录移交国务院有关部门指定的机构。

15. **《中国人民银行关于加强贵金属交易场所反洗钱和反恐怖融资工作的通知》**（2017年9月26日）

二、交易场所、交易商应当积极履行反洗钱和反恐怖融资义务

……

（五）交易场所、交易商应当妥善保存客户身份资料和交易记录，保存期限不少于5年，保证能够完整准确重现每笔交易，并对依法履行反洗钱和反恐怖融资义务获得的客户身份资料、交易信息及其他工作信息予以保密，除法律法规另有规定外，不得向任何单位和个人提供。

……

第三十五条　大额交易和可疑交易报告制度

金融机构应当按照规定执行大额交易报告制度，客户单笔交易或者在一定期限内的累计交易超过规定金额的，应当及时向反洗钱监测分析机构报告。

金融机构应当按照规定执行可疑交易报告制度，制定并不断优化监测标准，有效识别、分析可疑交易活动，及时向反洗钱监测分析机构提交可疑交易报告；提交可疑交易报告的情况应当保密。

● 法　律

1. **《反电信网络诈骗法》**（2022年9月2日）

第18条第2款和第3款　对监测识别的异常账户和可疑交易，银行业金融机构、非银行支付机构应当根据风险情况，采取核实交易情况、重新核验身份、延迟支付结算、限制或者中止有关业务等必要的防范措施。

银行业金融机构、非银行支付机构依照第一款规定开展异常

账户和可疑交易监测时，可以收集异常客户互联网协议地址、网卡地址、支付受理终端信息等必要的交易信息、设备位置信息。上述信息未经客户授权，不得用于反电信网络诈骗以外的其他用途。

● 行政法规及文件

2.《国务院办公厅关于完善反洗钱、反恐怖融资、反逃税监管体制机制的意见》（2017年8月29日）

（二十二）加大反洗钱调查工作力度，建立健全洗钱类型分析工作机制。进一步规范反洗钱调查工作程序，完善反洗钱调查流程，优化调查手段，加强可疑交易线索分析研判，加强反洗钱调查和线索移送，积极配合有权机关的协查请求，不断增强反洗钱调查工作实效。加强洗钱类型分析和风险提示，指导反洗钱义务机构开展洗钱类型分析，及时向反洗钱义务机构发布洗钱风险提示，督促反洗钱义务机构加强风险预警。

● 部门规章及文件

3.《金融机构大额交易和可疑交易报告管理办法》（2018年7月26日）

第二章　大额交易报告

第5条　金融机构应当报告下列大额交易：

（一）当日单笔或者累计交易人民币5万元以上（含5万元）、外币等值1万美元以上（含1万美元）的现金缴存、现金支取、现金结售汇、现钞兑换、现金汇款、现金票据解付及其他形式的现金收支。

（二）非自然人客户银行账户与其他的银行账户发生当日单笔或者累计交易人民币200万元以上（含200万元）、外币等值20万美元以上（含20万美元）的款项划转。

（三）自然人客户银行账户与其他的银行账户发生当日单笔

或者累计交易人民币 50 万元以上（含 50 万元）、外币等值 10 万美元以上（含 10 万美元）的境内款项划转。

（四）自然人客户银行账户与其他的银行账户发生当日单笔或者累计交易人民币 20 万元以上（含 20 万元）、外币等值 1 万美元以上（含 1 万美元）的跨境款项划转。

累计交易金额以客户为单位，按资金收入或者支出单边累计计算并报告。中国人民银行另有规定的除外。

中国人民银行根据需要可以调整本条第一款规定的大额交易报告标准。

第 6 条　对同时符合两项以上大额交易标准的交易，金融机构应当分别提交大额交易报告。

第 7 条　对符合下列条件之一的大额交易，如未发现交易或行为可疑的，金融机构可以不报告：

（一）定期存款到期后，不直接提取或者划转，而是本金或者本金加全部或者部分利息续存入在同一金融机构开立的同一户名下的另一账户。

活期存款的本金或者本金加全部或者部分利息转为在同一金融机构开立的同一户名下的另一账户内的定期存款。

定期存款的本金或者本金加全部或者部分利息转为在同一金融机构开立的同一户名下的另一账户内的活期存款。

（二）自然人实盘外汇买卖交易过程中不同外币币种间的转换。

（三）交易一方为各级党的机关、国家权力机关、行政机关、司法机关、军事机关、人民政协机关和人民解放军、武警部队，但不包含其下属的各类企事业单位。

（四）金融机构同业拆借、在银行间债券市场进行的债券交易。

（五）金融机构在黄金交易所进行的黄金交易。

（六）金融机构内部调拨资金。

（七）国际金融组织和外国政府贷款转贷业务项下的交易。

（八）国际金融组织和外国政府贷款项下的债务掉期交易。

（九）政策性银行、商业银行、农村合作银行、农村信用社、村镇银行办理的税收、错账冲正、利息支付。

（十）中国人民银行确定的其他情形。

第 8 条　金融机构应当在大额交易发生之日起 5 个工作日内以电子方式提交大额交易报告。

第 9 条　下列金融机构与客户进行金融交易并通过银行账户划转款项的，由银行机构按照本办法规定提交大额交易报告：

（一）证券公司、期货公司、基金管理公司。

（二）保险公司、保险资产管理公司、保险专业代理公司、保险经纪公司。

（三）信托公司、金融资产管理公司、企业集团财务公司、金融租赁公司、汽车金融公司、消费金融公司、货币经纪公司、贷款公司。

第 10 条　客户通过在境内金融机构开立的账户或者境内银行卡所发生的大额交易，由开立账户的金融机构或者发卡银行报告；客户通过境外银行卡所发生的大额交易，由收单机构报告；客户不通过账户或者银行卡发生的大额交易，由办理业务的金融机构报告。

第三章　可疑交易报告

第 11 条　金融机构发现或者有合理理由怀疑客户、客户的资金或者其他资产、客户的交易或者试图进行的交易与洗钱、恐怖融资等犯罪活动相关的，不论所涉资金金额或者资产价值大小，应当提交可疑交易报告。

第 12 条　金融机构应当制定本机构的交易监测标准，并对其有效性负责。交易监测标准包括并不限于客户的身份、行为，交易的资金来源、金额、频率、流向、性质等存在异常的情形，并应当参考以下因素：

（一）中国人民银行及其分支机构发布的反洗钱、反恐怖融资规定及指引、风险提示、洗钱类型分析报告和风险评估报告。

（二）公安机关、司法机关发布的犯罪形势分析、风险提示、犯罪类型报告和工作报告。

（三）本机构的资产规模、地域分布、业务特点、客户群体、交易特征，洗钱和恐怖融资风险评估结论。

（四）中国人民银行及其分支机构出具的反洗钱监管意见。

（五）中国人民银行要求关注的其他因素。

第13条 金融机构应当定期对交易监测标准进行评估，并根据评估结果完善交易监测标准。如发生突发情况或者应当关注的情况的，金融机构应当及时评估和完善交易监测标准。

第14条 金融机构应当对通过交易监测标准筛选出的交易进行人工分析、识别，并记录分析过程；不作为可疑交易报告的，应当记录分析排除的合理理由；确认为可疑交易的，应当在可疑交易报告理由中完整记录对客户身份特征、交易特征或行为特征的分析过程。

第15条 金融机构应当在按本机构可疑交易报告内部操作规程确认为可疑交易后，及时以电子方式提交可疑交易报告。

第16条 既属于大额交易又属于可疑交易的交易，金融机构应当分别提交大额交易报告和可疑交易报告。

第17条 可疑交易符合下列情形之一的，金融机构应当在向中国反洗钱监测分析中心提交可疑交易报告的同时，以电子形式或书面形式向所在地中国人民银行或者其分支机构报告，并配合反洗钱调查：

（一）明显涉嫌洗钱、恐怖融资等犯罪活动的。

（二）严重危害国家安全或者影响社会稳定的。

（三）其他情节严重或者情况紧急的情形。

第 18 条 金融机构应当对下列恐怖活动组织及恐怖活动人员名单开展实时监测，有合理理由怀疑客户或者其交易对手、资金或者其他资产与名单相关的，应当在立即向中国反洗钱监测分析中心提交可疑交易报告的同时，以电子形式或书面形式向所在地中国人民银行或者其分支机构报告，并按照相关主管部门的要求依法采取措施。

（一）中国政府发布的或者要求执行的恐怖活动组织及恐怖活动人员名单。

（二）联合国安理会决议中所列的恐怖活动组织及恐怖活动人员名单。

（三）中国人民银行要求关注的其他涉嫌恐怖活动的组织及人员名单。

恐怖活动组织及恐怖活动人员名单调整的，金融机构应当立即开展回溯性调查，并按前款规定提交可疑交易报告。

法律、行政法规、规章对上述名单的监控另有规定的，从其规定。

4.《中国人民银行关于〈金融机构大额交易和可疑交易报告管理办法〉有关执行要求的通知》（2017 年 4 月 21 日）

二、关于大额交易报告的履职要求

义务机构应当根据业务实质重于形式的原则，以客户为交易监测单位，按照《管理办法》及时、准确提交大额交易报告。

（一）客户当日发生的交易同时涉及人民币和外币，且人民币交易和外币交易单边累计金额均未达到大额交易报告标准的，义务机构应当分别以人民币和美元折算，单边累计计算本外币交易金额，按照本外币交易报告标准"孰低原则"，合并提交大额交易报告。

客户当日发生的交易同时涉及人民币和外币，且人民币交易

231

或外币交易任一单边累计金额达到大额交易报告标准的，义务机构应当合并提交大额交易报告。

（二）自然人客户银行账户与其他的银行账户发生款项划转，涉及非居民在境内开立的银行账户，义务机构应当按照《管理办法》第五条第四款规定的标准，提交大额交易报告。

（三）《管理办法》第五条规定的"其他的银行账户"包括本行或他行的其他客户的银行账户；同一客户在本行境外机构和他行的银行账户。

（四）《管理办法》第七条第四款规定的"同业拆借"包括金融机构同业拆借、同业存款、同业借款、买入返售（卖出回购）等同业业务。

（五）对单客户多银行主辅账户划转、B股非银证转账外币资金进出，如未发现交易或行为异常的，证券公司可以不提交大额交易报告。

三、关于可疑交易报告的履职要求

义务机构应当根据本机构内外部洗钱和恐怖融资风险变动情况，持续动态优化本机构的交易监测标准，强化异常交易人工分析的流程控制，依照"重质量、讲实效"原则，审慎提交可疑交易报告，并适时采取合理的后续控制措施。

（一）义务机构应当按年度对交易监测标准进行定期评估，并根据评估结果完善交易监测标准。在推出新产品或新业务之前，义务机构应当完成相关交易监测标准的评估、完善和上线运行工作。《管理办法》第十二条规定的相关因素发生变化时，义务机构应当在发生变化之日起3个月内，完成相关交易监测标准的评估、完善和上线运行工作。义务机构对交易监测标准的评估、完善等相关工作记录至少应当完整保存5年。义务机构总部（总行、总公司，下同）制定交易监测标准，或者对交易监测标准作出重大调整的，应当按照规定向人民银行或其分支机构报备。

(二)义务机构对原《金融机构大额交易和可疑交易报告管理办法》(中国人民银行令〔2006〕第 2 号发布)①规定的异常交易标准进行评估后,认为符合本机构业务实际和可疑交易报告工作需要的,仍可纳入本机构的交易监测标准范围,但应当加强对其实际运行效果的评估并及时完善相关交易监测标准。

(三)义务机构应当不断完善可疑交易报告操作流程。对异常交易的分析,义务机构应当至少设置初审和复核两个岗位;复核岗位应当逐份复核初审后拟上报的交易,并按合理比例对初审后排除的交易进行复核。拟提交可疑交易报告前,可疑交易报告应当经过义务机构总部的专门机构或总部指定的内部专门机构审定;完成审定的时间为提交可疑交易报告的起算时间。义务机构应当在合理时限内完成相关交易的分析和审定,及时处理交易监测系统预警或人工发现的异常交易或行为。

(四)银行卡清算机构、资金清算中心等从事清算业务的机构与直接参与者应当积极合作,加强信息沟通,按照相关规定及时开展交易监测、预警、分析、反馈等工作。

(五)义务机构应当勤勉尽责,合理采取内部尽职调查,回访,实地查访,向公安部门、工商行政管理部门、税务部门核实,向居委会、街道办、村委会了解等措施,进一步审核客户的身份、资金、资产和交易等相关信息,结合客户身份特征、交易特征或行为特征开展交易监测分析,准确采集、规范填写可疑交易报告要素,并按照规定留存交易监测分析工作记录,确保可疑交易报告工作履职情况的可追溯性。

(六)义务机构提交可疑交易报告后,应当对相关客户、账

---

① 现行有效文件请参见《金融机构大额交易和可疑交易报告管理办法》(中国人民银行令〔2018〕第 2 号)。

户及交易进行持续监测，仍不能排除洗钱、恐怖融资或其他犯罪活动嫌疑，且经分析认为可疑特征没有发生显著变化的，应当自上一次提交可疑交易报告之日起每3个月提交一次接续报告。接续报告应当涵盖3个月监测期内的新增可疑交易，并注明首次提交可疑交易报告号、报告紧急程度和追加次数。经分析认为可疑特征发生显著变化的，义务机构应当按照规定提交新的可疑交易报告。

（七）对于可疑交易报告涉及的客户或账户，义务机构应当适时采取合理的后续控制措施，包括但不限于调高客户洗钱和恐怖融资风险等级，以客户为单位限制账户功能、调低交易限额等。后续控制措施的具体要求由人民银行另行制定。

五、关于完善内部管理措施的履职要求

……

（三）义务机构应当建立大额交易和可疑交易监测系统，并对系统功能进行持续优化。义务机构总部证明能够通过人工等主要手段开展大额交易和可疑交易监测分析工作的，经人民银行或其分支机构同意后，义务机构总部可暂不建立大额交易和可疑交易监测系统。

（四）金融控股集团公司应当在集团层面建立统一的大额交易和可疑交易报告管理制度，结合各专业公司的业务特点、产品特点，探索以客户为单位，建立适用于集团层面的可疑交易监测体系，以有效识别和应对跨市场、跨行业和跨机构的洗钱和恐怖融资风险，防范洗钱和恐怖融资风险在不同专业公司间的传递。

5. **《证券期货业反洗钱工作实施办法》**（2022年8月12日）

第15条 证券期货经营机构应当建立反洗钱工作保密制度，并报当地证监会派出机构备案。

反洗钱工作保密事项包括以下内容：

（一）客户身份资料及客户风险等级划分资料；

（二）交易记录；

（三）大额交易报告；

（四）可疑交易报告；

（五）履行反洗钱义务所知悉的国家执法部门调查涉嫌洗钱活动的信息；

（六）其他涉及反洗钱工作的保密事项。查阅、复制涉密档案应当实施书面登记制度。

6. 《金融机构反洗钱和反恐怖融资监督管理办法》（2021年4月15日）

第7条第3款　金融机构应当定期审查和不断优化洗钱和恐怖融资风险评估工作流程和指标体系。

第14条　金融机构应当按照规定，结合内部控制制度和风险管理机制的相关要求，履行客户尽职调查、客户身份资料和交易记录保存、大额交易和可疑交易报告等义务。

7. 《银行跨境业务反洗钱和反恐怖融资工作指引（试行）》（2021年1月19日）

第23条　【大额和可疑报告】银行应按照反洗钱规定建立健全并执行大额交易和可疑交易报告制度。

8. 《法人金融机构洗钱和恐怖融资风险自评估指引》（2021年1月15日）

第15条　对法人金融机构整体洗钱风险管理机制有效性的评价，可以考虑以下因素：

……

（七）大额和可疑交易监测分析与上报机制、流程的合理性，监测分析系统功能与对信息的获取，监测分析指标和模型设计合理性、修订及时性，监测分析中考虑地域、客户、产品业务、渠道风险的情况；

……

第24条　法人金融机构收集自评估所需的各类信息，应当

充分考虑内外部各方面来源,例如:

……

(六)反洗钱系统记录的各类异常交易排查分析资料,可疑交易报告信息,内部管理或业务操作中发现的各类风险事件信息;

……

9. 《银行业金融机构反洗钱和反恐怖融资管理办法》(2019年1月29日)

第14条 银行业金融机构应当按照规定建立健全和执行大额交易和可疑交易报告制度。

10. 《互联网金融从业机构反洗钱和反恐怖融资管理办法(试行)》(2018年9月29日)

第14条第1款和第3款 从业机构应当执行大额交易和可疑交易报告制度,制定报告操作规程,对本机构的大额交易和可疑交易报告工作做出统一要求。金融机构、非银行支付机构以外的其他从业机构应当由总部或者总部指定的一个机构通过网络监测平台提交全公司的大额交易和可疑交易报告。

大额交易和可疑交易报告的要素内容、报告格式和填写要求等由中国人民银行另行规定。

第15条 从业机构应当建立健全大额交易和可疑交易监测系统,以客户为基本单位开展资金交易的监测分析,对客户及其所有业务、交易及其过程开展监测和分析。

第16条 客户当日单笔或者累计交易人民币5万元以上(含5万元)、外币等值1万美元以上(含1万美元)的现金收支,金融机构、非银行支付机构以外的从业机构应当在交易发生后的5个工作日内提交大额交易报告。

中国人民银行根据需要调整大额交易报告标准。非银行支付机构提交大额交易报告的具体要求由中国人民银行另行规定。

第17条 从业机构发现或者有合理理由怀疑客户及其行为、

客户的资金或者其他资产、客户的交易或者试图进行的交易与洗钱、恐怖融资等犯罪活动相关的，不论所涉资金金额或者资产价值大小，应当按本机构可疑交易报告内部操作规程确认为可疑交易后，及时提交可疑交易报告。

11.《中国人民银行办公厅关于进一步加强反洗钱和反恐怖融资工作的通知》（2018年7月23日）

三、加强跨境汇款业务的风险防控和管理

……

（四）其他要求。

……

3. 对于掌握汇款人和收款人双方信息的义务机构，在跨境汇款业务处理过程中，应当审核汇款人和收款人双方的信息，发现可疑情形的，按照规定提交可疑交易报告。

……

12.《中国人民银行关于加强反洗钱客户身份识别有关工作的通知》（2017年10月20日）

三、加强特定业务关系中客户的身份识别措施

……

（一）……如保单受益人或者其受益所有人为第二条所列的特定自然人，且义务机构认定其属于高风险等级的，义务机构应当在偿付相关资金前获得高级管理层批准，并对整个保险业务关系进行强化审查。如果义务机构无法完成上述措施，则应当在合理怀疑基础上提交可疑交易报告。

……

13.《反洗钱数据报送工作数字证书管理规程》（2016年6月2日）

第一章 总 则

第1条 为规范大额交易和可疑交易报告数字证书的管理工

作,保证数据传输过程安全,制定本规程。

第2条 本规程主要规范数字证书的管理和使用,适用于中国反洗钱监测分析中心(以下简称反洗钱中心)和中国人民银行上海总部、各分行、营业管理部,各省会(首府)城市中心支行,各副省级城市中心支行(以下统称人民银行分支机构),以及通过数字证书向反洗钱中心报送大额交易和可疑交易报告的报告机构。

第3条 数字证书是报告机构开展反洗钱数据报送工作的电子身份标识,存放介质是装载数字证书的基础要件,管理部门和使用部门均应严格管理、规范使用。

第4条 数字证书的管理部门和使用部门应在证书到期前一个月内,做好数字证书的申领和换发工作。

第5条 数字证书存放介质由反洗钱中心统一下发至人民银行分支机构。人民银行分支机构在库存空白介质不足时,应及时向反洗钱中心申领,以满足正常工作需要。申领流程为:填写《数字证书存放介质申领单》(详见附1)相关内容,交由反洗钱处负责人签字并加盖反洗钱处公章后,派员赴反洗钱中心领取空白介质。领取时还需提供管理员的身份证复印件,如代领,还需加附代领人的身份证复印件。

第6条 反洗钱中心和人民银行分支机构应将数字证书存放介质置于安全环境中,并指定专人管理;对于因损坏或注销收回的存放介质,应依照中国人民银行有关规定进行消磁、物理粉碎等销毁处理;应建立数字证书和存放介质台账,做好对应关系管理以及存放介质发放、损毁、丢失的登记工作。

第7条 数字证书领取后,证书使用人应妥善保管存放介质,并及时修改初始密码。密码应定期更换,避免泄露和遗忘。密码设定须具备一定复杂程度,以符合信息安全保密要求。

第二章 人民银行分支机构数字证书管理职责

第8条 人民银行分支机构按照法人监管原则,负责总部注册地在其辖区内的报告机构数字证书管理工作。

第9条 人民银行分支机构应指定一人为证书管理员,全面负责辖区内数字证书管理工作;指定两人分别为证书录入员和证书审核员,具体负责辖区内报告机构数字证书的制作、换发、补发等操作。

证书管理员、证书录入员和证书审核员必须是本单位在编正式员工。证书管理员可兼任证书录入员或证书审核员,但证书录入员与证书审核员不可为同一人。

第10条 人民银行分支机构证书管理员的数字证书制作、换发、补发等相关事宜由反洗钱中心负责,证书录入员和证书审核员的数字证书制作、换发、补发等相关事宜由该机构证书管理员负责。

第11条 人民银行分支机构证书管理员办理数字证书的申领、换发、冻结、解冻、补发和注销时,需填写《人民银行分支机构数字证书操作申请表》(附2),并传真至反洗钱中心。反洗钱中心在收到传真后,制作数字证书,并负责在线下发和指导证书管理员将数字证书成功导入存放介质。

人民银行分支机构证书录入员和证书审核员数字证书的申领、换发、冻结、解冻、补发和注销,由本机构证书管理员负责办理。

附2[1]

人民银行分支机构数字证书操作申请表

申请日期	年　　月　　日
操作类型	1 申领　2 换发　3 冻结　4 解冻　5 补发　6 注销
申请事由	

---

[1] 此处《人民银行分支机构数字证书操作申请表》(附2)为编者依照相关资料编入。

续表

人民银行分支机构		单位名称			
	管理员	姓名：	座机：		手机：
		证件类型：1 身份证　2 护照　3 港澳通行证　4 其他			
		证件号码：□□□□□□□□□□□□□□□□□□			
	地址（必须完整填写）：			反洗钱处负责人签字：	
	邮政编码：			公章：	
中国反洗钱监测分析中心	分管处室负责人签字：			日期：	
	备注：				
	经办人员签字：			日期：	
	备注：				

第 12 条　人民银行分支机构应做好证书管理员、证书录入员和证书审核员的管理工作，并于每个自然年度结束后的五个工作日内，将《人民银行分支机构数字证书情况统计表》（附 3）电子版本发送至反洗钱中心。

第 13 条　人民银行分支机构的证书相关管理人员应加强辖区内报告机构的数字证书管理，做好统计工作，并于每年自然年度结束后的五个工作日内，将《辖区内报告机构数字证书情况统计表》（附 4）电子版本发送至反洗钱中心。

第三章　报告机构数字证书的申领与使用

第 14 条　申请开展反洗钱数据报送工作的报告机构在收到

开业批复或取得业务经营许可后的一个月内应到人民银行分支机构领取《报告机构数字证书操作申请表》（详见附5，以下简称《申请表》），并将填写完毕、签章确认后的《申请表》提交至人民银行分支机构。

人民银行分支机构审查同意后，为报告机构制作数字证书，将数字证书导入存放介质，并做好相关信息的登记备案工作。

第15条　报告机构应在数字证书到期前一个月内，到人民银行分支机构领取《申请表》，并将填写完毕、签章确认后的《申请表》提交至人民银行分支机构。人民银行分支机构审查同意后，为报告机构换发数字证书。

第16条　数字证书存放介质丢失后，报告机构应在发现的第一时间告知当地人民银行分支机构，并于五个工作日内到人民银行分支机构领取《申请表》，并将填写完毕、签章确认后的《申请表》提交至人民银行分支机构。人民银行分支机构审查同意后，为报告机构冻结数字证书。

找到丢失的存放介质并确保介质在丢失期间未被盗用的报告机构，应在数字证书冻结后的十个工作日内到人民银行分支机构领取《申请表》，并将填写完毕、签章确认后的《申请表》提交至人民银行分支机构。人民银行分支机构审查同意后，为报告机构解冻数字证书。

第17条　发生下列情况之一时，报告机构应申请补发：

（一）数字证书文件损坏；

（二）存放介质损坏；

（三）存放介质丢失，并确认无法找回（数字证书冻结后十个工作日内未找回视为无法找回），或在丢失期间可能被盗用；

（四）数字证书密码遗忘导致无法正常使用。

报告机构应在发生上述情况的十个工作日内到人民银行分支机构领取《申请表》，并将填写完毕、签章确认后的《申请表》

提交至人民银行分支机构。人民银行分支机构审查同意后，为报告机构补发数字证书，如有损坏的数字证书存放介质，应及时收回。

数字证书补发后，有效期与补发前相同。

第18条　因停业整顿、机构撤销等原因无法履行大额交易和可疑交易报告义务的报告机构，报告机构应在发生上述情况的十个工作日内到人民银行分支机构领取《申请表》，并将填写完毕、签章确认后的《申请表》提交至人民银行分支机构。人民银行分支机构审查同意后，为报告机构注销数字证书，并收回存放介质。

若报告机构在机构撤销后的半年内不主动申请注销数字证书或无法联系的，由人民银行分支机构直接注销其数字证书。

第19条　报告机构总部注册地址发生变更时，若变更前后的地址不属于同一人民银行分支机构管辖范围，应首先向变更前注册地所在地人民银行分支机构申请注销数字证书、交还存放介质，然后向变更后注册地所在地人民银行分支机构申领新的数字证书和存放介质。

第20条　报告机构应指定专人为证书责任人，负责数字证书及存放介质的使用和保管。报告机构证书责任人变更时，应及时向总部所在地人民银行分支机构备案。

第21条　报告机构未能妥善使用和保管数字证书和存放介质，影响报送工作正常开展的，由人民银行分支机构对其责令整改，提出批评，并建议该机构对证书责任人及其他责任人员予以纪律处分。

<h2 style="text-align:center">第四章　附　　则</h2>

第22条　人民银行分支机构为报告机构制作并下发数字证书前，须先确认该机构已成为中国反洗钱监测系统用户。严禁向未成功申请系统用户的报告机构下发数字证书。

第 23 条　人民银行分支机构和使用数字证书开展数据报送的报告机构可依照本规程，制定机构内部的数字证书管理实施细则。

第 24 条　本规程适用于所有通过数字证书报送大额交易和可疑交易报告的报告机构，包括证券公司、期货经纪公司、基金管理公司、保险公司、保险资产管理公司、信托公司、金融资产管理公司、财务公司、金融租赁公司、汽车金融公司、货币经纪公司和支付机构。如因行业扩展或其他原因，其他报告机构需使用数字证书报送大额交易和可疑交易报告的，同样适用于本规程。

14.《保险机构洗钱和恐怖融资风险评估及客户分类管理指引》（2014 年 12 月 30 日）

第 28 条　保险机构应在洗钱风险评估和客户风险等级划分的基础上，酌情采取相应的风险控制措施。对风险水平较高的产品和风险较高的客户应采取强化的风险控制措施，包括但不限于：

……

（四）可疑交易报告。保险机构应当设立可疑交易指标体系，明确人工识别可疑交易对象和流程，并通过持续性、强化的客户尽职调查手段予以识别分析。对客户采取尽职调查后，保险机构有合理理由怀疑资金为犯罪收益或与恐怖融资有关的，应按照法律规定，向中国反洗钱监测分析中心报送可疑交易报告。

……

15.《支付机构反洗钱和反恐怖融资管理办法》（2012 年 3 月 5 日）

第四章　可疑交易报告

第 33 条　支付机构应按照勤勉尽责的原则，对全部交易开展监测和分析，报告可疑交易。

第34条　支付机构应根据本机构的客户特征和交易特点,制定和完善符合本机构业务特点的可疑交易标准,同时向中国人民银行、总部所在地的中国人民银行分支机构和中国反洗钱监测分析中心备案。

第35条　支付机构应建立完善有效的可疑交易监测分析体系,明确内部可疑交易处理程序和人员职责。

支付机构应指定专门人员,负责分析判断是否报告可疑交易。

第36条　支付机构应结合客户身份信息和交易背景,对客户行为或交易进行识别、分析,有合理理由判断与洗钱、恐怖融资或其他犯罪活动相关的,应在发现可疑交易之日起10个工作日内,由其总部以电子方式向中国反洗钱监测分析中心提交可疑交易报告。可疑交易报告的具体格式和报送方式由中国人民银行另行规定。

支付机构应将已上报可疑交易报告的客户列为高风险客户,持续开展交易监测,仍不能排除洗钱、恐怖融资或其他犯罪活动嫌疑的,应在10个工作日内向中国反洗钱监测分析中心提交可疑交易报告,同时以书面方式将有关情况报告总部所在地的中国人民银行分支机构。

支付机构应完整保存对客户行为或交易进行识别、分析和判断的工作记录及是否上报的理由和证据材料。

第37条　支付机构应当按照《支付机构可疑交易(行为)报告要素》(见附)要求,在可疑交易报告中提供真实、完整、准确的交易信息。中国反洗钱监测分析中心发现支付机构报送的可疑交易报告有要素不全或者存在错误的,可以向提交报告的支付机构发出补正通知,支付机构应在接到补正通知之日起10个工作日内补正。

第38条　支付机构在履行反洗钱义务过程中,发现涉嫌犯罪的,应立即报告当地公安机关和中国人民银行当地分支机构,并以电子方式报告中国反洗钱监测分析中心。

第39条 客户或交易涉及恐怖活动的,由中国人民银行另行规定。

附

支付机构可疑交易(行为)报告要素

	要素名称
1	报告机构名称
2	报告机构所在地区编码
3	报告机构分支机构/网点代码
4	可疑交易(行为)处理情况
5	可疑交易(行为)特征描述
6	机构自定可疑交易标准编号
7	可疑主体名称/姓名
8	可疑主体身份证件/证明文件号码
9	可疑主体身份证件/证明文件类型
10	可疑主体住址及有效联系方式
11	可疑主体的职业/行业类别
12	可疑主体的法定代表人姓名(对公客户)
13	可疑主体的法定代表人身份证件号码(对公客户)
14	可疑主体的法定代表人身份证件类型(对公客户)
15	可疑主体的银行账号
16	可疑主体银行账号的开户银行名称
17	可疑主体的支付账户
18	可疑主体所在支付机构的名称
19	可疑主体所在支付机构的银行账号

续表

20	可疑主体所在支付机构银行账号的开户银行名称
21	可疑主体的交易 IP 地址
22	交易时间（精确到"秒"）
23	货币资金转移方式
24	资金收付标志
25	资金用途
26	交易币种
27	交易金额
28	交易对手姓名/名称
29	交易对手身份证件/证明文件号码
30	交易对手身份证件/证明文件类型
31	交易对手的银行账号
32	交易对手银行账号的开户银行名称
33	交易对手的支付账户
34	交易对手所在支付机构的名称
35	交易对手所在支付机构的银行账号
36	交易对手所在支付机构银行账号的开户银行名称
37	交易对手的交易 IP 地址
38	交易商品名称
39	银行与支付机构之间的业务交易编码
40	支付机构与商户之间的业务交易编码
41	业务标示号
42	报送次数标志

16.《保险业反洗钱工作管理办法》（2011 年 9 月 13 日）

第 21 条 保险公司、保险资产管理公司应当依法识别、报告大额交易和可疑交易。

17.《中国人民银行关于加强贵金属交易场所反洗钱和反恐怖融资工作的通知》（2017年9月26日）

二、交易场所、交易商应当积极履行反洗钱和反恐怖融资义务

……

（九）交易场所、交易商在提供服务或者开展业务时，原则上应当采取非现金的方式。采取银行转账方式的，应当使用交易当事人的同名银行账户；发生退款的，应当按原支付途径，将资金退回原付款人的银行账户。

（十）交易场所、交易商在提供服务或者开展业务时确需使用现金支付，与客户当日单笔现金交易或者明显存在关联关系的现金交易累计达到人民币5万元（含5万元）以上或者外币等值1万美元（含1万美元）以上的，应当在交易发生之日起5个工作日内向中国反洗钱监测分析中心报送大额交易报告。

● 答记者问

18.《人民银行有关负责人就〈金融机构大额交易和可疑交易报告管理办法〉答记者问》①（2016年12月30日）

一、《管理办法》② 的出台背景与主要意义是什么？

《管理办法》结合国内工作实际和国际标准，对现行《金融机构大额交易和可疑交易报告管理办法》（中国人民银行令〔2006〕第2号）和《金融机构报告涉嫌恐怖融资的可疑交易管

---

① 参见中国人民银行网站，http：//www.pbc.gov.cn/goutongjiaoliu/113456/113469/3223887/index.html，最后访问时间：2025年1月3日。
② 指《金融机构大额交易和可疑交易报告管理办法》（中国人民银行令〔2016〕第3号，以下不再标注。2018年7月26日，《中国人民银行关于修改〈金融机构大额交易和可疑交易报告管理办法〉的决定》（中国人民银行令〔2018〕第2号）对《管理办法》作了修改。

理办法》（中国人民银行令〔2007〕第 1 号）两部规章进行了修订、整合。①

上述两部规章自 2007 年实施以来，在我国反洗钱工作起步阶段，对于指导金融机构切实履行可疑交易报告义务发挥了积极作用。但随着国内外形势的发展变化和反洗钱工作的深入推进，防御性报告过多、有效报告不足等实施当中的问题逐渐显现，影响了反洗钱工作的有效性。为此，人民银行先后发布《关于进一步加强金融机构反洗钱工作的通知》（银发〔2008〕391 号）、《关于明确可疑交易报告制度有关执行问题的通知》（银发〔2010〕48 号）②等规范性文件，对金融机构如何有效履行可疑交易报告义务、避免简单通过系统抓取报送符合可疑交易报告标准的交易等问题进行规范。2012 年，人民银行在全国选择 37 家法人金融机构开展可疑交易报告综合试点，要求试点机构结合自身情况自主定义交易监测标准，结合人工分析，以合理怀疑为基础报送可疑交易报告。这些工作为修订现行两个规章、出台《管理办法》奠定了坚实基础。同时，现行大额交易报告标准也已经不能完全满足反洗钱以及打击、遏制相关上游犯罪的实际需要，有必要对大额交易报告标准进行适当调整。

2014 年，人民银行正式启动规章修订工作，反复研究论证，并在全国范围内两次组织征求金融机构的意见和建议，确保《管理办法》的科学性和可行性。《管理办法》在规章层面明确了金融机构切实履行可疑交易报告义务的新要求，有助于金融机构提高可疑交易报告工作有效性，有助于预防、遏制洗钱、恐怖融资

---

① 《金融机构大额交易和可疑交易报告管理办法》（中国人民银行令〔2006〕第 2 号）和《金融机构报告涉嫌恐怖融资的可疑交易管理办法》（中国人民银行令〔2007〕第 1 号）均已失效。以下不再标注。

② 《关于明确可疑交易报告制度有关执行问题的通知》（银发〔2010〕48 号）已失效。以下不再标注。

等犯罪活动，有助于维护我国金融体系的安全稳健，有助于进一步与国际标准接轨。

二、要求金融机构报告大额交易和可疑交易的主要考虑是什么？

按照《中华人民共和国反洗钱法》的规定，报告大额交易和可疑交易是金融机构应当履行的三项核心反洗钱义务之一，也为人民银行依法开展反洗钱资金交易监测分析奠定坚实的数据基础。实践中，金融机构通过系统自动抓取报送大额交易，通过客户身份识别、留存客户身份资料和交易记录、开展交易监测分析，发现并报送可疑交易报告。以金融机构报送的大额交易和可疑交易报告为基础，人民银行开展主动分析、协查分析和国际互协查，依法向执法部门移送案件线索，与相关部门一起预防、遏制洗钱、恐怖融资，维护金融安全。

三、与现行规章相比，《管理办法》的主要变化是什么？

《管理办法》的变化主要包括以下四个方面：一是明确以"合理怀疑"为基础的可疑交易报告要求，新增建立和完善交易监测标准、交易分析与识别、涉恐名单监测、监测系统建立和记录保存等要求，同时删除原规章中已不符合形势发展需要的银行业、证券期货业、保险业可疑交易报告标准。二是将大额现金交易的人民币报告标准由"20万元"调整为"5万元"，调整了金融机构大额转账交易统计方式和可疑交易报告时限。三是新增规章适用范围、大额跨境交易人民币报告标准等内容。以人民币计价的大额跨境交易报告标准为"人民币20万元"。四是对交易报告要素内容进行调整，增加"收付款方匹配号"、"非柜台交易方式的设备代码"等要素，删除"报告日期"、"填报人"和"金融机构名称"等要素，设计了要素更加精简的《通用可疑交易报告要素》。

四、《管理办法》的适用范围是什么？什么时间生效？

《管理办法》适用于在中华人民共和国境内依法设立的，依据《中华人民共和国反洗钱法》等法律法规规定，应当履行反洗钱义务的机构，主要包括政策性银行、商业银行、农村合作银行、农村信用社、村镇银行，证券公司、期货公司、基金管理公司，保险公司、保险资产管理公司、保险专业代理公司、保险经纪公司，信托公司、金融资产管理公司、企业集团财务公司、金融租赁公司、汽车金融公司、消费金融公司、货币经纪公司、贷款公司和非银行支付机构。其中，"保险专业代理公司"、"保险经纪公司"、"消费金融公司"和"贷款公司"是《管理办法》新增的适用范围。

《管理办法》于2017年7月1日生效实施。考虑到金融机构进行制度修订、交易监测标准自建及系统改造需要一定的时间。因此，《管理办法》在发布后、生效实施前，给予了金融机构半年时间的过渡期。

五、《管理办法》对大额交易报告的具体要求是什么？跨境资金交易是否需要报送大额交易报告？

《管理办法》规定的大额交易报告标准为：一是自然人和非自然人的大额现金交易，境内和跨境的报告标准均为人民币5万元以上、外币等值1万美元以上。二是非自然人银行账户的大额转账交易，境内和跨境的报告标准均为人民币200万元以上、外币等值20万美元以上。三是自然人银行账户的大额转账交易，境内的报告标准为人民币50万元以上、外币等值10万美元以上，跨境的报告标准为人民币20万元以上、外币等值1万美元以上。

对跨境资金交易，金融机构应当报送大额交易报告。比如，自然人通过银行机构利用现金或转账方式向境外汇款1万美元，则办理业务的银行机构需将此交易作为大额交易上报。对自然人客户"人民币20万元以上"的大额跨境转账交易报告标准是

《管理办法》的新增标准。主要考虑是：一是随着沪港通、深港通等业务逐步推进，境内居民个人跨境业务逐步放开，居民个人跨境人民币业务会更加频繁，设计专门的人民币报告标准，便于监管部门及时掌握人民币跨境交易数据，开展风险监测。二是现有制度规定，香港居民个人跨境同名账号之间及台湾居民个人跨境人民币汇款每日限额5万元，居民个人贸易项下跨境人民币业务无限额管理。《关于优化人民币跨境收付信息管理系统信息报送流程的通知》（银办发〔2013〕188号）规定，对于单笔20万元（含）以下的个人人民币跨境收支业务，银行可合并报送，但需保留逐笔明细信息。综合考虑，《管理办法》对自然人客户大额跨境转账交易报告标准确定为"人民币20万元以上"，可以加强对跨境人民币交易的统计监测，更好地防范人民币跨境交易相关风险。

需要说明的是，按照《管理办法》，人民银行可以根据工作需要调整大额交易报告标准。

六、《管理办法》将大额现金交易的报告标准规定为"人民币5万元"、"外币等值1万美元"，主要考虑是什么？

《管理办法》规定，对当日单笔或者累计交易人民币5万元以上（含5万元）、外币等值1万美元以上（含1万美元）的现金缴存、现金支取、现金结售汇、现钞兑换、现金汇款、现金票据解付及其他形式的现金收支，金融机构应当报送大额交易报告。比如，自然人通过银行机构用人民币现钞购买美元现钞，当日单笔或者累计交易人民币5万元以上（含5万元）的，办理业务的银行机构需将此交易作为大额交易上报。

《管理办法》将大额现金交易报告标准从现行的人民币20万元调整为5万元，主要考虑是：

首先，加强现金管理是反洗钱工作的重要内容。国际上现金领域的反洗钱监管标准大都比较严格。比如，美国、加拿大和澳大利亚的大额现金交易报告起点均为1万美元（或等值外币），而监管部门为打击特定领域的违法犯罪活动,依据法律授权还可以进一步下调现金交易报告标准。其次,非现金支付工具的普及、发展和创新便利了非现金交易,居民的现金使用偏好正逐步发生转变,正常的支付需求通过非现金支付工具可以得到更加快捷、安全的满足,这为强化现金管理提供了有利的条件。最后,我国反腐败、税收、国际收支等领域的形势发展也要求加强现金管理,防范利用大额现金交易从事腐败、偷逃税、逃避外汇管理等违法活动的风险。

七、《管理办法》是否要求非银行支付机构报送大额交易报告?

《管理办法》的有关规定适用于非银行支付机构。目前,人民银行对非银行支付机构应当履行的反洗钱义务,还有更为具体的要求,例如《支付机构反洗钱与反恐怖融资管理办法》(银发〔2012〕54号)。[①]《管理办法》生效实施后,人民银行将根据实际情况,适时修订完善对非银行支付机构的大额交易和可疑交易报告要求。

八、《管理办法》是否有关于大额交易免报的规定?

有相关规定。《管理办法》规定,金融机构免报的大额交易类型主要包括同一金融机构的同一客户名下的定活互转交易,交易一方为党政军机关的交易,金融机构同业间交易,银行机构办理的税收、错账冲正、利息支付等。

九、《管理办法》对可疑交易报告的具体要求是什么?

《管理办法》规定,金融机构发现或者有合理理由怀疑客户、客户的资金或者其他资产、客户的交易或者试图进行的交易与洗钱、恐怖融资等犯罪活动相关的,不论所涉资金金额或者资产价

[①] 应为《支付机构反洗钱和反恐怖融资管理办法》(银发〔2012〕54号)。

值大小，应当提交可疑交易报告。即以"合理怀疑"为基础开展可疑交易报告工作。具体要求主要包括：

一是金融机构应当将可疑交易监测工作贯穿于金融业务办理的各个环节。金融机构既要在客户身份识别过程中采取合理措施识别可疑交易线索，也要通过对交易数据的筛选、审查和分析，发现客户、资金或其他资产和交易是否与洗钱、恐怖融资等违法犯罪活动有关。对于进行中的交易或者客户试图开展的交易，金融机构发现或有合理理由怀疑其涉及洗钱、恐怖融资的，也应当提交可疑交易报告。

二是金融机构应当同时关注客户的资金或资产是否与洗钱、恐怖融资等犯罪活动相关。资产包括但不限于银行存款、汇款、旅行支票、邮政汇票、保单、提单、仓单、股票、债券、汇票和信用证，房屋、车辆、船舶、货物、其他以电子或者数字形式证明资产所有权、其他权益的法律文件、证书等。

三是金融机构提交可疑交易报告，没有资金或资产价值大小的起点金额要求。如涉嫌恐怖融资活动的资金交易可能金额较小，但按照《管理办法》，金融机构仍应当提交可疑交易报告。

……

为执行这些要求，金融机构应当按照《管理办法》，制定可疑交易报告制度和操作规程，为可疑交易报告工作提供充足的人力保障和资源支持，建立健全自主定义的交易监测标准，建立功能完善、运行良好的监测系统，做好涉恐名单监控，加强对系统预警的异常交易的人工分析、识别，保留相关工作记录，并遵守保密要求等。

……

十一、《管理办法》对金融机构监测涉恐名单的具体要求是什么？

按照《管理办法》，金融机构开展涉恐名单监测应当遵循以下要求：一是金融机构应当确保涉恐名单的完整和准确，并及时更新。二是金融机构实施涉恐名单监测的范围应当覆盖全部客户及其交易对手、资金或者其他资产。三是金融机构应当对涉恐名单开展实时监测。四是金融机构应当在涉恐名单调整后，立即对全部客户或者其交易对手开展回溯性调查。五是金融机构有合理理由怀疑客户或者其交易对手、资金或者其他资产与涉恐名单相关的，应当立即作为重点可疑交易报告，并按照《涉及恐怖活动资产冻结管理办法》（中国人民银行 公安部 国家安全部令〔2014〕第1号）规定采取冻结措施。

需要说明的是，金融机构是履行涉恐名单监测的义务主体，有责任主动获取、掌握国家有权部门发布并更新的恐怖活动组织及恐怖活动人员名单。为便于金融机构及时掌握相关信息，人民银行在官方网站反洗钱栏目下设"风险提示与金融制裁"公布涉恐名单信息，有关监督管理部门也会向被监管机构转发需要执行和关注的名单。

十二、《管理办法》要求金融机构配备专职人员负责大额交易和可疑交易报告工作，主要考虑是什么？

实践中，金融机构无论是对系统预警的异常交易开展及时、有效的分析处理，还是随时关注国内外涉恐名单调整情况，及时开展回溯性调查，都对机构人员的专业性和数量充足性提出了较高要求。因此，金融机构的董事会和高级管理层应当高度重视大额交易和可疑交易报告工作，配备足够的专职人员负责相关工作，并通过优化大额交易和可疑交易报告工作流程，做好客户身份识别、身份资料和交易记录保存等基础工作，完善交易监测指标设置和相关系统功能等配套措施，保障专职人员有效开展监测分析工作。

十三、近年来，人民银行在完善可疑交易报告制度方面采取了哪些措施？

自《金融机构大额交易和可疑交易报告管理办法》（中国人民银行令〔2006〕第2号）发布以来，人民银行一直积极采取措施，完善可疑交易报告制度，推动可疑交易报告制度的有效实施。例如：人民银行先后发布《关于进一步加强金融机构反洗钱工作的通知》（银发〔2008〕391号）、《关于明确可疑交易报告制度有关执行问题的通知》（银发〔2010〕48号）等一系列规范性文件，明确区分异常交易报告与可疑交易报告不同的监管要求，以减少金融机构的防御性报告行为。2012年，人民银行在37家法人金融机构启动以自主定义异常交易监测指标为核心的可疑交易报告综合试点工作，检验自主定义监测指标新模式的有效性和可行性。2013年以来，人民银行陆续发布非法集资、地下钱庄、恐怖融资等洗钱上游犯罪的可疑交易类型和识别点，发布多期风险提示，发布加强涉恐名单和外逃人员名单监测的通知，指导金融机构做好可疑交易监测分析和名单监控工作。同时，通过执法检查、监管走访、分类评级等监管措施，督促金融机构不断完善可疑交易报告工作，提高可疑交易报告质量。

十四、近年来，金融机构在可疑交易报告工作方面取得了哪些进展？

金融机构一直按照人民银行要求，不断加强和完善可疑交易监测分析和名单监控方面的相关工作，可疑交易报告工作的有效性不断提高。目前，金融机构普遍加强了对异常交易的人工分析识别。金融机构通过参与以自主定义异常交易监测标准为核心的可疑交易报告综合试点工作，落实人民银行下发的可疑交易类型和识别点、风险提示和名单监控要求，金融机构自定义异常交易监测标准的能力得到验证和强化，监测分析的专业化水平和智能化程度不断提高。可疑交易报告整体数量大幅下降的同时，报告质量明显改善，转化为案件线索的数量显著提升，为国家预防和打击洗钱及相关犯罪提供了有力的支持。

十五、在指导金融机构有效落实《管理办法》相关要求方面，人民银行将开展哪些工作？

为指导金融机构有效执行《管理办法》，人民银行将充分听取金融机构意见和建议，尽快发布配套的规范性文件，明确可疑交易接续报告、可疑交易分析报告流程等具体工作要求，并结合行业最佳实践，发布金融机构制定交易监测标准的相关指引，指导金融机构做好建立健全交易监测标准、完善交易监测系统等工作，加强对中小金融机构的指导和培训。同时，人民银行将发布大额交易和可疑交易报告要素的具体报告格式和填报要求，指导金融机构做好交易报告数据接口及相关系统开发工作。人民银行也正在抓紧建设反洗钱监测分析二代系统，为开展大额和可疑交易报告监测分析提供更为强大的系统支持。

● 案例指引

某信息技术有限公司骗取出口退税洗钱案[①]

案例要旨： 2007年6月，S市某银行工作人员在整理客户企业银行回单时发现某信息技术有限公司回单特别多，款项用途为差旅费，每笔款项均为4.99万元，具有明显的逃避监管意图，于是向当地人民银行提交了可疑交易报告。经人民银行和警方的调查，该公司利用我国对软件行业的优惠政策，虚开增值税专用发票3072张，骗取出口退税约2900万元。为了逃避银行的大额交易监测，该公司将骗税所得拆成了每笔4.99万元，并以差旅费的名义进行转移。聪明反被聪明误，不法分子拆分交易的手法露出了马脚，最终被抓获归案。

---

① 参见中国人民银行网站，http://xining.pbc.gov.cn/xining/118296/118312/2700433/index.html，最后访问时间：2024年11月19日。

第三十六条　新领域洗钱风险防范

> 金融机构应当在反洗钱行政主管部门的指导下，关注、评估运用新技术、新产品、新业务等带来的洗钱风险，根据情形采取相应措施，降低洗钱风险。

● **行政法规及文件**

1. 《国务院办公厅关于完善反洗钱、反恐怖融资、反逃税监管体制机制的意见》（2017年8月29日）

（十七）鼓励创新和坚守底线并重，妥善应对伴随新业务和新业态出现的风险。建立健全反洗钱义务机构洗钱和恐怖融资风险自评估制度，对新产品、新业务、新技术、新渠道产生的洗钱和恐怖融资风险自主进行持续识别和评估，动态监测市场风险变化，完善有关反洗钱监管要求。强化反洗钱义务机构自主管理风险的责任，反洗钱义务机构推出新产品、新业务前，须开展洗钱和恐怖融资风险自评估，并按照风险评估结果采取有效的风险防控措施。鼓励反洗钱义务机构利用大数据、云计算等新技术提升反洗钱和反恐怖融资工作有效性。

● **部门规章及文件**

2. 《金融机构反洗钱和反恐怖融资监督管理办法》（2021年4月15日）

第7条第2款　金融机构洗钱和恐怖融资风险自评估应当与本机构经营规模和业务特征相适应，充分考虑客户、地域、业务、交易渠道等方面的风险要素类型及其变化情况，并吸收运用国家洗钱和恐怖融资风险评估报告、监管部门及自律组织的指引等。金融机构在采用新技术、开办新业务或者提供新产品、新服务前，或者其面临的洗钱或者恐怖融资风险发生显著变化时，应当进行洗钱和恐怖融资风险评估。

3. 《银行跨境业务反洗钱和反恐怖融资工作指引（试行）》（2021年1月19日）

  第13条　【业务风险评估】银行应综合考虑各方面因素，对跨境业务的洗钱和恐怖融资风险进行定期评估，合理确定洗钱和恐怖融资风险等级。特别是推出和运用与跨境业务相关的新金融业务、新营销渠道、新技术前，应进行系统全面的洗钱和恐怖融资风险评估，按照风险可控原则建立相应的风险管理措施。

4. 《法人金融机构洗钱和恐怖融资风险自评估指引》（2021年1月15日）

  第31条第3款　法人金融机构对新产品、新业务和产品业务中应用新技术有更详细、更严格评估机制的，可直接将该评估结果引用或映射至对新产品业务类型的专项评估当中。

5. 《银行业金融机构反洗钱和反恐怖融资管理办法》（2019年1月29日）

  第18条第2款　银行业金融机构开展新业务、应用新技术之前应当进行洗钱和恐怖融资风险评估。

6. 《互联网金融从业机构反洗钱和反恐怖融资管理办法（试行）》（2018年9月29日）

  第11条　从业机构应当定期或者在业务模式、交易方式发生重大变化、拓展新的业务领域、洗钱和恐怖融资风险状况发生较大变化时，评估客户身份识别措施的有效性，并及时予以完善。

第三十七条　总部、集团层面反洗钱工作

  在境内外设有分支机构或者控股其他金融机构的金融机构，以及金融控股公司，应当在总部或者集团层面统筹安排反洗钱工作。为履行反洗钱义务在公司内部、集团成员之间共享必要的反洗钱信息的，应当明确信息共享机制和程序。

> 共享反洗钱信息，应当符合有关信息保护的法律规定，并确保相关信息不被用于反洗钱和反恐怖主义融资以外的用途。

● 法 律

1. 《反恐怖主义法》（2018 年 4 月 27 日）

第 14 条 金融机构和特定非金融机构对国家反恐怖主义工作领导机构的办事机构公告的恐怖活动组织和人员的资金或者其他资产，应当立即予以冻结，并按照规定及时向国务院公安部门、国家安全部门和反洗钱行政主管部门报告。

● 行政法规及文件

2. 《国务院办公厅关于完善反洗钱、反恐怖融资、反逃税监管体制机制的意见》（2017 年 8 月 29 日）

（八）依法使用政务数据，健全数据信息共享机制。以依法合规为前提、资源整合为目标，探索研究"三反"① 数据信息共享标准和统计指标体系，明确相关单位的数据提供责任和数据使用权限。稳步推进数据信息共享机制建设，既要严格依法行政，保护商业秘密和个人隐私，又要推进相关数据库建设，鼓励各方参与共享。建立相关单位间的电子化网络，为实现安全、高效的数据信息共享提供支撑。

（十五）强化法人监管措施，提升监管工作效率。反洗钱行政主管部门和国务院银行业、证券、保险监督管理机构要加强反洗钱监管，以促进反洗钱义务机构自我管理、自主管理风险为目标，逐步建立健全法人监管框架。围绕法人机构和分支机构、集团公司和子公司在风险管理中的不同定位和功能，对反洗钱监管政策适度分层分类。加强反洗钱义务机构总部内控机制要求，强

---

① 指反洗钱、反恐怖融资、反逃税。

化董事、监事和高级管理人员责任，督促反洗钱义务机构提高履行反洗钱义务的执行力。探索建立与法人监管相适应的监管分工合作机制，搭建满足法人监管需要的技术平台，逐步实现反洗钱监管信息跨区域共享。在严格遵守保密规定的前提下，研究建立反洗钱义务机构之间的反洗钱工作信息交流平台和交流机制。

● **部门规章及文件**

3.《金融机构反洗钱和反恐怖融资监督管理办法》（2021年4月15日）

第7条第1款 金融机构应当在总部层面建立洗钱和恐怖融资风险自评估制度，定期或不定期评估洗钱和恐怖融资风险，经董事会或者高级管理层审定之日起10个工作日内，将自评估情况报送中国人民银行或者所在地中国人民银行分支机构。

第12条 金融机构应当在总部层面制定统一的反洗钱和反恐怖融资机制安排，包括为开展客户尽职调查、洗钱和恐怖融资风险管理，共享反洗钱和反恐怖融资信息的制度和程序，并确保其所有分支机构和控股附属机构结合自身业务特点有效执行。

金融机构在共享和使用反洗钱和反恐怖融资信息方面应当依法提供信息并防止信息泄露。

4.《法人金融机构洗钱和恐怖融资风险自评估指引》（2021年1月15日）

第15条 对法人金融机构整体洗钱风险管理机制有效性的评价，可以考虑以下因素：

……

（四）集团层面洗钱风险管理的统一性及集团内信息共享情况（仅集团性机构、跨国机构适用）；

（五）反洗钱管理部门与业务部门、客户管理部门、渠道部门和各分支机构沟通机制和信息交流情况；

……

第 28 条 法人金融机构应当建立洗钱风险自评估成果共享机制，明确共享的内容、对象和方式，以及信息保密要求，确保相关条线、部门、分支机构知晓、理解与之相关的洗钱风险特征及程度，以推动洗钱风险管理措施在全系统的落地执行。

5.《中国人民银行关于加强反洗钱客户身份识别有关工作的通知》（2017 年 10 月 20 日）

三、加强特定业务关系中客户的身份识别措施

......

（五）出于反洗钱和反恐怖融资需要，集团（公司）应当建立内部信息共享制度和程序，明确信息安全和保密要求。集团（公司）合规、审计和反洗钱部门可以依法要求分支机构和附属机构提供客户、账户、交易信息及其他相关信息。

......

6.《保险机构洗钱和恐怖融资风险评估及客户分类管理指引》（2014 年 12 月 30 日）

第 30 条 保险机构应在总部或集团层面制定统一的洗钱风险管理政策、制度和流程，开发统一的反洗钱信息系统，并在各分支机构、各部门执行和使用。

洗钱风险管理政策应经保险机构董事会或其授权的组织审核通过，并由高级管理层中的指定专人负责实施。

保险机构可针对分支机构所在地区的反洗钱状况，设定局部地区的风险系数，或授权分支机构根据所在地区情况，合理调整风险子项或评级标准。

第 33 条 保险机构应确保洗钱风险管理工作所需的必要技术条件，积极运用信息系统提升工作有效性。系统设计应着眼于运用客户风险等级管理工作成果，为各级分支机构查询使用信息提供方便。

7. 《中国人民银行关于金融机构在跨境业务合作中加强反洗钱工作的通知》（2012年8月19日）

　　五、金融机构应在公司（集团）层面建立统一的洗钱风险管理政策。如果金融机构境外分支机构驻在国家（地区）反洗钱监管标准要求比我国更为严格的，金融机构在我国各项法律规定及自身反洗钱资源允许的情况下，应尽可能选择更为严格的监管标准作为本公司（集团）制定洗钱风险管理政策的依据，以更有效防控处于不同国家（地区）的境外分支机构之间开展业务合作过程中可能出现的合规风险。

8. 《保险业反洗钱工作管理办法》（2011年9月13日）

　　第15条　保险公司、保险资产管理公司应当将可量化的反洗钱控制指标嵌入信息系统，使风险信息能够在业务部门和反洗钱机构之间有效传递、集中和共享，满足对洗钱风险进行预警、提取、分析和报告等各项反洗钱要求。

9. 《金融机构客户身份识别和客户身份资料及交易记录保存管理办法》（2007年6月21日）

　　第5条第2款　金融机构总部、集团总部应对客户身份识别、客户身份资料和交易记录保存工作作出统一要求。

10. 《金融机构大额交易和可疑交易报告管理办法》（2018年7月26日）

　　第4条　金融机构应当通过其总部或者总部指定的一个机构，按本办法规定的路径和方式提交大额交易和可疑交易报告。

11. 《中国人民银行关于〈金融机构大额交易和可疑交易报告管理办法〉有关执行要求的通知》（2017年4月21日）

　　五、关于完善内部管理措施的履职要求

　　……

　　（四）金融控股集团公司应当在集团层面建立统一的大额交

易和可疑交易报告管理制度，结合各专业公司的业务特点、产品特点，探索以客户为单位，建立适用于集团层面的可疑交易监测体系，以有效识别和应对跨市场、跨行业和跨机构的洗钱和恐怖融资风险，防范洗钱和恐怖融资风险在不同专业公司间的传递。

12.《金融机构洗钱和恐怖融资风险评估及客户分类管理指引》（2013年1月5日）

第五章 管理与保障措施

一、风险管理政策

金融机构应在总部或集团层面建立统一的洗钱风险管理基本政策，并在各分支机构、各条线（部门）执行。

客户风险管理政策应经金融机构董事会或其授权的组织审核通过，并由高级管理层中的指定专人负责实施。

金融机构总部、集团可针对分支机构所在地区的反洗钱状况，设定局部地区的风险系数，或授权分支机构根据所在地区情况，合理调整风险子项或评级标准。

金融机构应对自身金融业务及其营销渠道，特别是在推出新金融业务、采用新营销渠道、运用新技术前，进行系统全面的洗钱风险评估，按照风险可控原则建立相应的风险管理措施。

……

第三十八条 配合客户尽职调查

与金融机构存在业务关系的单位和个人应当配合金融机构的客户尽职调查，提供真实有效的身份证件或者其他身份证明文件，准确、完整填报身份信息，如实提供与交易和资金相关的资料。

单位和个人拒不配合金融机构依照本法采取的合理的客户尽职调查措施的,金融机构按照规定的程序,可以采取限制或者拒绝办理业务、终止业务关系等洗钱风险管理措施,并根据情况提交可疑交易报告。

第三十九条　洗钱风险管理措施的救济

单位和个人对金融机构采取洗钱风险管理措施有异议的,可以向金融机构提出。金融机构应当在十五日内进行处理,并将结果答复当事人;涉及客户基本的、必需的金融服务的,应当及时处理并答复当事人。相关单位和个人逾期未收到答复,或者对处理结果不满意的,可以向反洗钱行政主管部门投诉。

前款规定的单位和个人对金融机构采取洗钱风险管理措施有异议的,也可以依法直接向人民法院提起诉讼。

● 部门规章及文件

《金融机构反洗钱和反恐怖融资监督管理办法》(2021年4月15日)

第34条　中国人民银行及其分支机构监管人员违反规定程序或者超越职权规定实施监管的,金融机构有权拒绝或者提出异议。金融机构对中国人民银行及其分支机构提出的违法违规问题有权提出申辩,有合理理由的,中国人民银行及其分支机构应当采纳。

第四十条　特别预防措施

任何单位和个人应当按照国家有关机关要求对下列名单所列对象采取反洗钱特别预防措施:

（一）国家反恐怖主义工作领导机构认定并由其办事机构公告的恐怖活动组织和人员名单；

（二）外交部发布的执行联合国安理会决议通知中涉及定向金融制裁的组织和人员名单；

（三）国务院反洗钱行政主管部门认定或者会同国家有关机关认定的，具有重大洗钱风险、不采取措施可能造成严重后果的组织和人员名单。

对前款第一项规定的名单有异议的，当事人可以依照《中华人民共和国反恐怖主义法》的规定申请复核。对前款第二项规定的名单有异议的，当事人可以按照有关程序提出从名单中除去的申请。对前款第三项规定的名单有异议的，当事人可以向作出认定的部门申请行政复议；对行政复议决定不服的，可以依法提起行政诉讼。

反洗钱特别预防措施包括立即停止向名单所列对象及其代理人、受其指使的组织和人员、其直接或者间接控制的组织提供金融等服务或者资金、资产，立即限制相关资金、资产转移等。

第一款规定的名单所列对象可以按照规定向国家有关机关申请使用被限制的资金、资产用于单位和个人的基本开支及其他必需支付的费用。采取反洗钱特别预防措施应当保护善意第三人合法权益，善意第三人可以依法进行权利救济。

● 法　律

1.《反恐怖主义法》(2018年4月27日)

　　　　　第二章　恐怖活动组织和人员的认定

第12条　国家反恐怖主义工作领导机构根据本法第三条①的规定，认定恐怖活动组织和人员，由国家反恐怖主义工作领导机构的办事机构予以公告。

第13条　国务院公安部门、国家安全部门、外交部门和省级反恐怖主义工作领导机构对于需要认定恐怖活动组织和人员的，应当向国家反恐怖主义工作领导机构提出申请。

第14条　金融机构和特定非金融机构对国家反恐怖主义工作领导机构的办事机构公告的恐怖活动组织和人员的资金或者其他资产，应当立即予以冻结，并按照规定及时向国务院公安部门、国家安全部门和反洗钱行政主管部门报告。

第15条　被认定的恐怖活动组织和人员对认定不服的，可以通过国家反恐怖主义工作领导机构的办事机构申请复核。国家反恐怖主义工作领导机构应当及时进行复核，作出维持或者撤销

---

①　《反恐怖主义法》第三条规定："本法所称恐怖主义，是指通过暴力、破坏、恐吓等手段，制造社会恐慌、危害公共安全、侵犯人身财产，或者胁迫国家机关、国际组织，以实现其政治、意识形态等目的的主张和行为。本法所称恐怖活动，是指恐怖主义性质的下列行为：（一）组织、策划、准备实施、实施造成或者意图造成人员伤亡、重大财产损失、公共设施损坏、社会秩序混乱等严重社会危害的活动的；（二）宣扬恐怖主义，煽动实施恐怖活动，或者非法持有宣扬恐怖主义的物品，强制他人在公共场所穿戴宣扬恐怖主义的服饰、标志的；（三）组织、领导、参加恐怖活动组织的；（四）为恐怖活动组织、恐怖活动人员、实施恐怖活动或者恐怖活动培训提供信息、资金、物资、劳务、技术、场所等支持、协助、便利的；（五）其他恐怖活动。本法所称恐怖活动组织，是指三人以上为实施恐怖活动而组成的犯罪组织。本法所称恐怖活动人员，是指实施恐怖活动的人和恐怖活动组织的成员。本法所称恐怖事件，是指正在发生或者已经发生的造成或者可能造成重大社会危害的恐怖活动。"

认定的决定。复核决定为最终决定。

国家反恐怖主义工作领导机构作出撤销认定的决定的,由国家反恐怖主义工作领导机构的办事机构予以公告;资金、资产已被冻结的,应当解除冻结。

第16条 根据刑事诉讼法的规定,有管辖权的中级以上人民法院在审判刑事案件的过程中,可以依法认定恐怖活动组织和人员。对于在判决生效后需要由国家反恐怖主义工作领导机构的办事机构予以公告的,适用本章的有关规定。

● 部门规章及文件

2.《互联网金融从业机构反洗钱和反恐怖融资管理办法(试行)》(2018年9月29日)

第19条 从业机构应当对下列恐怖组织和恐怖活动人员名单开展实时监测,有合理理由怀疑客户或者其交易对手、资金或者其他资产与名单相关的,应当立即提交可疑交易报告,并依法对相关资金或者其他资产采取冻结措施:

(一)中国政府发布的或者承认执行的恐怖活动组织及恐怖活动人员名单。

(二)联合国安理会决议中所列的恐怖活动组织及恐怖活动人员名单。

(三)中国人民银行及国务院有关金融监督管理机构要求关注的其他涉嫌恐怖活动的组织及人员名单。

对于新发布或者新调整的名单,从业机构应当立即开展回溯性调查,按照本条第一款规定提交可疑交易报告。对于中国人民银行或者其他有权部门要求纳入反洗钱、反恐怖融资监控体系的名单,从业机构应当参照本办法相关规定执行。

法律法规、规章和中国人民银行对上述名单的监控另有规定的,从其规定。

3. 《金融机构大额交易和可疑交易报告管理办法》（2018年7月26日）

第18条　金融机构应当对下列恐怖活动组织及恐怖活动人员名单开展实时监测，有合理理由怀疑客户或者其交易对手、资金或者其他资产与名单相关的，应当在立即向中国反洗钱监测分析中心提交可疑交易报告的同时，以电子形式或书面形式向所在地中国人民银行或者其分支机构报告，并按照相关主管部门的要求依法采取措施。

（一）中国政府发布的或者要求执行的恐怖活动组织及恐怖活动人员名单。

（二）联合国安理会决议中所列的恐怖活动组织及恐怖活动人员名单。

（三）中国人民银行要求关注的其他涉嫌恐怖活动的组织及人员名单。

恐怖活动组织及恐怖活动人员名单调整的，金融机构应当立即开展回溯性调查，并按前款规定提交可疑交易报告。

法律、行政法规、规章对上述名单的监控另有规定的，从其规定。

4. 《中国人民银行关于〈金融机构大额交易和可疑交易报告管理办法〉有关执行要求的通知》（2017年4月21日）

四、关于涉恐名单监控的履职要求

义务机构对恐怖活动组织及恐怖活动人员名单开展实时监测，应当覆盖义务机构的所有业务条线和业务环节。对《管理办法》第十八条规定的可疑交易报告，义务机构应当立即提交，最迟不得超过业务发生后的24小时。

恐怖活动组织及恐怖活动人员名单调整的，义务机构应当立即针对本机构的所有客户以及上溯三年内的交易启动回溯性调查，并按照规定提交可疑交易报告。对跨境交易和一次性交易等较高风险业务的回溯性调查应当在知道或者应当知道恐怖活动组织及恐怖活动人员名单之日起 5 个工作日内完成。义务机构开展回溯性调查的相关工作记录至少应当完整保存 5 年。

公安、外交等部门要求对有关组织、实体或个人采取监控措施的，义务机构参照《管理办法》及本通知的相关规定执行。

第四十一条　金融机构落实反洗钱特别预防措施的义务

金融机构应当识别、评估相关风险并制定相应的制度，及时获取本法第四十条第一款规定的名单，对客户及其交易对象进行核查，采取相应措施，并向反洗钱行政主管部门报告。

● 部门规章及文件

1.《保险业反洗钱工作管理办法》（2011 年 9 月 13 日）

第 18 条　保险公司、保险资产管理公司应当根据监管要求密切关注涉恐人员名单，及时对本机构客户进行风险排查，依法采取相应措施。

2.《中国人民银行关于加强贵金属交易场所反洗钱和反恐怖融资工作的通知》（2017 年 9 月 26 日）

二、交易场所、交易商应当积极履行反洗钱和反恐怖融资义务

……

（八）交易场所、交易商应当采取必要的监控措施，对国家有权机关公布的恐怖活动组织及恐怖活动人员名单等进行监测，不得与名单上的任何实体、组织或者个人建立业务关系，或者为其提供任何形式的服务，对与恐怖活动组织和人员等有关的资金或者其他资产，依法立即采取冻结措施，并按照规定及时向所在地公安机关、国家安全机关和中国人民银行分支机构报告。

……

第四十二条　特定非金融机构的反洗钱义务

　　特定非金融机构在从事规定的特定业务时，参照本章关于金融机构履行反洗钱义务的相关规定，根据行业特点、经营规模、洗钱风险状况履行反洗钱义务。

● 部门规章及文件

1.《银行跨境业务反洗钱和反恐怖融资工作指引（试行）》（2021年1月19日）

　　第32条　【参照适用】非银行金融机构、非银行支付机构、清算机构、个人本外币兑换特许业务机构等其他从事跨境业务的反洗钱义务机构参照本指引执行。

2.《法人金融机构洗钱和恐怖融资风险自评估指引》（2021年1月15日）

　　第34条第4款　银行卡清算机构、资金清算中心等从事支付清算业务的机构，从事汇兑业务、基金销售业务、保险专业代理和保险经纪业务的机构，以及网络小额贷款公司等其他从事互联网金融业务的非金融机构开展洗钱风险自评估可参照本指引。

3.《中国人民银行办公厅关于加强特定非金融机构反洗钱监管工作的通知》（2018年7月13日）

　　三、特定非金融机构应当遵守法律法规等规章制度，开展反洗钱和反恐怖融资工作。如有对特定非金融机构开展反洗钱和反恐怖融资工作更为具体或者严格的规范性文件，特定非金融机构应从其规定；如没有更为具体或者严格规定的，特定非金融机构应参照适用金融机构的反洗钱和反恐怖融资规定执行。

4.《保险业反洗钱工作管理办法》（2011年9月13日）

　　第40条　保险公司与非金融机构类保险兼业代理机构的反洗钱合作可以参照本办法。

第四章　反洗钱调查

第四十三条　调查条件和程序

国务院反洗钱行政主管部门或者其设区的市级以上派出机构发现涉嫌洗钱的可疑交易活动或者违反本法规定的其他行为，需要调查核实的，经国务院反洗钱行政主管部门或者其设区的市级以上派出机构负责人批准，可以向金融机构、特定非金融机构发出调查通知书，开展反洗钱调查。

反洗钱行政主管部门开展反洗钱调查，涉及特定非金融机构的，必要时可以请求有关特定非金融机构主管部门予以协助。

金融机构、特定非金融机构应当配合反洗钱调查，在规定时限内如实提供有关文件、资料。

开展反洗钱调查，调查人员不得少于二人，并应当出示执法证件和调查通知书；调查人员少于二人或者未出示执法证件和调查通知书的，金融机构、特定非金融机构有权拒绝接受调查。

● 法　律

1.《证券法》（2019 年 12 月 28 日）

第 171 条　国务院证券监督管理机构对涉嫌证券违法的单位或者个人进行调查期间，被调查的当事人书面申请，承诺在国务院证券监督管理机构认可的期限内纠正涉嫌违法行为，赔偿有关投资者损失，消除损害或者不良影响的，国务院证券监督管理机构可以决定中止调查。被调查的当事人履行承诺的，国务院证券监督管理机构可以决定终止调查；被调查的当事人未履行承诺或者有国务院规定的其他情形的，应当恢复调查。具体办法由国务院规定。

271

国务院证券监督管理机构决定中止或者终止调查的,应当按照规定公开相关信息。

第172条　国务院证券监督管理机构依法履行职责,进行监督检查或者调查,其监督检查、调查的人员不得少于二人,并应当出示合法证件和监督检查、调查通知书或者其他执法文书。监督检查、调查的人员少于二人或者未出示合法证件和监督检查、调查通知书或者其他执法文书的,被检查、调查的单位和个人有权拒绝。

第173条　国务院证券监督管理机构依法履行职责,被检查、调查的单位和个人应当配合,如实提供有关文件和资料,不得拒绝、阻碍和隐瞒。

第174条第2款　国务院证券监督管理机构依据调查结果,对证券违法行为作出的处罚决定,应当公开。

● 部门规章及文件

2. 《金融机构反洗钱规定》(2006年11月14日)

第21条　中国人民银行或者其省一级分支机构发现可疑交易活动需要调查核实的,可以向金融机构调查可疑交易活动涉及的客户账户信息、交易记录和其他有关资料,金融机构及其工作人员应当予以配合。

前款所称中国人民银行或者其省一级分支机构包括中国人民银行总行、上海总部、分行、营业管理部、省会(首府)城市中心支行、副省级城市中心支行。

3. 《金融机构反洗钱和反恐怖融资监督管理办法》(2021年4月15日)

第25条　为了解金融机构洗钱和恐怖融资风险状况,中国人民银行及其分支机构可以对金融机构开展洗钱和恐怖融资风险现场评估。

中国人民银行及其分支机构开展现场风险评估应当填制《反洗钱监管审批表》(附1)及《反洗钱监管通知书》(附2),经本行（营业管理部）行长（主任）或者分管副行长（副主任）批准后，至少提前5个工作日将《反洗钱监管通知书》送达被评估的金融机构。

中国人民银行及其分支机构可以要求被评估的金融机构提供必要的资料数据，也可以现场采集评估需要的信息。

在开展现场风险评估时，中国人民银行及其分支机构的反洗钱工作人员不得少于2人，并出示合法证件。

现场风险评估结束后，中国人民银行及其分支机构应当制发《反洗钱监管意见书》（附3），将风险评估结论和发现的问题反馈被评估的金融机构。

附1[①]

中国人民银行　　　　行（营业管理部）

反洗钱监管审批表

反洗钱　〔　〕　号

反洗钱监管立项申请内容	项目名称	
	监管理由	
	监管依据	
	监管对象	
	监管内容	
	监管期限	年　月　日至　年　月　日
	监管方式（在对应项后打√）	约见谈话□　现场风险评估□　监管走访□
	监管实施时间	年　月　日至　年　月　日
	监管人员	监管组组长： 监管组成员：
	备注	

[①]《反洗钱监管审批表》《反洗钱监管通知书》《反洗钱监管意见书》均为编者依照相关资料编入。

续表

审批情况	部门负责人签字	
	行(营业管理部)领导审批签字	

附2

中国人民银行　　　行（营业管理部）
反洗钱监管通知书

反洗钱　〔　〕　号

（监管对象名称）：

依据《中华人民共和国反洗钱法》《中华人民共和国中国人民银行法》　　　　等法律法规，我行（营业管理部）对你单位实施反洗钱监管，现将有关事项通知如下：

监管方式：约见谈话□　　监管走访□　　现场风险评估□

（在对应项后打√）

监管内容：

监管期限：

监管实施时间：　　年　　月　　日至　　年　　月　　日

监管组组长：

监管组成员：

所需你单位提供的数据、资料：

请你单位配合监管工作，并提供必要的工作条件。

（公章）
年　月　日

备注：本通知书一式两份，监管机构一份，监管对象一份。

附 3

```
          中国人民银行     行（营业管理部）
              反洗钱监管意见书
              反洗钱  〔  〕  号
------------------------------------------------
（监管对象名称）：
    我行（营业管理部）    于  年  月  日至  年
月   日对你单位实施了反洗钱监管（现场风险评估□  监管走访□）
活动，特此提出如下监管意见：




                              （公章）
                               年  月  日
```

第 26 条 根据金融机构合规情况和风险状况，中国人民银行及其分支机构可以采取监管提示、约见谈话、监管走访等措施。在监管过程中，发现金融机构存在较高洗钱和恐怖融资风险或者涉嫌违反反洗钱和反恐怖融资规定的，中国人民银行及其分支机构应当及时开展执法检查。

4.《中国人民银行反洗钱调查实施细则（试行）》（2007 年 5 月 21 日）

第 4 条 中国人民银行及其省一级分支机构实施反洗钱调查时，金融机构应当予以配合，如实提供有关文件和资料，不得拒绝或者阻碍。金融机构及其工作人员拒绝、阻碍反洗钱调查，拒绝提供调查材料或者故意提供虚假材料的，依法承担相应法律责任。

调查人员违反规定程序的，金融机构有权拒绝调查。

第6条　中国人民银行及其省一级分支机构发现下列可疑交易活动，需要调查核实的，可以向金融机构进行反洗钱调查：

（一）金融机构按照规定报告的可疑交易活动；

（二）通过反洗钱监督管理发现的可疑交易活动；

（三）中国人民银行地市中心支行、县（市）支行报告的可疑交易活动；

（四）其他行政机关或者司法机关通报的涉嫌洗钱的可疑交易活动；

（五）单位和个人举报的可疑交易活动；

（六）通过涉外途径获得的可疑交易活动；

（七）其他有合理理由认为需要调查核实的可疑交易活动。

第7条　中国人民银行负责对下列可疑交易活动组织反洗钱调查：

（一）涉及全国范围的、重大的、复杂的可疑交易活动；

（二）跨省的、重大的、复杂的可疑交易活动，中国人民银行省一级分支机构调查存在较大困难的；

（三）涉外的可疑交易活动，可能有重大政治、社会或者国际影响的；

（四）中国人民银行认为需要调查的其他可疑交易活动。

第8条　中国人民银行省一级分支机构负责对本辖区内的可疑交易活动进行反洗钱调查。

中国人民银行省一级分支机构对发生在本辖区内的可疑交易活动进行反洗钱调查存在较大困难的，可以报请中国人民银行进行调查。

第9条　中国人民银行省一级分支机构在实施反洗钱调查

时，需要中国人民银行其他省一级分支机构协助调查的，可以填写《反洗钱协助调查申请表》（见附1），报请中国人民银行批准。

5.《社会组织反洗钱和反恐怖融资管理办法》（2017年11月17日）

第17条第1款　中国人民银行或者其副省级城市中心支行以上分支机构发现可疑交易活动需要调查核实的，可以向社会组织进行调查。

6.《支付机构反洗钱和反恐怖融资管理办法》（2012年3月5日）

第五章　反洗钱和反恐怖融资调查

第40条　中国人民银行及其分支机构发现可疑交易活动需要调查核实的，可以向支付机构进行调查。中国人民银行及其分支机构向支付机构调查可疑交易活动，适用中国人民银行关于反洗钱调查的有关规定。

第41条　中国人民银行及其分支机构实施反洗钱和反恐怖融资调查时，支付机构应当积极配合，如实提供调查材料，不得拒绝或者阻碍。

第42条　中国人民银行及其分支机构调查可疑交易活动，可以采取下列措施：

（一）询问支付机构的工作人员，要求其说明情况。

（二）查阅、复制可疑交易活动涉及的客户身份资料、交易记录和其他有关资料。对可能被转移、隐藏、篡改或者毁损的文件、资料予以封存。

（三）中国人民银行规定的其他措施。

7.《保险业反洗钱工作管理办法》（2011年9月13日）

第27条　保险公司、保险资产管理公司应当配合反洗钱监督检查、行政调查以及涉嫌洗钱犯罪活动的调查，记录并保存配合检查、调查的相关情况。

8.《中国人民银行关于加强贵金属交易场所反洗钱和反恐怖融资工作的通知》（2017 年 9 月 26 日）

三、加强对交易场所、交易商反洗钱和反恐怖融资工作的监督管理

（一）中国人民银行依照《中华人民共和国反洗钱法》，组织、部署交易场所、交易商反洗钱和反恐怖融资工作，依法对交易场所、交易商履行反洗钱和反恐怖融资义务的情况进行监督检查，负责反洗钱和反恐怖融资的资金监测，在职责范围内调查可疑交易活动。交易场所、交易商应当积极配合中国人民银行及其分支机构依法进行的反洗钱调查，不得拒绝、阻碍反洗钱调查，不得谎报、隐匿、销毁相关证据材料。

……

第四十四条　调查措施

国务院反洗钱行政主管部门或者其设区的市级以上派出机构开展反洗钱调查，可以采取下列措施：

（一）询问金融机构、特定非金融机构有关人员，要求其说明情况；

（二）查阅、复制被调查对象的账户信息、交易记录和其他有关资料；

（三）对可能被转移、隐匿、篡改或者毁损的文件、资料予以封存。

询问应当制作询问笔录。询问笔录应当交被询问人核对。记载有遗漏或者差错的，被询问人可以要求补充或者更正。被询问人确认笔录无误后，应当签名或者盖章；调查人员也应当在笔录上签名。

调查人员封存文件、资料，应当会同金融机构、特定非金融机构的工作人员查点清楚，当场开列清单一式二份，由调查人员和金融机构、特定非金融机构的工作人员签名或者盖章，一份交金融机构或者特定非金融机构，一份附卷备查。

● 法　律

1.《证券法》（2019 年 12 月 28 日）

第 169 条　国务院证券监督管理机构在对证券市场实施监督管理中履行下列职责：

……

（九）依法对证券违法行为进行查处；

……

第 170 条　国务院证券监督管理机构依法履行职责，有权采取下列措施：

（一）对证券发行人、证券公司、证券服务机构、证券交易场所、证券登记结算机构进行现场检查；

（二）进入涉嫌违法行为发生场所调查取证；

（三）询问当事人和与被调查事件有关的单位和个人，要求其对与被调查事件有关的事项作出说明；或者要求其按照指定的方式报送与被调查事件有关的文件和资料；

（四）查阅、复制与被调查事件有关的财产权登记、通讯记录等文件和资料；

（五）查阅、复制当事人和与被调查事件有关的单位和个人的证券交易记录、登记过户记录、财务会计资料及其他相关文件和资料；对可能被转移、隐匿或者毁损的文件和资料，可以予以封存、扣押；

（六）查询当事人和与被调查事件有关的单位和个人的资金账户、证券账户、银行账户以及其他具有支付、托管、结算等功能的账户信息,可以对有关文件和资料进行复制;对有证据证明已经或者可能转移或者隐匿违法资金、证券等涉案财产或者隐匿、伪造、毁损重要证据的,经国务院证券监督管理机构主要负责人或者其授权的其他负责人批准,可以冻结或者查封,期限为六个月;因特殊原因需要延长的,每次延长期限不得超过三个月,冻结、查封期限最长不得超过二年;

(七)在调查操纵证券市场、内幕交易等重大证券违法行为时,经国务院证券监督管理机构主要负责人或者其授权的其他负责人批准,可以限制被调查的当事人的证券买卖,但限制的期限不得超过三个月;案情复杂的,可以延长三个月;

(八)通知出境入境管理机关依法阻止涉嫌违法人员、涉嫌违法单位的主管人员和其他直接责任人员出境。

为防范证券市场风险,维护市场秩序,国务院证券监督管理机构可以采取责令改正、监管谈话、出具警示函等措施。

第172条　国务院证券监督管理机构依法履行职责,进行监督检查或者调查,其监督检查、调查的人员不得少于二人,并应当出示合法证件和监督检查、调查通知书或者其他执法文书。监督检查、调查的人员少于二人或者未出示合法证件和监督检查、调查通知书或者其他执法文书的,被检查、调查的单位和个人有权拒绝。

● 部门规章及文件

2.《金融机构反洗钱规定》(2006年11月14日)

第22条　中国人民银行或者其省一级分支机构调查可疑交易活动,可以询问金融机构的工作人员,要求其说明情况;查阅、复制被调查的金融机构客户的账户信息、交易记录和其他有关资料;对可能被转移、隐藏、篡改或者毁损的文件、资料,可以封存。

调查可疑交易活动时,调查人员不得少于2人,并出示执法证和中国人民银行或者其省一级分支机构出具的调查通知书。查阅、复制、封存被调查的金融机构客户的账户信息、交易记录和其他有关资料，应当经中国人民银行或者其省一级分支机构负责人批准。调查人员违反规定程序的，金融机构有权拒绝调查。

询问应当制作询问笔录。询问笔录应当交被询问人核对。记载有遗漏或者差错的，被询问人可以要求补充或者更正。被询问人确认笔录无误后，应当签名或者盖章；调查人员也应当在笔录上签名。

调查人员封存文件、资料，应当会同在场的金融机构工作人员查点清楚，当场开列清单一式二份，由调查人员和在场的金融机构工作人员签名或者盖章，一份交金融机构，一份附卷备查。

3.《中国人民银行反洗钱调查实施细则（试行）》（2007年5月21日）

第三章 调查准备

第10条 中国人民银行及其省一级分支机构发现符合本实施细则第六条的可疑交易活动时，应当登记，作为反洗钱调查的原始材料，妥善保管、存档备查。

第11条 中国人民银行及其省一级分支机构对可疑交易活动进行初步审查，认为需要调查核实的，应填写《反洗钱调查审批表》（见附2），报行长（主任）或者主管副行长（副主任）批准。

第12条 中国人民银行及其省一级分支机构实施反洗钱调查前应当成立调查组。

调查组成员不得少于2人，并均应持有《中国人民银行执法证》。调查组设组长一名，负责组织开展反洗钱调查。必要时，可以抽调中国人民银行地市中心支行、县（市）支行工作人员作为调查组成员。

第13条 调查人员与被调查对象或者可疑交易活动有利害

关系，可能影响公正调查的，应当回避。

第 14 条 对重大、复杂的可疑交易活动进行反洗钱调查前，调查组应当制定调查实施方案。

第 15 条 调查组在实施反洗钱调查前，应制作《反洗钱调查通知书》（见附 3，附 3-1 适用于现场调查，附 3-2 适用于书面调查），并加盖中国人民银行或者其省一级分支机构的公章。

第 16 条 调查组可以根据调查的需要，提前通知金融机构，要求其进行相应准备。

第四章 调查实施

第 17 条 调查组实施反洗钱调查，可以采取书面调查或者现场调查的方式。

第 18 条 实施反洗钱调查时，调查组应当调查如下情况：

（一）被调查对象的基本情况；

（二）可疑交易活动是否属实；

（三）可疑交易活动发生的时间、金额、资金来源和去向等；

（四）被调查对象的关联交易情况；

（五）其他与可疑交易活动有关的事实。

第 19 条 实施现场调查时，调查组到场人员不得少于 2 人，并应当出示《中国人民银行执法证》和《反洗钱调查通知书》。

调查组组长应当向金融机构说明调查目的、内容、要求等情况。

第 20 条 实施现场调查时，调查组可以询问金融机构的工作人员，要求其说明情况。

询问应当在被询问人的工作时间进行。

询问可以在金融机构进行，也可以在被询问人同意的其他地点进行。

询问时，调查组在场人员不得少于 2 人。

询问前，调查人员应当告知被询问人对询问有如实回答和保密的义务，对与调查无关的问题有拒绝回答的权利。

第21条　询问时，调查人员应当制作《反洗钱调查询问笔录》（见附4）。询问笔录应当交被询问人核对。询问笔录有遗漏或者差错的，被询问人可以要求补充或者更正，并按要求在修改处签名、盖章。被询问人确认笔录无误后，应当在询问笔录上逐页签名或者盖章；拒绝签名或者盖章的，调查人员应当在询问笔录中注明。调查人员也应当在笔录上签名。

被询问人可以自行提供书面材料。必要时，调查人员也可以要求被询问人自行书写。被询问人应当在其提供的书面材料的末页上签名或者盖章。调查人员收到书面材料后，应当在首页右上方写明收到日期并签名。被询问人提供的书面材料应当作为询问笔录的附件一并保管。

第22条　实施现场调查时，调查组可以查阅、复制被调查对象的下列资料：

（一）账户信息，包括被调查对象在金融机构开立、变更或注销账户时提供的信息和资料；

（二）交易记录，包括被调查对象在金融机构中进行资金交易过程中留下的记录信息和相关凭证；

（三）其他与被调查对象和可疑交易活动有关的纸质、电子或音像等形式的资料。

查阅、复制电子数据应当避免影响金融机构的正常经营。

第23条　调查组可以对可能被转移、隐藏、篡改或者毁损的文件、资料予以封存。

封存期间，金融机构不得擅自转移、隐藏、篡改或者毁损被封存的文件、资料。

第24条　调查人员封存文件、资料时，应当会同在场的金融机构工作人员查点清楚，当场开列《反洗钱调查封存清单》（见附5）一式二份，由调查人员和在场的金融机构工作人员签名或者盖章，一份交金融机构，一份附卷备查。金融机构工作人员拒绝签名或者盖章的，调查人员应当在封存清单上注明。

必要时，调查人员可以对封存的文件、资料进行拍照或扫描。

第六章 调查结束

第 31 条 调查组查清本实施细则第十八条所列内容后，应当及时制作《反洗钱调查报告表》（见附 9）。

第 32 条 制作《反洗钱调查报告表》时，调查组应当按照下列情形，分别提出调查处理意见：

（一）经调查确认可疑交易活动不属实或者能够排除洗钱嫌疑的，结束调查；

（二）经调查不能排除洗钱嫌疑的，向有管辖权的侦查机关报案。

第 33 条 《反洗钱调查报告表》应当经中国人民银行或者其省一级分支机构行长（主任）或者主管副行长（副主任）批准。

第 34 条 结束调查的，对已经封存的文件、资料，中国人民银行或者其省一级分支机构应当制作《解除封存通知书》（见附 10），正式通知金融机构解除封存。

第 35 条 经调查不能排除洗钱嫌疑的，应当以书面形式向有管辖权的侦查机关报案。

中国人民银行省一级分支机构直接报案的，应当及时报中国人民银行备案。

第 36 条 调查结束或者报案后，中国人民银行或者其省一级分支机构应当将全部案卷材料立卷归档。

4.《互联网金融从业机构反洗钱和反恐怖融资管理办法（试行）》（2018 年 9 月 29 日）

第 21 条 从业机构应当依法接受中国人民银行及其分支机

构的反洗钱和反恐怖融资的现场检查、非现场监管和反洗钱调查，按照中国人民银行及其分支机构的要求提供相关信息、数据和资料，对所提供的信息、数据和资料的真实性、准确性、完整性负责，不得拒绝、阻挠、逃避监督检查和反洗钱调查，不得谎报、隐匿、销毁相关信息、数据和资料。金融机构、非银行支付机构以外的其他从业机构通过网络监测平台向中国人民银行报送反洗钱和反恐怖融资报告、报表及相关信息、数据和资料。

从业机构应当依法配合国务院有关金融监督管理机构及其派出机构的监督管理。

第四十五条 线索移送和临时冻结

经调查仍不能排除洗钱嫌疑或者发现其他违法犯罪线索的，应当及时向有管辖权的机关移送。接受移送的机关应当按照有关规定反馈处理结果。

客户转移调查所涉及的账户资金的，国务院反洗钱行政主管部门认为必要时，经其负责人批准，可以采取临时冻结措施。

接受移送的机关接到线索后，对已依照前款规定临时冻结的资金，应当及时决定是否继续冻结。接受移送的机关认为需要继续冻结的，依照相关法律规定采取冻结措施；认为不需要继续冻结的，应当立即通知国务院反洗钱行政主管部门，国务院反洗钱行政主管部门应当立即通知金融机构解除冻结。

临时冻结不得超过四十八小时。金融机构在按照国务院反洗钱行政主管部门的要求采取临时冻结措施后四十八小时内，未接到国家有关机关继续冻结通知的，应当立即解除冻结。

● **部门规章及文件**

1. 《金融机构反洗钱规定》(2006年11月14日)

　　第23条　经调查仍不能排除洗钱嫌疑的,应当立即向有管辖权的侦查机关报案。对客户要求将调查所涉及的账户资金转往境外的,金融机构应当立即向中国人民银行当地分支机构报告。经中国人民银行负责人批准,中国人民银行可以采取临时冻结措施,并以书面形式通知金融机构,金融机构接到通知后应当立即予以执行。

　　侦查机关接到报案后,认为需要继续冻结的,金融机构在接到侦查机关继续冻结的通知后,应当予以配合。侦查机关认为不需要继续冻结的,中国人民银行在接到侦查机关不需要继续冻结的通知后,应当立即以书面形式通知金融机构解除临时冻结。

　　临时冻结不得超过48小时。金融机构在按照中国人民银行的要求采取临时冻结措施后48小时内,未接到侦查机关继续冻结通知的,应当立即解除临时冻结。

2. 《中国人民银行反洗钱调查实施细则(试行)》(2007年5月21日)

第五章　临时冻结措施

　　第25条　客户要求将调查所涉及的账户资金转往境外的,金融机构应当立即向中国人民银行当地分支机构报告。

　　第26条　中国人民银行当地分支机构接到金融机构报告后,应当立即向有管辖权的侦查机关先行紧急报案。

　　中国人民银行地市中心支行、县(市)支行接到金融机构报告的,应当在紧急报案的同时向中国人民银行省一级分支机构报告。

　　第27条　中国人民银行省一级分支机构接到金融机构或者中国人民银行地市中心支行、县(市)支行的报告后,应当立即核实有关情况,并填写《临时冻结申请表》(见附6),报告中国人民银行。

第 28 条　中国人民银行行长或者主管副行长批准采取临时冻结措施的，中国人民银行应当制作《临时冻结通知书》（见附 7），加盖中国人民银行公章后正式通知金融机构按要求执行。

临时冻结期限为 48 小时，自金融机构接到《临时冻结通知书》之时起计算。

第 29 条　侦查机关认为不需要继续冻结的，中国人民银行在接到侦查机关不需要继续冻结的通知后，应当立即制作《解除临时冻结通知书》（见附 8），并加盖中国人民银行公章后正式通知金融机构解除临时冻结。

第 30 条　有下列情形之一的，金融机构应当立即解除临时冻结：

（一）接到中国人民银行的《解除临时冻结通知书》的；

（二）在按照中国人民银行的要求采取临时冻结措施后 48 小时内未接到侦查机关继续冻结通知的。

3.《银行业金融机构反洗钱和反恐怖融资管理办法》（2019 年 1 月 29 日）

第 25 条　银行业金融机构应当按照法律、行政法规及银行业监督管理机构的相关规定，履行协助查询、冻结、扣划义务，配合公安机关、司法机关等做好洗钱和恐怖融资案件调查工作。

第五章　反洗钱国际合作

第四十六条　反洗钱国际合作

中华人民共和国根据缔结或者参加的国际条约，或者按照平等互惠原则，开展反洗钱国际合作。

● 法 律

1.《银行业监督管理法》（2006 年 10 月 31 日）

第 7 条 国务院银行业监督管理机构可以和其他国家或者地区的银行业监督管理机构建立监督管理合作机制，实施跨境监督管理。

第 32 条 国务院银行业监督管理机构可以开展与银行业监督管理有关的国际交流、合作活动。

2.《证券法》（2019 年 12 月 28 日）

第 177 条第 1 款 国务院证券监督管理机构可以和其他国家或者地区的证券监督管理机构建立监督管理合作机制，实施跨境监督管理。

3.《商业银行法》（2015 年 8 月 29 日）

第 45 条 商业银行发行金融债券或者到境外借款，应当依照法律、行政法规的规定报经批准。

● 行政法规及文件

4.《国务院办公厅关于完善反洗钱、反恐怖融资、反逃税监管体制机制的意见》（2017 年 8 月 29 日）

（十一）明确执行联合国安理会反恐怖融资相关决议的程序。建立定向金融制裁名单的认定发布制度，明确相关单位在名单提交、审议、发布、监督执行、除名等方面的职责分工。完善和细化各行政主管部门、金融监管部门和反洗钱义务机构执行联合国安理会反恐怖融资决议要求的程序规定和监管措施，进一步明确资产冻结时效、范围、程序、善意第三人保护及相关法律责任，保证联合国安理会相关决议执行时效。

（二十三）做好反洗钱和反恐怖融资互评估，树立良好国际形象。切实履行成员义务，积极做好金融行动特别工作组（FATF）反洗钱和反恐怖融资互评估。将国际组织评估作为完善和改进反洗钱工作的重要契机,组织动员相关单位和反洗钱义务机构,严格对照反洗钱国际标准,结合我国实际情况,切实提高反洗钱工作合规性和有效性。

（二十四）深化反洗钱国际合作,促进我国总体战略部署顺利实施。进一步深入参与反洗钱国际标准研究、制定和监督执行,积极参与反洗钱国际（区域）组织内部治理改革和重大决策,提升我国在反洗钱国际（区域）组织中的话语权和影响力。继续加强反洗钱双边交流与合作,推进中美反洗钱和反恐怖融资监管合作。建立与部分重点国家（地区）的反洗钱监管合作机制,督促指导中资金融机构及其海外分支机构提升反洗钱工作意识和水平,维护其合法权益。配合"一带一路"倡议,做好与周边国家（地区）的反洗钱交流与合作。加强沟通协调,稳步推进加入埃格蒙特集团相关工作。利用国际金融情报交流平台,拓展反洗钱情报渠道。

● 部门规章及文件

5.《金融机构反洗钱规定》（2006 年 11 月 14 日）

第 14 条第 2 款　金融机构的境外分支机构应当遵循驻在国家或者地区反洗钱方面的法律规定,协助配合驻在国家或者地区反洗钱机构的工作。

6.《金融机构反洗钱和反恐怖融资监督管理办法》（2021 年 4 月 15 日）

第 16 条　在境外设有分支机构或控股附属机构的,境内金融机构总部应当按年度向中国人民银行或者所在地中国人民银行分支机构报告境外分支机构或控股附属机构接受驻在国家（地区）反洗钱和反恐怖融资监管情况。

7.《银行跨境业务反洗钱和反恐怖融资工作指引（试行）》

（2021年1月19日）

第1条 【立法目的和依据】为规范银行跨境业务管理，防范洗钱、恐怖融资及跨境资金非法流动风险，依据《中华人民共和国中国人民银行法》《中华人民共和国反洗钱法》《中华人民共和国外汇管理条例》《国务院办公厅关于完善反洗钱、反恐怖融资、反逃税监管体制机制的意见》等规定，制定本指引。

第2条 【跨境业务定义】本指引所指跨境业务是指境内外机构、境内外个人发生的跨境本外币收支活动和境内外汇经营活动。

第14条 【识别要求】银行为客户办理跨境业务应贯彻落实"了解你的业务"原则，建立完整、有效的跨境业务审核指引和操作流程，有效识别客户申请办理跨境业务的交易背景、交易性质、交易环节和交易目的等，审查交易的合规性、真实性、合理性及其与跨境收支的一致性。银行为客户提供跨境支付服务时，应当确保支付指令的完整性、一致性、可跟踪稽核和不可篡改。

第15条 【识别原则】银行识别客户跨境业务洗钱和恐怖融资风险，应遵循"逻辑合理性"和"商业合理性"原则，分析客户提供的交易材料之间是否能相互印证、逻辑合理；综合评估跨境业务金额、币种、期限等与相应的基础交易背景是否匹配等。

第16条 【识别方法】银行应根据跨境业务的种类，按照风险为本的原则，制定相应的跨境业务审查要求。审查内容包括但不限于：客户跨境业务需求、资金来源或用途、款项划转频率性质、路径与客户生产经营范围、财务状况是否相符；跨境业务的资金规模与客户实际经营规模、资本实力是否相符；跨境业务需求与行业特点、客户过往交易习惯或经营特征是否相符等。

第 22 条　【制裁情形】银行应严格按照外交部关于执行联合国安理会相关制裁决议和有权部门防范打击恐怖主义和恐怖融资相关要求采取相应措施。

8.**《法人金融机构洗钱和恐怖融资风险自评估指引》**（2021 年 1 月 15 日）

第 24 条　法人金融机构收集自评估所需的各类信息，应当充分考虑内外部各方面来源，例如：

（一）金融行动特别工作组（FATF）、亚太反洗钱组织（APG）、欧亚反洗钱与反恐融资组织（EAG）发布的呼吁采取行动的高风险国家和应加强监控的国家名单、洗钱类型分析报告和相关行业指引，以及巴塞尔银行监管委员会（BCBS）、国际证券监管委员会组织（IOSCO）、国际保险监督官协会（IAIS）等国际组织发布的洗钱风险研究成果；

……

第 34 条第 1 款和第 2 款　境外金融机构在中国境内依法设立的最高层级分支机构（或被指定为境内报告行的分支机构），应参照本指引开展评估。

若境外金融机构的洗钱风险自评估已覆盖在我国境内分公司，且已充分考虑本指引要求的各项因素，特别是中国境内与跨境洗钱犯罪威胁形势和手法、中国境内分支机构客户群体与产品业务、渠道特色，能够实现对中国境内地域、客户群体、产品业务、渠道的洗钱风险评估和管理要求，境外金融机构在我国境内的分支机构可直接援引其总公司或集团的洗钱风险自评估结论。

9.**《银行业金融机构反洗钱和反恐怖融资管理办法》**（2019 年 1 月 29 日）

第 4 条第 1 款　银行业金融机构境外分支机构和附属机构，应当遵循驻在国家（地区）反洗钱和反恐怖融资方面的法律规定，协助配合驻在国家（地区）监管机构的工作，同时在驻在国家（地区）法律规定允许的范围内，执行本办法的有关要求。

第 20 条　银行业金融机构应当依法执行联合国安理会制裁决议要求。

第 26 条第 1 款　银行业金融机构应当做好境外洗钱和恐怖融资风险管控和合规经营工作。境外分支机构和附属机构要加强与境外监管当局的沟通，严格遵守境外反洗钱和反恐怖融资法律法规及相关监管要求。

第 27 条　银行业金融机构应当对跨境业务开展尽职调查和交易监测工作，做好跨境业务洗钱风险、制裁风险和恐怖融资风险防控，严格落实代理行尽职调查与风险分类评级义务。

第 46 条　国务院银行业监督管理机构应当加强与境外监管当局的沟通与交流，通过签订监管合作协议、举行双边监管磋商和召开监管联席会议等形式加强跨境反洗钱和反恐怖融资监管合作。

第 47 条　银行业监督管理机构应当在职责范围内定期开展对银行业金融机构境外机构洗钱和恐怖融资风险管理情况的监测分析。监管机构应当将境外机构洗钱和恐怖融资风险管理情况作为与银行业金融机构监管会谈及外部审计会谈的重要内容。

第 48 条　银行业监督管理机构应当在职责范围内对银行业金融机构境外机构洗钱和恐怖融资风险管理情况依法开展现场检查，对存在问题的境外机构及时采取监管措施，并对违规机构依法依规进行处罚。

10.《中国人民银行办公厅关于进一步加强反洗钱和反恐怖融资工作的通知》(2018 年 7 月 23 日)

三、加强跨境汇款业务的风险防控和管理

……

（四）其他要求。

……

2. 义务机构在处理跨境汇款业务过程中，应当严格执行联合国安理会有关防范和打击恐怖主义和恐怖融资的相关决议（如联合国安理会第 1267 号决议和第 1373 号决议及其后续决议），禁止与决议所列的个人或实体进行交易，并按照规定采取限制交易、冻结等控制措施。

……

11. 《社会组织反洗钱和反恐怖融资管理办法》（2017 年 11 月 17 日）

第 8 条　社会组织与境外组织建立合作关系或者发生资金交易时，应当充分收集有关境外组织业务、声誉、内部控制制度、合法经营情况等方面的信息，评估境外组织洗钱和恐怖融资风险，并在书面协议中明确本组织与境外组织在反洗钱和反恐怖融资方面的责任和义务。

第 20 条　中国人民银行及其分支机构、民政部门依法获取的社会组织相关信息，可以用于反洗钱和反恐怖融资国际合作。

第 22 条　中国人民银行会同民政部发布关于社会组织反洗钱和反恐怖融资内部控制制度、与境外组织合作协议以及其他实践操作的指引文件。

12. 《中国人民银行关于加强反洗钱客户身份识别有关工作的通知》（2017 年 10 月 20 日）

三、加强特定业务关系中客户的身份识别措施

……

（三）对来自金融行动特别工作组（FATF）、亚太反洗钱组织（APG）、欧亚反洗钱和反恐怖融资组织（EAG）等国际反洗钱组织指定高风险国家或者地区的客户，义务机构应当根据其风险状况，采取相应的强化身份识别措施。

……

（六）银行业金融机构应当遵守《金融机构客户身份识别和

客户身份资料及交易记录保存管理办法》等规章制度,同时参照金融行动特别工作组、沃尔夫斯堡集团关于代理行业务的相关要求,严格履行代理行业务的身份识别义务。

13.《中国人民银行关于金融机构在跨境业务合作中加强反洗钱工作的通知》(2012年8月19日)

三、对于与本金融机构同属一个母公司或一家控股股东的境外金融机构,金融机构在公司(集团)框架下与其进行业务合作时,应从地域、业务、客户等角度全面评估洗钱风险,并根据风险状况采取切实可行的风险控制措施,预防风险传导至境内。

14.《中国人民银行关于加强跨境汇款业务反洗钱工作的通知》(2012年8月12日)

三、防范境外反洗钱监管风险

鉴于跨境汇款业务的特殊性,金融机构不仅应严格遵守国内反洗钱规定,而且应认真研究反洗钱国际通行标准中有关电汇透明度、反扩散融资、执行联合国定向金融制裁等方面的监管要求,关注欧美等发达国家反洗钱监管政策走向,采取应对策略,有效控制风险。

● 案例指引

1. 准确认定利用虚拟货币洗钱新手段,上游犯罪查证属实未判决的,不影响洗钱罪的认定(最高人民检察院 中国人民银行惩治洗钱犯罪典型案例)

案例要旨:利用虚拟货币跨境兑换,将犯罪所得及收益转换成境外法定货币或者财产,是洗钱犯罪新手段,洗钱数额以兑换虚拟货币实际支付的资金数额计算。虽然我国监管机关明确禁止代币发行融资和兑换活动,但由于各个国家和地区对比特币等虚拟货币采取的监管政策存在差异,通过境外虚拟货币服务商、交易所,可实现虚拟货币与法定货币的自由兑换,虚拟货币被利用成为跨境清洗资金的新手段。根据利用虚拟货币洗钱犯罪的交易特点收集运用证据，查清法定货币与虚拟货币的转换过程。要按照虚拟货币交易流程，收集行为人将赃款转换为虚拟货币、将虚拟货币兑换成法定货币或者使用虚拟货币的交易记录等证据，包括比特币地址、密钥，行为人与比特币持有者的联络信息和资金流向数据等。人民检察院对办案过程中发现的洗钱犯罪新手段新类型新情况，要及时向人民银行通报反馈，提示犯罪风险、提出意见建议，帮助丰富反洗钱监测模型、完善监管措施。人民银行要充分发挥反洗钱国际合作职能，向国际反洗钱组织主动提供成功案例，通报新型洗钱手段和应对措施，深度参与反洗钱国际治理，向世界展示中国作为负责任的大国在反洗钱工作方面的决心和力度。上游犯罪查证属实，尚未依法裁判，或者依法不追究刑事责任的，不影响洗钱罪的认定和起诉。在追诉犯罪过程中，可能存在上游犯罪与洗钱犯罪的侦查、起诉以及审判活动不同步的情形，或者因上游犯罪嫌疑人潜逃、死亡、未达到刑事责任年龄等原因出现暂时无法追究刑事责任或者依法不追究刑事责任等情形。洗钱罪虽是下游犯罪，但是仍然是独立的犯罪，从惩治犯罪的必要性和及时性考虑，当存在上述情形时，可以将上游犯罪作为洗钱犯罪的案内事实进行审查，根据相关证据能够认定上游犯罪的，上游犯罪未经刑事判决确认不影响对洗钱罪的认定。

2. 地下钱庄实施洗钱犯罪（人民法院依法惩治金融犯罪典型案例）[①]

案例要旨：被告人袁某某未经国家有关主管部门批准，非法经营外汇兑换业务，在上游客户报价的基础上，加价与下游客户进行资金兑换，从中加收手续费赚取差价牟利。2018年5月至2020年5月，袁某某在明知曾某某等人（另案处理）从事走私犯罪的情况下，

[①] 参见中华人民共和国最高人民法院网站，https://www.court.gov.cn/zixun/xiangqing/372731.html，最后访问时间：2024年11月19日。以下不再标注。

多次帮助曾某某等人将人民币兑换成美元。袁某某与曾某某等人通过微信群商谈好兑换汇率、兑换金额后，通过其控制的银行账户收取转入的人民币，扣除自己的获利后将剩余人民币转给上游客户指定的银行账户。上游客户收到转账后，通过香港的银行账户将非法兑换出的美元转入曾某某等人提供的香港收款账户中。经调查核实，袁某某为曾某某等人非法兑换外汇并将资金汇往境外，金额共计人民币约1.7亿元。本案是地下钱庄实施洗钱犯罪的典型案件。近年来，随着国内外经济形势变化，恐怖主义犯罪国际化，走私犯罪和跨境毒品犯罪增加，以及我国加大对贪污贿赂犯罪的打击力度，涉地下钱庄刑事案件不断增多。地下钱庄已成为不法分子从事洗钱和转移资金的最主要通道，不但涉及经济金融领域的犯罪，还日益成为电信诈骗、网络赌博等犯罪活动转移赃款的渠道，成为贪污腐败分子和恐怖活动的"洗钱工具"和"帮凶"，不但严重破坏市场管理秩序，而且严重危害国家经济金融安全和社会稳定，必须依法严惩。本案依法以洗钱罪对地下钱庄经营者追究刑事责任，充分体现对涉地下钱庄洗钱犯罪的严厉打击，更好地发挥了打财断血的作用。

3. 跨境转移贪污公款实施洗钱犯罪（人民法院依法惩治金融犯罪典型案例）

案例要旨：2015年1月至2018年11月期间，同案被告人倪某甲（已判刑）教唆其姐姐倪某乙（另案处理）利用职务便利，持续从浙江省丽水市庆元县某区管委会及其下属的国有企业侵吞巨额公款。其间，被告人周某某在明知倪某甲用于赌博的钱款为公款的情况下，仍通过提供自己的银行账户或联系赌场、地下钱庄提供银行账户，协助倪某甲接收倪某乙贪污的公款，从国内转移到境外，合计人民币8782余万元。周某某在赌场为倪某甲"洗码"获得"佣金"人民币70余万元。本案是通过地下钱庄跨境转移贪污的公款实施洗钱犯罪的典型案件。被告人周某某明知同案被告人倪某甲用于赌博的资金来自于公款，为非法谋利，将自己在澳门赌场开设的账户提供给倪某甲用于赌博，再通过提供自己银行账户或者联系赌场、地下钱庄提供银行账户，帮助倪某甲接收倪某乙侵吞后汇入境外的公款，并与赌场对账确认，完成公款的跨境转移。在办理洗钱罪的上游犯罪案件时，要以"追踪资金"为重点，深挖洗钱犯罪线索，对洗钱犯罪同步跟进，落实"一案双查"的工作机制，依法惩治洗钱犯罪和上游犯罪。在本案办理过程中，发现大量赃款流向境外，遂坚持"一案双查"，深挖彻查职务犯罪背后的洗钱犯罪，并予以依法严惩，充分体现了从严打击洗钱犯罪的精神，不仅对维护良好的金融秩序起到积极作用，而且能够有效摧毁贪污贿赂犯罪等上游犯罪的利益链条，有效遏制上游犯罪的发生。

4. **四川破获"7·15"虚开骗税洗钱案**（国家税务总局、公安部、最高人民检察院、海关总署、中国人民银行、国家外汇管理局六部门联合查处5起税收违法案件）①

案例要旨：2021年年底，在四川省六部门打击虚开骗税领导小组统筹指挥下，四川成功破获泸州"7·15"案，打掉虚开骗税犯罪团伙2个，地下钱庄犯罪团伙1个，捣毁窝点25个，抓获犯罪嫌疑人134名，实现了对虚开、骗税、洗钱的全链条打击。该案涉嫌虚开发票8284份，价税合计12.07亿元，骗取出口退税1.61亿元。经查，以林某某为首的出口骗税团伙，以广东深圳为总部，在重庆、江西、四川等地设立生产型出口企业，采取"票货分离"的手段非法取得进项发票，并进行虚假生产和出口，进而骗取出口退税。

5. **梁某某协助走私洗钱案**（人民银行广东省分行打击治理洗钱违法犯罪典型案例系列展播）②

案例要旨：李某与梁某某为男女朋友关系，李某在实施走私犯罪后，通过梁某某的银行账户接收上家支付的运费并指使梁某某取

---

① 参见中国人民银行网站，http：//www.pbc.gov.cn/fanxiqianju/135153/135178/135227/4607844/index.html，最后访问时间：2024年11月19日。
② 参见中国人民银行广东省分行微信公众号，https：//mp.weixin.qq.com/s/0Wgz8iPbE-1bqeFVwXHIQQ，最后访问时间：2024年12月6日。

现、转账，意图切断走私团伙之间的资金链条，规避监测和侦查。梁某某不是走私团伙成员，在李某要求下帮助记账，对李某的走私行为应当知晓，但其仍按照李某的指使提供多个银行账户，用于接收向上家支付的运费，梁某某收到上家汇入款后，协助转账给其他走私团伙以及从银行账户提取现金交给李某，掩饰隐瞒走私团伙所得的资金性质，套取现金合计551.34万元。2023年5月，东莞市中级人民法院二审宣判，以洗钱罪判处梁某某有期徒刑二年六个月，并处罚金人民币10万元。

6. 83亿元赌资变形记①

案例要旨：2007年2月至2008年7月，湖北顾某团伙为境外"皇冠"赌博公司提供代理服务，并向下发展了二级、三级代理进行网络赌博，发展参赌会员近6000人。2005年10月至2008年6月，湖北刘某团伙私接境外赌博公司服务器，自己坐庄进行非法网络赌博活动。两个团伙共同接收投注赌资近83亿元。顾某、刘某等人作为不同级别的代理，均按不同比率获得相应提成，并采取开设公司，投资股市，购买房产、汽车、理财产品、贵金属、保险产品以及转账取现等一系列方式清洗非法所得。2008年12月18日和26日，湖北省咸宁市咸安区人民法院对两个网络赌博团伙的犯罪行为依法宣判，认定顾某、刘某等16人犯开设赌场罪，分别判处1年至9年不等有期徒刑；认定王某犯掩饰、隐瞒犯罪所得罪，判处有期徒刑2年。

第四十七条　国际合作负责机关

国务院反洗钱行政主管部门根据国务院授权，负责组织、协调反洗钱国际合作，代表中国政府参与有关国际组织活动，依法与境外相关机构开展反洗钱合作，交换反洗钱信息。

国家有关机关依法在职责范围内开展反洗钱国际合作。

---

① 参见中国人民银行网站，http://guiyang.pbc.gov.cn/guiyang/113337/114075/2270467/index.html，最后访问时间：2024年11月19日。

● 法　律

1. 《中国人民银行法》（2003 年 12 月 27 日）

　　第 4 条第 1 款　中国人民银行履行下列职责：

　　……

　　（五）实施外汇管理，监督管理银行间外汇市场；

　　……

　　（七）持有、管理、经营国家外汇储备、黄金储备；

　　……

　　（十二）作为国家的中央银行，从事有关的国际金融活动；

　　……

● 部门规章及文件

2. 《金融机构反洗钱规定》（2006 年 11 月 14 日）

　　第 4 条　中国人民银行根据国务院授权代表中国政府开展反洗钱国际合作。中国人民银行可以和其他国家或者地区的反洗钱机构建立合作机制，实施跨境反洗钱监督管理。

第四十八条　**国际司法协助**

　　涉及追究洗钱犯罪的司法协助，依照《中华人民共和国国际刑事司法协助法》以及有关法律的规定办理。

第四十九条　**境外金融机构配合调查**

　　国家有关机关在依法调查洗钱和恐怖主义融资活动过程中，按照对等原则或者经与有关国家协商一致，可以要求在境内开立代理行账户或者与我国存在其他密切金融联系的境外金融机构予以配合。

● 法　律

1. 《中国人民银行法》（2003年12月27日）

　　第32条第1款　中国人民银行有权对金融机构以及其他单位和个人的下列行为进行检查监督：

　　……

　　（五）执行有关外汇管理规定的行为；

　　……

2. 《银行业监督管理法》（2006年10月31日）

　　第2条第4款　国务院银行业监督管理机构依照本法有关规定，对经其批准在境外设立的金融机构以及前二款金融机构在境外的业务活动实施监督管理。

3. 《反恐怖主义法》（2018年4月27日）

　　第24条　国务院反洗钱行政主管部门、国务院有关部门、机构依法对金融机构和特定非金融机构履行反恐怖主义融资义务的情况进行监督管理。

　　国务院反洗钱行政主管部门发现涉嫌恐怖主义融资的，可以依法进行调查，采取临时冻结措施。

　　第25条　审计、财政、税务等部门在依照法律、行政法规的规定对有关单位实施监督检查的过程中，发现资金流入流出涉嫌恐怖主义融资的，应当及时通报公安机关。

　　第26条　海关在对进出境人员携带现金和无记名有价证券实施监管的过程中，发现涉嫌恐怖主义融资的，应当立即通报国务院反洗钱行政主管部门和有管辖权的公安机关。

● 行政法规及文件

4. 《国务院办公厅关于完善反洗钱、反恐怖融资、反逃税监管体制机制的意见》（2017年8月29日）

　　（十八）完善跨境异常资金监控机制，预防打击跨境金融犯罪活动。以加强异常交易监测为切入点，综合运用外汇交易监测、跨境人民币交易监测和反洗钱资金交易监测等信息，及时发现跨境洗钱和恐怖融资风险。遵循反洗钱国际标准有关支付清算透明度的要求，指导金融机构加强风险管理，增强跨境人民币清算体系的"三反"①监测预警功能，维护人民币支付清算体系的良好声誉，降低金融机构跨境业务风险。

● 部门规章及文件

5.《金融机构反洗钱和反恐怖融资监督管理办法》（2021年4月15日）

第13条第1款 金融机构应当要求其境外分支机构和控股附属机构在驻在国家（地区）法律规定允许的范围内，执行本办法；驻在国家（地区）有更严格要求的，遵守其规定。

第16条 在境外设有分支机构或控股附属机构的，境内金融机构总部应当按年度向中国人民银行或者所在地中国人民银行分支机构报告境外分支机构或控股附属机构接受驻在国家（地区）反洗钱和反恐怖融资监管情况。

6.《银行跨境业务反洗钱和反恐怖融资工作指引（试行）》（2021年1月19日）

第4条 【管理环节】银行对跨境业务洗钱和恐怖融资风险的识别、评估、监测和控制工作，应贯穿整个跨境业务流程，包括客户背景调查、业务审核、持续监控、信息资料留存及报告等。

7.《中国银保监会办公厅关于进一步做好银行业保险业反洗钱和反恐怖融资工作的通知》（2019年12月30日）

七、银行保险机构发生下列情况的，应当及时向银保监会或属地银保监局提交临时报告：

……

---

① 指反洗钱、反恐怖融资、反逃税。

(五）境外分支机构和附属机构受到当地监管部门或者司法部门与反洗钱和反恐怖融资相关的现场检查、行政处罚、刑事调查或者发生其他重大风险事项；

（六）其他需要报告的反洗钱和反恐怖融资工作情况。

其中，第五项境外机构工作情况由法人机构报送。

8.《互联网金融从业机构反洗钱和反恐怖融资管理办法（试行）》(2018年9月29日)

第10条第5款 客户属于外国政要、国际组织的高级管理人员及其特定关系人的，从业机构应当采取更为严格的客户身份识别措施。

9.《社会组织反洗钱和反恐怖融资管理办法》(2017年11月17日)

第6条 社会组织的境外分支机构（代表机构）应当在驻在国家（地区）法律规定的范围内，执行本办法的规定；驻在国家（地区）有更严格要求的，遵守其规定。如果本办法的要求比驻在国家（地区）的相关规定更为严格，但驻在国家（地区）法律禁止或者限制境外分支机构（代表机构）实施本办法，社会组织应当向登记管理机关及所在地中国人民银行分支机构报告。

10.《中国人民银行关于加强反洗钱客户身份识别有关工作的通知》(2017年10月20日)

二、加强对特定自然人客户的身份识别

义务机构在与客户建立或者维持业务关系时，对下列特定自然人客户，应当按照《金融机构客户身份识别和客户身份资料及交易记录保存管理办法》的规定，有效开展身份识别。

（一）对于外国政要，义务机构除采取正常的客户身份识别措施外，还应当采取以下强化的身份识别措施：

1.建立适当的风险管理系统，确定客户是否为外国政要。

2.建立（或者维持现有）业务关系前，获得高级管理层的批准或者授权。

3. 进一步深入了解客户财产和资金来源。

4. 在业务关系持续期间提高交易监测的频率和强度。

(二)对于国际组织的高级管理人员,义务机构为其提供服务或者办理业务出现较高风险时,应当采取本条第一项第 2 目至第 4 目所列强化的客户身份识别措施。

(三)上述特定自然人客户身份识别的要求,同样适用于其特定关系人。

(四)如果自然人客户的受益所有人为上述特定自然人客户,义务机构应当对该非自然人客户采取相应的强化身份识别措施。

11.《中国人民银行关于金融机构在跨境业务合作中加强反洗钱工作的通知》(2012 年 8 月 19 日)

四、对于经营下列业务的境外非金融机构,金融机构应当充分收集有关该境外机构业务、声誉、内部控制、接受监管等方面的信息,评估该境外机构的洗钱风险状况,报经高级管理层同意后再决定是否为其提供金融服务或与其开展业务合作:

(一)提供货币兑换、跨境汇款等资金(价值)转移服务。

(二)经营网络支付、手机支付、预付卡、信用卡收单等非金融支付业务。

金融机构如果决定为上述境外机构提供服务或与其开展业务合作的,原则上应将其列入高风险客户,并采取有针对性的强化风险控制措施。金融机构应以书面方式明确该境外机构的反洗钱职责和该境外机构配合本金融机构开展反洗钱工作的相关要求,并约定本金融机构因反洗钱工作需要,可对境外非金融机构采取的包括关闭账户、冻结涉恐资金、限制交易等在内的必要的洗钱风险控制措施。

六、……金融机构应定期对境外分支机构反洗钱工作情况进行审计,发现问题要及时纠正。

七、金融机构发现与自己存在业务联系的境外金融机构出现洗钱问题时，应及时向高级管理层报告，并采取妥善措施予以应对。

如果金融机构或其境外分支机构出现重大洗钱风险、涉及国际重要媒体有关洗钱事件的报道时，金融机构应当及时向董事会（或下设专业委员会）、高级管理层和人民银行及其分支机构报告，并采取有效的风险防范措施，防止事态恶化。

12.《中国人民银行关于加强跨境汇款业务反洗钱工作的通知》（2012年8月12日）

一、加强对跨境汇款业务全流程的反洗钱风险管理

（一）当客户向境外汇出资金金额达到单笔人民币1万元或者外币等值1000美元以上时，金融机构应按《金融机构客户身份识别和客户身份资料及交易记录保存管理办法》（中国人民银行 中国银行业监督管理委员会 中国证券监督管理委员会 中国保险监督管理委员会令〔2007〕第2号发布）第十条①的规定，完整地登记相关汇款交易信息。对于所登记的汇款人信息，金融机

---

① 《金融机构客户身份识别和客户身份资料及交易记录保存管理办法》第十条规定："政策性银行、商业银行、农村合作银行、城市信用合作社、农村信用合作社等金融机构和从事汇兑业务的机构为客户向境外汇出资金时，应当登记汇款人的姓名或者名称、账号、住所和收款人的姓名、住所等信息，在汇兑凭证或者相关信息系统中留存上述信息，并向接收汇款的境外机构提供汇款人的姓名或者名称、账号、住所等信息。汇款人没有在本金融机构开户，金融机构无法登记汇款人账号的，可登记并向接收汇款的境外机构提供其他相关信息，确保该笔交易的可跟踪稽核。境外收款人住所不明确的，金融机构可登记接收汇款的境外机构所在地名称。接收境外汇入款的金融机构，发现汇款人姓名或者名称、汇款人账号和汇款人住所三项信息中任何一项缺失的，应要求境外机构补充。如汇款人没有在办理汇出业务的境外机构开立账户，接收汇款的境内金融机构无法登记汇款人账号的，可登记其他相关信息，确保该笔交易的可跟踪稽核。境外汇款人住所不明确的，境内金融机构可登记资金汇出地名称。"

构应通过核对或者查看已留存的客户有效身份证件或者其他身份证明文件等合理途径进行核实，确保信息的准确性。

如发现客户有意隐瞒汇款人或收款人的信息等异常情况时，金融机构应对汇款人采取必要的尽职调查措施，怀疑其涉嫌洗钱、恐怖融资等违法犯罪活动的应按照规定提交可疑交易报告。

金融机构应在自身能力范围内确保汇款基本信息在汇款交易链条的每一个环节完整传递或保存，不得通过隐瞒汇款人或收款人信息的方式规避国内外监管。

（二）处理境外汇入款时，金融机构应在自身能力所及范围内采取合理措施审查汇款人、收款人的信息是否完整。在交易处理过程中发现问题的，金融机构应及时采取要求境外机构补充信息、查询相关数据系统等合理措施。

当收款人接收的境外汇入款金额达到单笔人民币 1 万元或者外币等值 1000 美元以上时，金融机构应通过核对或者查看已留存的客户有效身份证件或者其他身份证明文件等合理途径核实收款人身份，并根据风险状况采取其他客户尽职调查措施，怀疑其涉嫌洗钱、恐怖融资等违法犯罪活动的，应按照规定提交可疑交易报告。

13.《支付机构反洗钱和反恐怖融资管理办法》（2012 年 3 月 5 日）

第 7 条 支付机构应要求其境外分支机构和附属机构在驻在国家（地区）法律规定允许的范围内，执行本办法有关客户身份识别、客户身份资料和交易记录保存工作的要求，驻在国家（地区）有更严格要求的，遵守其规定。如果本办法的要求比驻在国家（地区）的相关规定更为严格，但驻在国家（地区）法律禁止或者限制境外分支机构和附属机构实施本办法，支付机构应向中国人民银行报告。

第 8 条 支付机构与境外机构建立代理业务关系时，应当充分收集有关境外机构业务、声誉、内部控制制度、接受监管情况等方面的信息，评估境外机构反洗钱和反恐怖融资措施的健全性和有效性，并以书面协议明确本机构与境外机构在反洗钱和反恐怖融资方面的责任和义务。

14.《金融机构客户身份识别和客户身份资料及交易记录保存管理办法》（2007年6月21日）

第5条第3款 金融机构应要求其境外分支机构和附属机构在驻在国家（地区）法律规定允许的范围内，执行本办法的有关要求，驻在国家（地区）有更严格要求的，遵守其规定。如果本办法的要求比驻在国家（地区）的相关规定更为严格，但驻在国家（地区）法律禁止或者限制境外分支机构和附属机构实施本办法，金融机构应向中国人民银行报告。

第6条 金融机构与境外金融机构建立代理行或者类似业务关系时，应当充分收集有关境外金融机构业务、声誉、内部控制、接受监管等方面的信息，评估境外金融机构接受反洗钱监管的情况和反洗钱、反恐怖融资措施的健全性和有效性，以书面方式明确本金融机构与境外金融机构在客户身份识别、客户身份资料和交易记录保存方面的职责。

金融机构与境外金融机构建立代理行或者类似业务关系应当经董事会或者其他高级管理层的批准。

第7条第2款 如客户为外国政要，金融机构为其开立账户应当经高级管理层的批准。

第10条 政策性银行、商业银行、农村合作银行、城市信用合作社、农村信用合作社等金融机构和从事汇兑业务的机构为客户向境外汇出资金时，应当登记汇款人的姓名或者名称、账号、住所和收款人的姓名、住所等信息，在汇兑凭证或者相关信息系统中留存上述信息，并向接收汇款的境外机构提供汇款人的姓名或者名称、账号、住所等信息。汇款人没有在本金融机构开户，金融机构无法登记汇款人账号的，可登记并向接收汇款的境外机构提供其他相关信息，确保该笔交易的可跟踪稽核。境外收款人住所不明确的，金融机构可登记接收汇款的境外机构所在地名称。

接收境外汇入款的金融机构，发现汇款人姓名或者名称、汇款人账号和汇款人住所三项信息中任何一项缺失的，应要求境外机构补充。如汇款人没有在办理汇出业务的境外机构开立账户，接收汇款的境内金融机构无法登记汇款人账号的，可登记其他相关信息，确保该笔交易的可跟踪稽核。境外汇款人住所不明确的，境内金融机构可登记资金汇出地名称。

15. 《金融机构大额交易和可疑交易报告管理办法》（2018年7月26日）

第10条 客户通过在境内金融机构开立的账户或者境内银行卡所发生的大额交易，由开立账户的金融机构或者发卡银行报告；客户通过境外银行卡所发生的大额交易，由收单机构报告；客户不通过账户或者银行卡发生的大额交易，由办理业务的金融机构报告。

16. 《受益所有人信息管理办法》（2024年4月29日）

第8条 外国公司分支机构的受益所有人为外国公司按照本办法第六条规定认定的受益所有人，以及该分支机构的高级管理人员。

外国公司在其本国享受的受益所有人申报豁免标准不适用于中国。

● 案例指引

1. **江门市石某某走私洗钱案**（人民银行广东省分行打击治理洗钱违法犯罪典型案例系列展播）[①]

案例要旨：2019年年初至2020年9月，石某某在明知陈某某

---

① 参见中国人民银行广东省分行微信公众号，https：//mp.weixin.qq.com/s/CeL8nNpKI1Lyf6_ qlzeGMA，最后访问时间：2024年12月6日。

（已判刑）从事走私犯罪的情况下，为掩饰、隐瞒其来源和性质，仍然多次帮助陈某某将人民币兑换成美元，并协助将资金汇往境外支付走私货款，共计人民币6829.62万元。2022年6月7日，江门市蓬江区人民法院以洗钱罪判处石某某有期徒刑七年六个月，并处罚金75万元。

2. 珠海市林某某走私洗钱案（人民银行广东省分行打击治理洗钱违法犯罪典型案例系列展播）①

案例要旨：2018年4月至2020年7月，林某某在明知柯某某（另案处理）从事走私犯罪的情况下，为掩饰、隐瞒其来源和性质，提供其本人银行账户用于收取境内货款等资金，柯某某将走私犯罪所得资金购买房产登记在林某某名下。2022年9月30日，珠海市中级人民法院依法对林某某犯洗钱罪案作出裁定，判处有期徒刑六个月，并处罚金人民币4万元。

3. 惠州市童某等13人走私洗钱案（人民银行广东省分行打击治理洗钱违法犯罪典型案例系列展播）②

案例要旨：自2018年12月起，童某等人明知红油是走私入境的货物，仍收购后组织人员进行脱色、运输等，然后将走私入境红油经脱色加工所成的柴油在国内销售获利，掩饰、隐瞒了走私犯罪所得的来源和性质，其行为构成洗钱罪。2022年3月11日，惠州市中级人民法院依法对童某等13人犯洗钱罪案作出终审裁定，判处有期徒刑七年至一年六个月不等，并处罚金人民币393万元。

---

① 参见中国人民银行广东省分行微信公众号，https：//mp.weixin.qq.com/s/CeL8nNpKI1Lyf6_qlzeGMA，最后访问时间：2024年12月6日。
② 参见中国人民银行广东省分行微信公众号，https：//mp.weixin.qq.com/s/CeL8nNpKI1Lyf6_qlzeGMA，最后访问时间：2024年12月6日。

4. **珠海市邝某走私洗钱案**（人民银行广东省分行打击治理洗钱违法犯罪典型案例系列展播）①

案例要旨：2020年至2021年，邝某为梁某某等人从事走私冻肉犯罪提供快艇发动机出售和有偿维护，同时提供多个银行账户用于接收走私费用，并套取现金102.8万元用于梁某某团伙发放工资、分红等。2022年11月28日，东莞市第三人民法院依法对邝某犯洗钱罪作出判决，决定执行有期徒刑三年六个月，并处罚金15万元。

5. **宁波市傅某某特大走私洗钱案**②

案例要旨：2019年1月至2020年4月，俞某某（犯走私普通货物罪，已判刑）等人利用船舶从境外海域直接过驳成品油走私入境，走私成品油103航次共5823万升，偷逃应缴纳税额共计人民币1.32亿元。其间，傅某某明知俞某某等人在走私成品油的情况下，为掩饰、隐瞒其来源和性质，帮助其将销售走私成品油的售油款现金存入俞某某本人或其实际控制的银行账户，协助转移资金共计人民币4513万元。2021年11月22日，宁波市中级人民法院依照《刑法》第一百九十一条，宣判傅某某洗钱罪成立，判处有期徒刑四年，并处罚金人民币50万元。

第五十条　境外执法要求的处理

> 外国国家、组织违反对等、协商一致原则直接要求境内金融机构提交客户身份资料、交易信息，扣押、冻结、划转境内资金、资产，或者作出其他行动的，金融机构不得擅自执行，并应当及时向国务院有关金融管理部门报告。

---

① 参见中国人民银行广东省分行微信公众号，https://mp.weixin.qq.com/s/CeL8nNpKI1Lyf6_qlzeGMA，最后访问时间：2024年12月6日。

② 参见中国人民银行网站，http://ningbo.pbc.gov.cn/ningbo/127072/4560058/index.html，最后访问时间：2024年11月19日。

> 除前款规定外，外国国家、组织基于合规监管的需要，要求境内金融机构提供概要性合规信息、经营信息等信息的，境内金融机构向国务院有关金融管理部门和国家有关机关报告后可以提供或者予以配合。
>
> 前两款规定的资料、信息涉及重要数据和个人信息的，还应当符合国家数据安全管理、个人信息保护有关规定。

● **法　律**

1. 《证券法》（2019年12月28日）

第177条第2款　境外证券监督管理机构不得在中华人民共和国境内直接进行调查取证等活动。未经国务院证券监督管理机构和国务院有关主管部门同意，任何单位和个人不得擅自向境外提供与证券业务活动有关的文件和资料。

● **部门规章及文件**

2. 《金融机构反洗钱和反恐怖融资监督管理办法》（2021年4月15日）

第13条　金融机构应当要求其境外分支机构和控股附属机构在驻在国家（地区）法律规定允许的范围内，执行本办法；驻在国家（地区）有更严格要求的，遵守其规定。

如果本办法的要求比驻在国家（地区）的相关规定更为严格，但驻在国家（地区）法律禁止或者限制境外分支机构和控股附属机构实施本办法的，金融机构应当采取适当的补充措施应对洗钱和恐怖融资风险，并向中国人民银行报告。

第17条　发生下列情况的，金融机构应当按照规定及时向中国人民银行或者所在地中国人民银行分支机构报告：

　　……

　　（三）发生涉及反洗钱和反恐怖融资工作的重大风险事项的；

（四）境外分支机构和控股附属机构受到当地监管当局或者司法部门开展的与反洗钱和反恐怖融资相关的执法检查、行政处罚、刑事调查或者发生其他重大风险事件的；

（五）中国人民银行要求报告的其他事项。

3. **《银行业金融机构反洗钱和反恐怖融资管理办法》**（2019年1月29日）

第4条第2款　驻在国家（地区）不允许执行本办法的有关要求的，银行业金融机构应当采取适当的额外措施应对洗钱和恐怖融资风险，并向国务院银行业监督管理机构报告。

第26条第2款　银行业金融机构境外分支机构和附属机构受到当地监管部门或者司法部门现场检查、行政处罚、刑事调查或者发生其他重大风险事项时，应当及时向银行业监督管理机构报告。

第28条　对依法履行反洗钱和反恐怖融资义务获得的客户身份资料和交易信息，非依法律、行政法规规定，银行业金融机构不得向境外提供。

银行业金融机构对于涉及跨境信息提供的相关问题应当及时向银行业监督管理机构报告，并按照法律法规要求采取相应措施。

4. **《社会组织反洗钱和反恐怖融资管理办法》**（2017年11月17日）

第6条　社会组织的境外分支机构（代表机构）应当在驻在国家（地区）法律规定的范围内，执行本办法的规定；驻在国家（地区）有更严格要求的，遵守其规定。如果本办法的要求比驻在国家（地区）的相关规定更为严格，但驻在国家（地区）法律禁止或者限制境外分支机构（代表机构）实施本办法，社会组织应当向登记管理机关及所在地中国人民银行分支机构报告。

5.《支付机构反洗钱和反恐怖融资管理办法》（2012年3月5日）

第7条　支付机构应要求其境外分支机构和附属机构在驻在国家（地区）法律规定允许的范围内，执行本办法有关客户身份识别、客户身份资料和交易记录保存工作的要求，驻在国家（地区）有更严格要求的，遵守其规定。如果本办法的要求比驻在国家（地区）的相关规定更为严格，但驻在国家（地区）法律禁止或者限制境外分支机构和附属机构实施本办法，支付机构应向中国人民银行报告。

6.《金融机构客户身份识别和客户身份资料及交易记录保存管理办法》（2007年6月21日）

第5条第3款　金融机构应要求其境外分支机构和附属机构在驻在国家（地区）法律规定允许的范围内，执行本办法的有关要求，驻在国家（地区）有更严格要求的，遵守其规定。如果本办法的要求比驻在国家（地区）的相关规定更为严格，但驻在国家（地区）法律禁止或者限制境外分支机构和附属机构实施本办法，金融机构应向中国人民银行报告。

第六章　法　律　责　任

第五十一条　监管部门工作人员的责任

反洗钱行政主管部门和其他依法负有反洗钱监督管理职责的部门从事反洗钱工作的人员有下列行为之一的，依法给予处分：

（一）违反规定进行检查、调查或者采取临时冻结措施；

（二）泄露因反洗钱知悉的国家秘密、商业秘密或者个人隐私、个人信息；

（三）违反规定对有关机构和人员实施行政处罚；

（四）其他不依法履行职责的行为。

其他国家机关工作人员有前款第二项行为的，依法给予处分。

● 法　律

1. 《**银行业监督管理法**》（2006 年 10 月 31 日）

第 43 条　银行业监督管理机构从事监督管理工作的人员有下列情形之一的，依法给予行政处分；构成犯罪的，依法追究刑事责任：

（一）违反规定审查批准银行业金融机构的设立、变更、终止，以及业务范围和业务范围内的业务品种的；

（二）违反规定对银行业金融机构进行现场检查的；

（三）未依照本法第二十八条规定报告突发事件的；

（四）违反规定查询账户或者申请冻结资金的；

（五）违反规定对银行业金融机构采取措施或者处罚的；

（六）违反本法第四十二条规定对有关单位或者个人进行调查的；

（七）滥用职权、玩忽职守的其他行为。

银行业监督管理机构从事监督管理工作的人员贪污受贿，泄露国家秘密、商业秘密和个人隐私，构成犯罪的，依法追究刑事责任；尚不构成犯罪的，依法给予行政处分。

2. 《**证券法**》（2019 年 12 月 28 日）

第 178 条　国务院证券监督管理机构依法履行职责，发现证券违法行为涉嫌犯罪的，应当依法将案件移送司法机关处理；发现公职人员涉嫌职务违法或者职务犯罪的，应当依法移送监察机关处理。

3. 《商业银行法》(2015 年 8 月 29 日)

第 52 条　商业银行的工作人员应当遵守法律、行政法规和其他各项业务管理的规定,不得有下列行为:

(一)利用职务上的便利,索取、收受贿赂或者违反国家规定收受各种名义的回扣、手续费;

(二)利用职务上的便利,贪污、挪用、侵占本行或者客户的资金;

(三)违反规定徇私向亲属、朋友发放贷款或者提供担保;

(四)在其他经济组织兼职;

(五)违反法律、行政法规和业务管理规定的其他行为。

第 53 条　商业银行的工作人员不得泄露其在任职期间知悉的国家秘密、商业秘密。

第 84 条第 1 款　商业银行工作人员利用职务上的便利,索取、收受贿赂或者违反国家规定收受各种名义的回扣、手续费,构成犯罪的,依法追究刑事责任;尚不构成犯罪的,应当给予纪律处分。

第 85 条　商业银行工作人员利用职务上的便利,贪污、挪用、侵占本行或者客户资金,构成犯罪的,依法追究刑事责任;尚不构成犯罪的,应当给予纪律处分。

第 86 条第 1 款　商业银行工作人员违反本法规定玩忽职守造成损失的,应当给予纪律处分;构成犯罪的,依法追究刑事责任。

第 87 条　商业银行工作人员泄露在任职期间知悉的国家秘密、商业秘密的,应当给予纪律处分;构成犯罪的,依法追究刑事责任。

● 部门规章及文件

4. 《金融机构反洗钱规定》(2006 年 11 月 14 日)

第 24 条　中国人民银行及其分支机构从事反洗钱工作的人

员有下列行为之一的,依法给予行政处分:

(一)违反规定进行检查、调查或者采取临时冻结措施的;

(二)泄露因反洗钱知悉的国家秘密、商业秘密或者个人隐私的;

(三)违反规定对有关机构和人员实施行政处罚的;

(四)其他不依法履行职责的行为。

5.《金融机构反洗钱和反恐怖融资监督管理办法》(2021年4月15日)

第35条 中国人民银行及其分支机构从事反洗钱工作的人员,违反本办法有关规定的,按照《中华人民共和国反洗钱法》第三十条①的规定予以处分。

6.《银行业金融机构反洗钱和反恐怖融资管理办法》(2019年1月29日)

第52条 银行业金融机构或者其工作人员参与洗钱、恐怖融资等违法犯罪活动构成犯罪的,依法追究其刑事责任。

7.《中国人民银行反洗钱调查实施细则(试行)》(2007年5月21日)

第5条 中国人民银行及其省一级分支机构工作人员违反规定进行反洗钱调查或者采取临时冻结措施的,依法给予行政处分;构成犯罪的,依法移送司法机关追究刑事责任。

8.《社会组织反洗钱和反恐怖融资管理办法》(2017年11月17日)

第21条 社会组织及其工作人员违反本办法的,由中国人民银行或者其地市中心支行以上分支机构依法予以处罚;违反《中华人民共和国慈善法》、《社会团体登记管理条例》、《基金会管理条例》、《民办非企业单位登记管理暂行条例》、《外国商会管理暂行规定》的,由民政部门依法查处。涉嫌构成犯罪的,移送

---

① 对应2024年11月8日修订的《反洗钱法》第五十一条。

司法机关依法追究刑事责任。

9.《支付机构反洗钱和反恐怖融资管理办法》(2012年3月5日)

第48条 中国人民银行及其分支机构从事反洗钱工作人员有下列行为之一的，依法给予行政处分：

（一）违反规定进行检查或者调查的；

（二）泄露因反洗钱和反恐怖融资知悉的国家秘密、商业秘密或者个人隐私的；

（三）违反规定对有关机构和人员实施行政处罚的；

（四）其他不依法履行职责的行为。

10.《保险业反洗钱工作管理办法》(2011年9月13日)

第38条 保险公司、保险资产管理公司违反本办法规定，达到案件责任追究标准的，应当依法追究案件责任人的责任。

第五十二条　未落实内部控制制度的处罚

金融机构有下列情形之一的，由国务院反洗钱行政主管部门或者其设区的市级以上派出机构责令限期改正；情节较重的，给予警告或者处二十万元以下罚款；情节严重或者逾期未改正的，处二十万元以上二百万元以下罚款，可以根据情形在职责范围内或者建议有关金融管理部门限制或者禁止其开展相关业务：

（一）未按照规定制定、完善反洗钱内部控制制度规范；

（二）未按照规定设立专门机构或者指定内设机构牵头负责反洗钱工作；

（三）未按照规定根据经营规模和洗钱风险状况配备相应人员；

（四）未按照规定开展洗钱风险评估或者健全相应的风险管理制度；

（五）未按照规定制定、完善可疑交易监测标准；

（六）未按照规定开展反洗钱内部审计或者社会审计；

（七）未按照规定开展反洗钱培训；

（八）应当建立反洗钱相关信息系统而未建立，或者未按照规定完善反洗钱相关信息系统；

（九）金融机构的负责人未能有效履行反洗钱职责。

● **部门规章及文件**

1. 《金融机构反洗钱和反恐怖融资监督管理办法》（2021年4月15日）

第36条　金融机构违反本办法有关规定的，由中国人民银行或者其地市中心支行以上分支机构按照《中华人民共和国反洗钱法》第三十一条、第三十二条①的规定进行处理；区别不同情形，建议国务院金融监督管理机构依法予以处理。

中国人民银行县（市）支行发现金融机构违反本规定的，应报告其上一级分支机构，由该分支机构按照前款规定进行处理或提出建议。

2. 《中国人民银行关于加强金融从业人员反洗钱履职管理及相关反洗钱内控建设的通知》（2012年7月18日）

九、人民银行及其分支机构应按照《中华人民共和国反洗钱法》第三十一条②的规定，责令违反本通知要求的金融机构限期改正，建议有关金融监督管理机构依法责令违规问题情节严重的金融机构对直接负责的董事、高级管理人员和其他直接责任人员给予纪律处分。

---

① 对应2024年11月8日修订的《反洗钱法》第五十二条、第五十三条和第五十四条。

② 对应2024年11月8日修订的《反洗钱法》第五十二条。

3. 《金融机构反洗钱规定》（2006年11月14日）

第25条 金融机构违反本规定的，由中国人民银行或者其地市中心支行以上分支机构按照《中华人民共和国反洗钱法》第三十一条、第三十二条①的规定进行处罚；区别不同情形，建议中国银行业监督管理委员会、中国证券监督管理委员会或者中国保险监督管理委员会采取下列措施：

（一）责令金融机构停业整顿或者吊销其经营许可证；

（二）取消金融机构直接负责的董事、高级管理人员和其他直接责任人员的任职资格、禁止其从事有关金融行业工作；

（三）责令金融机构对直接负责的董事、高级管理人员和其他直接责任人员给予纪律处分。

中国人民银行县（市）支行发现金融机构违反本规定的，应报告其上一级分支机构，由该分支机构按照前款规定进行处罚或者提出建议。

第五十三条　未落实反洗钱核心制度的处罚

金融机构有下列行为之一的，由国务院反洗钱行政主管部门或者其设区的市级以上派出机构责令限期改正，可以给予警告或者处二十万元以下罚款；情节严重或者逾期未改正的，处二十万元以上二百万元以下罚款：

（一）未按照规定开展客户尽职调查；

（二）未按照规定保存客户身份资料和交易记录；

（三）未按照规定报告大额交易；

（四）未按照规定报告可疑交易。

---

① 对应2024年11月8日修订的《反洗钱法》第五十二条、第五十三条和第五十四条。

● 部门规章及文件

1.《金融机构反洗钱和反恐怖融资监督管理办法》（2021年4月15日）

　　第36条　金融机构违反本办法有关规定的，由中国人民银行或者其地市中心支行以上分支机构按照《中华人民共和国反洗钱法》第三十一条、第三十二条①的规定进行处理；区别不同情形，建议国务院金融监督管理机构依法予以处理。

　　中国人民银行县（市）支行发现金融机构违反本规定的，应报告其上一级分支机构，由该分支机构按照前款规定进行处理或提出建议。

2.《支付机构反洗钱和反恐怖融资管理办法》（2012年3月5日）

　　第49条　支付机构违反本办法的，由中国人民银行或其分支机构按照《中华人民共和国反洗钱法》第三十一条、第三十二条②的规定予以处罚；情节严重的，由中国人民银行注销其《支付业务许可证》。

● 案例指引

准确认定以隐匿资金流转痕迹为目的的多种洗钱手段，行刑双罚共促洗钱犯罪惩治和预防（最高人民检察院 中国人民银行惩治洗钱犯罪典型案例）

　　案例要旨：中国人民银行杭州中心支行启动对经办银行的行政调查程序，认定经办银行重业绩轻合规，银行柜台网点未按规定对客户的身份信息进行调查了解与核实验证；银行柜台网点对客户交

---

　　①　对应2024年11月8日修订的《反洗钱法》第五十二条、第五十三条和第五十四条。

　　②　对应2024年11月8日修订的《反洗钱法》第五十二条、第五十三条和第五十四条。

易行为明显异常且多次触发反洗钱系统预警等情况，均未向内部反洗钱岗位或上级行对应的管理部门报告；银行可疑交易分析人员对显而易见的疑点不深纠、不追查，并以不合理理由排除疑点，未按规定报送可疑交易报告。经办银行在反洗钱履职环节的上述违法行为，导致本案被告人长期利用该行渠道实施犯罪。依据《中华人民共和国反洗钱法》第三十二条的规定，对经办银行罚款400万元。[①]

第五十四条　其他违反反洗钱义务的处罚

金融机构有下列行为之一的，由国务院反洗钱行政主管部门或者其设区的市级以上派出机构责令限期改正，处五十万元以下罚款；情节严重的，处五十万元以上五百万元以下罚款，可以根据情形在职责范围内或者建议有关金融管理部门限制或者禁止其开展相关业务：

（一）为身份不明的客户提供服务、与其进行交易，为客户开立匿名账户、假名账户，或者为冒用他人身份的客户开立账户；

（二）未按照规定对洗钱高风险情形采取相应洗钱风险管理措施；

（三）未按照规定采取反洗钱特别预防措施；

（四）违反保密规定，查询、泄露有关信息；

（五）拒绝、阻碍反洗钱监督管理、调查，或者故意提供虚假材料；

（六）篡改、伪造或者无正当理由删除客户身份资料、交易记录；

（七）自行或者协助客户以拆分交易等方式故意逃避履行反洗钱义务。

[①] 对应2024年11月8日修订的《反洗钱法》第五十三条。

● 部门规章及文件

1. 《中国人民银行关于印发证券期货保险机构反洗钱执法检查数据提取接口规范的通知》（2019年3月11日）

二、人民银行工作要求

……

（三）在实施反洗钱执法检查过程中，义务机构不及时提供数据，以及格式、内容、数值等不符合《提数规范》要求等问题，视情节严重程度，人民银行各级机构按照《中华人民共和国反洗钱法》第三十二条[①]相关规定予以处理。

……

2. 《金融机构客户身份识别和客户身份资料及交易记录保存管理办法》（2007年6月21日）

第四章 法律责任

第31条 金融机构违反本办法的，由中国人民银行按照《中华人民共和国反洗钱法》第三十一条、第三十二条[②]的规定予以处罚；区别不同情形，向中国银行业监督管理委员会、中国证券监督管理委员会或者中国保险监督管理委员会建议采取下列措施：

（一）责令金融机构停业整顿或者吊销其经营许可证。

（二）取消金融机构直接负责的董事、高级管理人员和其他直接责任人员的任职资格、禁止其从事有关金融行业的工作。

（三）责令金融机构对直接负责的董事、高级管理人员和其他直接责任人员给予纪律处分。

中国人民银行县（市）支行发现金融机构违反本办法的，应

[①] 对应2024年11月8日修订的《反洗钱法》第五十二条、第五十三条和第五十四条。

[②] 对应2024年11月8日修订的《反洗钱法》第五十二条、第五十三条和第五十四条。

当报告上一级中国人民银行分支机构，由上一级分支机构按照前款规定进行处罚或者提出建议。

3.《金融机构大额交易和可疑交易报告管理办法》（2018 年 7 月 26 日）

第五章　法律责任

第 24 条　金融机构违反本办法的，由中国人民银行或者其地市中心支行以上分支机构按照《中华人民共和国反洗钱法》第三十一条、第三十二条①的规定予以处罚。

第五十五条　致使发生洗钱或恐怖融资后果的处罚

金融机构有本法第五十三条、第五十四条规定的行为，致使犯罪所得及其收益通过本机构得以掩饰、隐瞒的，或者致使恐怖主义融资后果发生的，由国务院反洗钱行政主管部门或者其设区的市级以上派出机构责令限期改正，涉及金额不足一千万元的，处五十万元以上一千万元以下罚款；涉及金额一千万元以上的，处涉及金额百分之二十以上二倍以下罚款；情节严重的，可以根据情形在职责范围内实施或者建议有关金融管理部门实施限制、禁止其开展相关业务，或者责令停业整顿、吊销经营许可证等处罚。

● 司法解释及文件

1.《最高人民法院 最高人民检察院关于办理洗钱刑事案件适用法律若干问题的解释》（2024 年 8 月 19 日）

第 1 条　为掩饰、隐瞒本人实施刑法第一百九十一条规定的上游犯罪的所得及其产生的收益的来源和性质，实施该条第一款

---

① 对应 2024 年 11 月 8 日修订的《反洗钱法》第五十二条、第五十三条和第五十四条。

规定的洗钱行为的，依照刑法第一百九十一条的规定定罪处罚。

第2条　知道或者应当知道是他人实施刑法第一百九十一条规定的上游犯罪的所得及其产生的收益，为掩饰、隐瞒其来源和性质，实施该条第一款规定的洗钱行为的，依照刑法第一百九十一条的规定定罪处罚。

第3条　认定"知道或者应当知道"，应当根据行为人所接触、接收的信息，经手他人犯罪所得及其收益的情况，犯罪所得及其收益的种类、数额，犯罪所得及其收益的转移、转换方式，交易行为、资金账户等异常情况，结合行为人职业经历、与上游犯罪人员之间的关系以及其供述和辩解，同案人指证和证人证言等情况综合审查判断。有证据证明行为人确实不知道的除外。

将刑法第一百九十一条规定的某一上游犯罪的犯罪所得及其收益，认作该条规定的上游犯罪范围内的其他犯罪所得及其收益的，不影响"知道或者应当知道"的认定。

第4条　洗钱数额在五百万元以上的，且具有下列情形之一的，应当认定为刑法第一百九十一条规定的"情节严重"：

（一）多次实施洗钱行为的；

（二）拒不配合财物追缴，致使赃款赃物无法追缴的；

（三）造成损失二百五十万元以上的；

（四）造成其他严重后果的。

二次以上实施洗钱犯罪行为，依法应予刑事处理而未经处理的，洗钱数额累计计算。

第5条　为掩饰、隐瞒实施刑法第一百九十一条规定的上游犯罪的所得及其产生的收益的来源和性质，实施下列行为之一的，可以认定为刑法第一百九十一条第一款第五项规定的"以其他方法掩饰、隐瞒犯罪所得及其收益的来源和性质"：

（一）通过典当、租赁、买卖、投资、拍卖、购买金融产品等方式，转移、转换犯罪所得及其收益的；

（二）通过与商场、饭店、娱乐场所等现金密集型场所的经营收入相混合的方式，转移、转换犯罪所得及其收益的；

（三）通过虚构交易、虚设债权债务、虚假担保、虚报收入等方式，转移、转换犯罪所得及其收益的；

（四）通过买卖彩票、奖券、储值卡、黄金等贵金属等方式，转换犯罪所得及其收益的；

（五）通过赌博方式，将犯罪所得及其收益转换为赌博收益的；

（六）通过"虚拟资产"交易、金融资产兑换方式，转移、转换犯罪所得及其收益的；

（七）以其他方式转移、转换犯罪所得及其收益的。

第6条 掩饰、隐瞒刑法第一百九十一条规定的上游犯罪的犯罪所得及其产生的收益，构成刑法第一百九十一条规定的洗钱罪，同时又构成刑法第三百一十二条规定的掩饰、隐瞒犯罪所得、犯罪所得收益罪的，依照刑法第一百九十一条的规定定罪处罚。

实施刑法第一百九十一条规定的洗钱行为，构成洗钱罪，同时又构成刑法第三百四十九条、第二百二十五条、第一百七十七条之一或者第一百二十条之一规定的犯罪的，依照处罚较重的规定定罪处罚。

2.《最高人民法院 最高人民检察院关于办理窝藏、包庇刑事案件适用法律若干问题的解释》（2021年8月9日）

第7条 为帮助同一个犯罪的人逃避刑事处罚，实施窝藏、包庇行为，又实施洗钱行为，或者掩饰、隐瞒犯罪所得及其收益行为，或者帮助毁灭证据行为，或者伪证行为的，依照处罚较重的犯罪定罪，并从重处罚，不实行数罪并罚。

第五十六条　对金融机构相关责任人员的处罚

国务院反洗钱行政主管部门或者其设区的市级以上派出机构依照本法第五十二条至第五十四条规定对金融机构进行处罚的，还可以根据情形对负有责任的董事、监事、高级管理人员或者其他直接责任人员，给予警告或者处二十万元以下罚款；情节严重的，可以根据情形在职责范围内实施或者建议有关金融管理部门实施取消其任职资格、禁止其从事有关金融行业工作等处罚。

国务院反洗钱行政主管部门或者其设区的市级以上派出机构依照本法第五十五条规定对金融机构进行处罚的，还可以根据情形对负有责任的董事、监事、高级管理人员或者其他直接责任人员，处二十万元以上一百万元以下罚款；情节严重的，可以根据情形在职责范围内实施或者建议有关金融管理部门实施取消其任职资格、禁止其从事有关金融行业工作等处罚。

前两款规定的金融机构董事、监事、高级管理人员或者其他直接责任人员能够证明自己已经勤勉尽责采取反洗钱措施的，可以不予处罚。

● 法　律

《商业银行法》（2015 年 8 月 29 日）

第 89 条　商业银行违反本法规定的，国务院银行业监督管理机构可以区别不同情形，取消其直接负责的董事、高级管理人员一定期限直至终身的任职资格，禁止直接负责的董事、高级管理人员和其他直接责任人员一定期限直至终身从事银行业工作。

商业银行的行为尚不构成犯罪的，对直接负责的董事、高级管理人员和其他直接责任人员，给予警告，处五万元以上五十万元以下罚款。

| 第五十七条 | 违反、阻却境外执法要求和境外配合调查要求的处罚 |

> 金融机构违反本法第五十条规定擅自采取行动的,由国务院有关金融管理部门处五十万元以下罚款;情节严重的,处五十万元以上五百万元以下罚款;造成损失的,并处所造成直接经济损失一倍以上五倍以下罚款。对负有责任的董事、监事、高级管理人员或者其他直接责任人员,可以由国务院有关金融管理部门给予警告或者处五十万元以下罚款。
>
> 境外金融机构违反本法第四十九条规定,对国家有关机关的调查不予配合的,由国务院反洗钱行政主管部门依照本法第五十四条、第五十六条规定进行处罚,并可以根据情形将其列入本法第四十条第一款第三项规定的名单。

| 第五十八条 | 对特定非金融机构的处罚 |

> 特定非金融机构违反本法规定的,由有关特定非金融机构主管部门责令限期改正;情节较重的,给予警告或者处五万元以下罚款;情节严重或者逾期未改正的,处五万元以上五十万元以下罚款;对有关负责人,可以给予警告或者处五万元以下罚款。

● 部门规章及文件

《中国人民银行办公厅关于加强特定非金融机构反洗钱监管工作的通知》(2018年7月13日)

四、对于未按照有关规定开展反洗钱和反恐怖融资工作的特定非金融机构,中国人民银行及其分支机构或特定非金融机构的行业主管部门应依法对其采取监管措施或实施行政处罚。有关法律法规有处罚规定的,依照规定给予处罚;有关法律法规未作处罚规定的，由中国人民银行及其分支机构按照《中华人民共和国中国人民银行法》第四十六条①进行处罚。

第五十九条　违反反洗钱特别预防措施的处罚

金融机构、特定非金融机构以外的单位和个人未依照本法第四十条规定履行反洗钱特别预防措施义务的，由国务院反洗钱行政主管部门或者其设区的市级以上派出机构责令限期改正；情节严重的，对单位给予警告或者处二十万元以下罚款，对个人给予警告或者处五万元以下罚款。

第六十条　违反受益所有人信息管理规定的处罚

法人、非法人组织未按照规定向登记机关提交受益所有人信息的，由登记机关责令限期改正；拒不改正的，处五万元以下罚款。向登记机关提交虚假或者不实的受益所有人信息，或者未按照规定及时更新受益所有人信息的，由国务院反洗钱行政主管部门或者其设区的市级以上派出机构责令限期改正；拒不改正的，处五万元以下罚款。

---

①《中国人民银行法》第四十六条规定："本法第三十二条所列行为违反有关规定，有关法律、行政法规有处罚规定的，依照其规定给予处罚；有关法律、行政法规未作处罚规定的，由中国人民银行区别不同情形给予警告，没收违法所得，违法所得五十万元以上的，并处违法所得一倍以上五倍以下罚款；没有违法所得或者违法所得不足五十万元的，处五十万元以上二百万元以下罚款；对负有直接责任的董事、高级管理人员和其他直接责任人员给予警告，处五万元以上五十万元以下罚款；构成犯罪的，依法追究刑事责任。"第三十二条第一款规定："中国人民银行有权对金融机构以及其他单位和个人的下列行为进行检查监督：……（九）执行有关反洗钱规定的行为。"

第六十一条　行政处罚裁量基准的制定

国务院反洗钱行政主管部门应当综合考虑金融机构的经营规模、内部控制制度执行情况、勤勉尽责程度、违法行为持续时间、危害程度以及整改情况等因素，制定本法相关行政处罚裁量基准。

● **部门规章及文件**

《金融机构反洗钱和反恐怖融资监督管理办法》（2021年4月15日）

第24条　为了有效实施风险为本监管，中国人民银行及其分支机构应当结合国家、地区、行业的洗钱和恐怖融资风险评估情况，在采集金融机构反洗钱和反恐怖融资信息的基础上，对金融机构开展风险评估，及时、准确掌握金融机构洗钱和恐怖融资风险状况。

第六十二条　刑事责任的衔接

违反本法规定，构成犯罪的，依法追究刑事责任。

利用金融机构、特定非金融机构实施或者通过非法渠道实施洗钱犯罪的，依法追究刑事责任。

● **行政法规及文件**

1. 《国务院办公厅关于完善反洗钱、反恐怖融资、反逃税监管体制机制的意见》（2017年8月29日）

（十）推动研究完善相关刑事立法，修改惩治洗钱犯罪和恐怖融资犯罪相关规定。按照我国参加的国际公约和明确承诺执行的国际标准要求，研究扩大洗钱罪的上游犯罪范围，将上游犯罪本犯纳入洗钱罪的主体范围。对照国际公约要求，根据我国反恐实际需要，推动逐步完善有关恐怖融资犯罪的刑事立法，加强司法解释工作。研究建立相关司法工作激励机制，提升反洗钱工作追偿效果。

● 部门规章及文件

2.《互联网金融从业机构反洗钱和反恐怖融资管理办法（试行）》（2018年9月29日）

第22条 从业机构违反本办法的，由中国人民银行及其分支机构、国务院有关金融监督管理机构及其派出机构责令限期整改，依法予以处罚。

从业机构违反相关法律、行政法规、规章以及本办法规定，涉嫌犯罪的，移送司法机关依法追究刑事责任。

3.《社会组织反洗钱和反恐怖融资管理办法》（2017年11月17日）

第21条 社会组织及其工作人员违反本办法的，由中国人民银行或者其地市中心支行以上分支机构依法予以处罚；违反《中华人民共和国慈善法》、《社会团体登记管理条例》、《基金会管理条例》、《民办非企业单位登记管理暂行条例》、《外国商会管理暂行规定》的，由民政部门依法查处。涉嫌构成犯罪的，移送司法机关依法追究刑事责任。

4.《支付机构反洗钱和反恐怖融资管理办法》（2012年3月5日）

第50条 违反本办法规定，构成犯罪的，移送司法机关依法追究刑事责任。

● 司法解释及文件

5.《最高人民法院 最高人民检察院关于办理非法从事资金支付结算业务、非法买卖外汇刑事案件适用法律若干问题的解释》（2019年1月31日）

第1条 违反国家规定，具有下列情形之一的，属于刑法第

二百二十五条第三项规定的"非法从事资金支付结算业务":

（一）使用受理终端或者网络支付接口等方法，以虚构交易、虚开价格、交易退款等非法方式向指定付款方支付货币资金的；

（二）非法为他人提供单位银行结算账户套现或者单位银行结算账户转个人账户服务的；

（三）非法为他人提供支票套现服务的；

（四）其他非法从事资金支付结算业务的情形。

第5条 非法从事资金支付结算业务或者非法买卖外汇，构成非法经营罪，同时又构成刑法第一百二十条之一规定的帮助恐怖活动罪或者第一百九十一条规定的洗钱罪的，依照处罚较重的规定定罪处罚。

第七章 附 则

第六十三条 履行金融机构反洗钱义务的范围

在境内设立的下列机构，履行本法规定的金融机构反洗钱义务：

（一）银行业、证券基金期货业、保险业、信托业金融机构；

（二）非银行支付机构；

（三）国务院反洗钱行政主管部门确定并公布的其他从事金融业务的机构。

● 法 律

1.《中国人民银行法》（2003年12月27日）

第52条 本法所称银行业金融机构，是指在中华人民共和国境内设立的商业银行、城市信用合作社、农村信用合作社等吸收公众存款的金融机构以及政策性银行。

在中华人民共和国境内设立的金融资产管理公司、信托投资公司、财务公司、金融租赁公司以及经国务院银行业监督管理机构批准设立的其他金融机构，适用本法对银行业金融机构的规定。

2.《银行业监督管理法》（2006年10月31日）

第2条第2款和第3款　本法所称银行业金融机构，是指在中华人民共和国境内设立的商业银行、城市信用合作社、农村信用合作社等吸收公众存款的金融机构以及政策性银行。

对在中华人民共和国境内设立的金融资产管理公司、信托投资公司、财务公司、金融租赁公司以及经国务院银行业监督管理机构批准设立的其他金融机构的监督管理，适用本法对银行业金融机构监督管理的规定。

● 行政法规及文件

3.《个人存款账户实名制规定》（2000年3月20日）

第3条　本规定所称金融机构，是指在境内依法设立和经营个人存款业务的机构。

● 部门规章及文件

4.《金融机构反洗钱和反恐怖融资监督管理办法》（2021年4月15日）

第2条　本办法适用于在中华人民共和国境内依法设立的下列金融机构：

（一）开发性金融机构、政策性银行、商业银行、农村合作银行、农村信用合作社、村镇银行；

（二）证券公司、期货公司、证券投资基金管理公司；

（三）保险公司、保险资产管理公司；

（四）信托公司、金融资产管理公司、企业集团财务公司、金融租赁公司、汽车金融公司、消费金融公司、货币经纪公司、贷款公司、银行理财子公司；

（五）中国人民银行确定并公布应当履行反洗钱和反恐怖融资义务的其他金融机构。

非银行支付机构、银行卡清算机构、资金清算中心、网络小额贷款公司以及从事汇兑业务、基金销售业务、保险专业代理和保险经纪业务的机构，适用本办法关于金融机构的监督管理规定。

5.《证券期货业反洗钱工作实施办法》（2022年8月12日）

第2条　本办法适用于中华人民共和国境内的证券期货业反洗钱工作。

从事基金销售业务的机构在基金销售业务中履行反洗钱责任适用本办法。

6.《法人金融机构洗钱和恐怖融资风险自评估指引》（2021年1月15日）

第2条　本指引适用于在中国境内依法设立的法人金融机构和非银行支付机构（以下统称法人金融机构）。

7.《互联网金融从业机构反洗钱和反恐怖融资管理办法（试行）》（2018年9月29日）

第2条　本办法适用于在中华人民共和国境内经有权部门批准或者备案设立的，依法经营互联网金融业务的机构（以下简称从业机构）。

互联网金融是利用互联网技术和信息通信技术实现资金融通、支付、投资及信息中介服务的新型金融业务模式。互联网金融业务反洗钱和反恐怖融资工作的具体范围由中国人民银行会同国务院有关金融监督管理机构按照法律规定和监管政策确定、调整并公布，包括但不限于网络支付、网络借贷、网络借贷信息中介、股权众筹融资、互联网基金销售、互联网保险、互联网信托和互联网消费金融等。

金融机构和非银行支付机构开展互联网金融业务的，应当执行本办法的规定；中国人民银行、国务院有关金融监督管理机构另有规定的，从其规定。

第23条 本办法相关用语含义如下：

中国人民银行分支机构，包括中国人民银行上海总部、分行、营业管理部、省会（首府）城市中心支行、副省级城市中心支行。

金融机构是指依法设立的从事金融业务的政策性银行、商业银行、农村合作银行、农村信用社、村镇银行、证券公司、期货公司、基金管理公司、保险公司、保险资产管理公司、保险专业代理公司、保险经纪公司、信托公司、金融资产管理公司、企业集团财务公司、金融租赁公司、汽车金融公司、消费金融公司、货币经纪公司、贷款公司以及中国人民银行确定并公布的从事金融业务的其他机构。

非银行支付机构是指依法取得《支付业务许可证》，获准办理互联网支付、移动电话支付、固定电话支付、数字电视支付等网络支付业务的非银行机构。

行业规则是指由中国互联网金融协会协调其他行业自律组织，根据风险防控需要和业务发展状况，组织从业机构制定或调整，报中国人民银行、国务院有关金融监督管理机构批准后公布施行的反洗钱和反恐怖融资工作规则及相关业务、技术标准。

8.《保险机构洗钱和恐怖融资风险评估及客户分类管理指引》（2014年12月30日）

第4条 本指引适用于人身保险公司和财产保险公司开展洗钱风险评估和客户风险等级划分工作。保险资产管理公司、再保险公司可参照本指引开展相关工作。

本指引所确定的风险评估方法及指标体系同样可用于保险中介机构开展客户尽职调查工作。

第10条 洗钱外部风险要素包括客户风险、地域风险、业务风险、行业（含职业）风险等项目，保险机构可结合自身情况，合理设定各风险要素的子项。

9.《银行业金融机构反洗钱和反恐怖融资管理办法》（2019年1月29日）

第3条第2款 对在中华人民共和国境内设立的金融资产管理公司、信托公司、企业集团财务公司、金融租赁公司、汽车金融公司、货币经纪公司、消费金融公司以及经国务院银行业监督管理机构批准设立的其他金融机构的反洗钱和反恐怖融资管理，参照本办法对银行业金融机构的规定执行。

10.《报告机构反洗钱报送主体资格申请及机构信息变更管理规程（试行）》（2012年6月29日）

第1条 为规范对报告机构反洗钱报送主体资格申请和机构信息变更的管理工作，加强对报告机构的工作指导，特制定本规程。本规程适用于按照《中华人民共和国反洗钱法》等反洗钱法规要求需履行大额交易和可疑交易报送职责的银行业、证券期货业、保险业金融机构，信托公司、金融资产管理公司、财务公司、金融租赁公司、汽车金融公司、货币经纪公司、银行卡组织、资金清算中心、支付机构（以下统称报告机构）。

11.《保险业反洗钱工作管理办法》（2011年9月13日）

第3条 本办法适用于保险公司、保险资产管理公司及其分支机构，保险专业代理公司、保险经纪公司及其分支机构，金融机构类保险兼业代理机构。

12.《金融机构反洗钱规定》（2006年11月14日）

第2条 本规定适用于在中华人民共和国境内依法设立的下列金融机构：

（一）商业银行、城市信用合作社、农村信用合作社、邮政储汇机构、政策性银行；

（二）证券公司、期货经纪公司、基金管理公司；

（三）保险公司、保险资产管理公司；

（四）信托投资公司、金融资产管理公司、财务公司、金融租赁公司、汽车金融公司、货币经纪公司；

（五）中国人民银行确定并公布的其他金融机构。

从事汇兑业务、支付清算业务和基金销售业务的机构适用本规定对金融机构反洗钱监督管理的规定。

13. 《金融机构客户身份识别和客户身份资料及交易记录保存管理办法》（2007年6月21日）

第2条　本办法适用于在中华人民共和国境内依法设立的下列金融机构：

（一）政策性银行、商业银行、农村合作银行、城市信用合作社、农村信用合作社。

（二）证券公司、期货公司、基金管理公司。

（三）保险公司、保险资产管理公司。

（四）信托公司、金融资产管理公司、财务公司、金融租赁公司、汽车金融公司、货币经纪公司。

（五）中国人民银行确定并公布的其他金融机构。

从事汇兑业务、支付清算业务和基金销售业务的机构履行客户身份识别、客户身份资料和交易记录保存义务适用本办法。

14. 《金融机构大额交易和可疑交易报告管理办法》（2018年7月26日）

第2条　本办法适用于在中华人民共和国境内依法设立的下列金融机构：

（一）政策性银行、商业银行、农村合作银行、农村信用社、村镇银行。

（二）证券公司、期货公司、基金管理公司。

（三）保险公司、保险资产管理公司、保险专业代理公司、保险经纪公司。

（四）信托公司、金融资产管理公司、企业集团财务公司、金融租赁公司、汽车金融公司、消费金融公司、货币经纪公司、贷款公司。

（五）中国人民银行确定并公布的应当履行反洗钱义务的从事金融业务的其他机构。

第9条 下列金融机构与客户进行金融交易并通过银行账户划转款项的，由银行机构按照本办法规定提交大额交易报告：

（一）证券公司、期货公司、基金管理公司。

（二）保险公司、保险资产管理公司、保险专业代理公司、保险经纪公司。

（三）信托公司、金融资产管理公司、企业集团财务公司、金融租赁公司、汽车金融公司、消费金融公司、货币经纪公司、贷款公司。

15.《中国人民银行关于〈金融机构大额交易和可疑交易报告管理办法〉有关执行要求的通知》（2017年4月21日）

一、关于新增义务机构的履职要求

消费金融公司、贷款公司、保险专业代理公司、保险经纪公司等四类新增义务机构应当充分认识大额交易和可疑交易报告制度对预防、打击洗钱和恐怖融资等犯罪活动的重要意义，切实履行《管理办法》规定的大额交易和可疑交易报告义务；及时对本机构反洗钱和反恐怖融资工作做出安排，设立或指定专门机构负责反洗钱和反恐怖融资合规管理工作，配备反洗钱和反恐怖融资专业人员，加快反洗钱和反恐怖融资基础制度、信息系统建设……

保险公司、保险专业代理公司和保险经纪公司应当按照《管理办法》的相关规定，分别提交大额交易和可疑交易报告。保险专业代理公司和保险经纪公司及其业务人员以现金方式收取保费的，应当及时将现金投保情况告知保险公司；收取客户现金保费达到大额交易报告标准的，无论以何种方式与保险公司结算，保险专业代理公司和保险经纪公司均应当提交大额交易报告。

保险专业代理公司和保险经纪公司应当协助保险公司做好相关客户身份识别工作，并将获取的客户身份信息资料完整、及时传递给保险公司。

第六十四条　履行特定非金融机构反洗钱义务的范围

在境内设立的下列机构，履行本法规定的特定非金融机构反洗钱义务：

（一）提供房屋销售、房屋买卖经纪服务的房地产开发企业或者房地产中介机构；

（二）接受委托为客户办理买卖不动产，代管资金、证券或者其他资产，代管银行账户、证券账户，为成立、运营企业筹措资金以及代理买卖经营性实体业务的会计师事务所、律师事务所、公证机构；

（三）从事规定金额以上贵金属、宝石现货交易的交易商；

（四）国务院反洗钱行政主管部门会同国务院有关部门根据洗钱风险状况确定的其他需要履行反洗钱义务的机构。

● 部门规章及文件

1.《中国人民银行办公厅关于加强特定非金融机构反洗钱监管工作的通知》（2018年7月13日）

一、根据《中华人民共和国反洗钱法》第三十五条[①]、第三十六条[②]规定，下列机构在开展以下各项业务时属于《中华人民

[①] 对应2024年11月8日修订的《反洗钱法》第六十四条。
[②] 对应2024年11月8日修订的《反洗钱法》第二条第二款、第十二条、第三十七条、第四十条和第四十九条。

共和国反洗钱法》、《中华人民共和国反恐怖主义法》规定的特定非金融机构，应当履行反洗钱和反恐怖融资义务。具体包括：

（一）房地产开发企业、房地产中介机构销售房屋、为不动产买卖提供服务。

（二）贵金属交易商、贵金属交易场所从事贵金属现货交易或为贵金属现货交易提供服务。

（三）会计师事务所、律师事务所、公证机构接受客户委托为客户办理或准备办理以下业务，包括：买卖不动产，代管资金、证券或其他资产，代管银行账户、证券账户，为成立、运营企业筹集资金，以及代客户买卖经营性实体业务。

（四）公司服务提供商为客户提供或准备提供以下服务，包括：为公司的设立、经营、管理等提供专业服务，担任或安排他人担任公司董事、合伙人或持有公司股票，为公司提供注册地址、办公地址或通讯地址等。

2. 《报告机构反洗钱报送主体资格申请及机构信息变更管理规程（试行）》（2012年6月29日）

第1条 为规范对报告机构反洗钱报送主体资格申请和机构信息变更的管理工作，加强对报告机构的工作指导，特制定本规程。本规程适用于按照《中华人民共和国反洗钱法》等反洗钱法规要求需履行大额交易和可疑交易报送职责的银行业、证券期货业、保险业金融机构，信托公司、金融资产管理公司、财务公司、金融租赁公司、汽车金融公司、货币经纪公司、银行卡组织、资金清算中心、支付机构（以下统称报告机构）。

3. 《中国人民银行关于加强贵金属交易场所反洗钱和反恐怖融资工作的通知》（2017年9月26日）

三、加强对交易场所、交易商反洗钱和反恐怖融资工作的监督管理

……

(二) ……

本通知所称的贵金属，是指黄金、白银、铂、钯等交易场所依法进行交易的标准化产品，以及前述标准化产品在加工、交易、回购过程中形成的其他制品。

本通知所称的交易场所，是指上海黄金交易所以及中国人民银行确定并公布的其他贵金属交易场所。

上海黄金交易所等贵金属交易场所具体的反洗钱和反恐怖融资工作要求，由上海黄金交易所等相关机构结合实际出台相关办法或者指引予以规范。

……

4. 《支付机构反洗钱和反恐怖融资管理办法》(2012年3月5日)

第2条　本办法所称支付机构是指依据《非金融机构支付服务管理办法》取得《支付业务许可证》的非金融机构。

第51条　本办法相关用语含义如下：

中国人民银行分支机构，包括中国人民银行上海总部、分行、营业管理部、省会（首府）城市中心支行、副省级城市中心支行。

单位客户，包括法人、其他组织和个体工商户。

网络支付机构的特约商户，是指基于互联网信息系统直接向消费者销售商品或提供服务，并接受网络支付机构互联网支付服务完成资金结算的法人、个体工商户、其他组织或自然人。

预付卡机构的特约商户，是指与预付卡机构签约并同意使用预付卡进行资金结算的法人、个体工商户或其他组织。

收单机构的特约商户，是指与收单机构签约并同意使用银行卡进行资金结算的法人、个体工商户或其他组织。

个人客户的身份基本信息，包括：客户的姓名、国籍、性别、职业、住址、联系方式以及客户有效身份证件的种类、号码和有效期限。

单位客户的身份基本信息，包括：客户的名称、地址、经营范围、组织机构代码（仅限法人和其他组织）；可证明该客户依法设立或者可依法开展经营、社会活动的执照、证件或者文件的名称、号码和有效期限；法定代表人（负责人）或授权办理业务人员的姓名、有效身份证件的种类、号码和有效期限。

特约商户的身份基本信息，包括：特约商户的名称、地址、经营范围、组织机构代码；可证明该客户依法设立或者可依法开展经营、社会活动的执照、证件或者文件的名称、号码和有效期限；控股股东或实际控制人、法定代表人（负责人）或授权办理业务人员的姓名、有效身份证件的种类、号码、有效期限。

个人客户的有效身份证件，包括：居住在境内的中国公民，为居民身份证或者临时居民身份证；居住在境内的16周岁以下的中国公民，为户口簿；中国人民解放军军人，为军人身份证件或居民身份证；中国人民武装警察，为武装警察身份证件或居民身份证；香港、澳门居民，为港澳居民往来内地通行证；台湾居民，为台湾居民来往大陆通行证或者其他有效旅行证件；外国公民，为护照；政府有权机关出具的能够证明其真实身份的证明文件。

法人和其他组织客户的有效身份证件，是指政府有权机关颁发的能够证明其合法真实身份的证件或文件，包括但不限于营业执照、事业单位法人证书、税务登记证、组织机构代码证。

个体工商户的有效身份证件，包括营业执照、经营者或授权经办人员的有效身份证件。

网络支付机构，是指从事《非金融机构支付服务管理办法》① 规定的网络支付业务的支付机构。

---

① 该办法已失效。请参考2024年7月9日公布的《非银行支付机构监督管理条例实施细则》（中国人民银行令〔2024〕第4号）。

预付卡机构，是指从事《非金融机构支付服务管理办法》规定的预付卡发行与受理业务或预付卡受理业务的支付机构。

收单机构，是指从事《非金融机构支付服务管理办法》规定的银行卡收单业务的支付机构。

以上及内，包括本数。

5.《金融机构大额交易和可疑交易报告管理办法》（2018年7月26日）

第 25 条　非银行支付机构、从事汇兑业务和基金销售业务的机构报告大额交易和可疑交易适用本办法。银行卡清算机构、资金清算中心等从事清算业务的机构应当按照中国人民银行有关规定开展交易监测分析、报告工作。

本办法所称非银行支付机构，是指根据《非金融机构支付服务管理办法》（中国人民银行令〔2010〕第 2 号发布）规定取得《支付业务许可证》的支付机构。

本办法所称资金清算中心，包括城市商业银行资金清算中心、农信银资金清算中心有限责任公司及中国人民银行确定的其他资金清算中心。

第六十五条　施行日期

本法自 2025 年 1 月 1 日起施行。

附录一

受益所有人信息备案指南（第一版）[①]（节录）

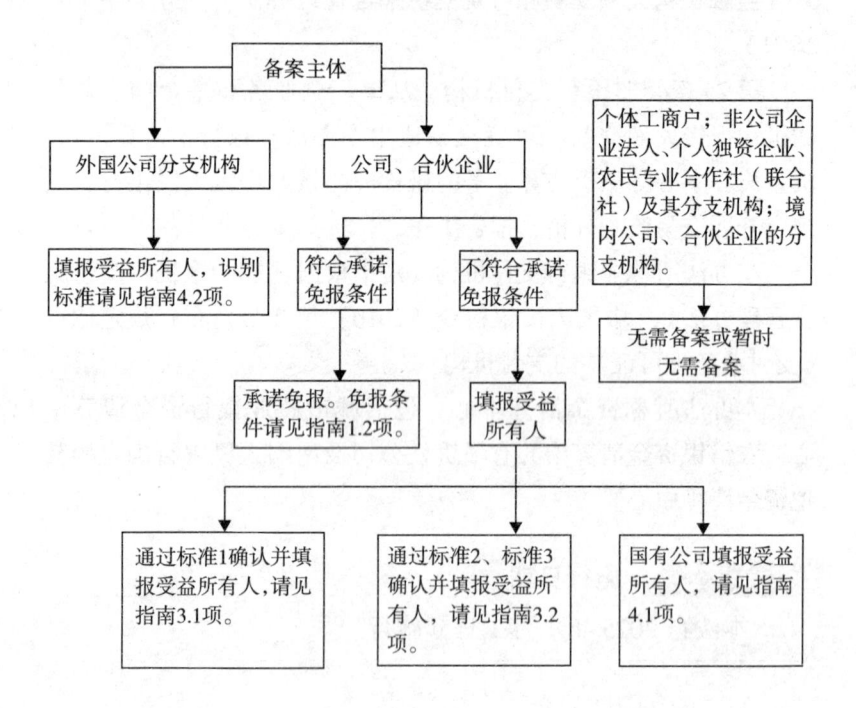

```
                      ┌──────────┐
                      │ 备案主体 │
                      └──────────┘
         ┌───────────────┼───────────────┐
         ▼               ▼               ▼
  ┌─────────────┐  ┌────────────┐  ┌──────────────────┐
  │外国公司分支 │  │公司、合伙  │  │个体工商户；非公司│
  │机构         │  │企业        │  │企业法人、个人独资│
  └─────────────┘  └────────────┘  │企业、农民专业合作│
         │         ┌──────┴──────┐ │社（联合社）及其分│
         ▼         ▼             ▼ │支机构；境内公司、│
  ┌─────────────┐┌──────┐  ┌──────┐│合伙企业的分支机构│
  │填报受益所有 ││符合承││不符合││。                │
  │人，识别标准 ││诺免报││承诺免│└──────────────────┘
  │请见指南4.2项││条件  ││报条件│         │
  └─────────────┘└──────┘  └──────┘        ▼
                    │         │    ┌──────────────┐
                    ▼         ▼    │无需备案或暂时│
             ┌──────────┐┌──────┐  │无需备案      │
             │承诺免报。││填报受│  └──────────────┘
             │免报条件请││益所有│
             │见指南1.2项││人    │
             └──────────┘└──────┘
                     ┌───────┼───────┐
                     ▼       ▼       ▼
              ┌──────────┐┌──────┐┌──────────┐
              │通过标准1 ││通过标││国有公司  │
              │确认并填报││准2、标││填报受益  │
              │受益所有人││准3确认││所有人，  │
              │，请见指南││并填报││请见指南  │
              │3.1项。   ││受益所││4.1项。   │
              │          ││有人，││          │
              │          ││请见指││          │
              │          ││南3.2 ││          │
              │          ││项。  ││          │
              └──────────┘└──────┘└──────────┘
```

1. 基本问题

1.1 哪些主体需要备案受益所有人？

目前，公司、合伙企业和外国公司分支机构（下称"备案主体"）需要备案受益所有人。

[①] 参见中国人民银行网站，http：//www.pbc.gov.cn/fanxiqianju/135153/135173/5489085/index.html，最后访问时间：2024年11月18日。

个体工商户无需备案受益所有人。

根据我国目前存在的洗钱风险状况，非公司企业法人、个人独资企业、农民专业合作社（联合社）及其分支机构，以及境内公司、合伙企业的分支机构暂无需备案受益所有人，后续根据情况变化可能对备案主体范围进行调整。

1.2 哪些备案主体承诺后可免于备案受益所有人？

考虑到大部分中小微企业股权（合伙权益）结构较为简单，为减轻中小微企业的填报负担，根据《管理办法》规定，同时满足以下条件的备案主体，可以在承诺后免于备案受益所有人：

1. 注册资本（出资额）不超过1000万元人民币（或者等值外币）；

2. 股东、合伙人全部为自然人；

3. 不存在股东、合伙人以外的自然人对其实际控制或者从其获取收益；

4. 不存在通过股权、合伙权益以外的方式对其实施控制或者从其获取收益的情形。

如果备案主体满足上述条件，则可免于备案，仅需在系统中阅读承诺书并勾选确认，大大简化备案填报流程，减轻了中小微企业负担。

【解读】条件1规定了需要备案受益所有人的中小微企业门槛，由于实践中对中小微企业的界定标准不一，为便于执行，条件1以注册资本（出资额）1000万元人民币作为中小微企业的门槛；条件2要求股东或合伙人全部为自然人；条件3强调不存在股东、合伙人以外的"自然人"可以实际控制或获取收益；条件4强调不存在股权、合伙权益以外的"方式"可以实施控制或获取收益。

若某公司（合伙企业）满足条件2、条件3、条件4，则根据该公司（合伙企业）的法定登记信息，即可识别其受益所有人。此种情形下，如该公司（合伙企业）为中小微企业，为减轻其填报负担，允许其承诺免报。

> 如何理解条件3和条件4？例如，对于A公司，自然人张三并非该公司登记的股东，但张三通过协议控制的方式，实际控制了该公司或从其获取收益。此时，存在股东以外的"自然人"（未登记为股东的自然人），不满足条件3；存在股权、合伙权益以外的"方式"（协议控制），不满足条件4。故A公司不能免于备案受益所有人。

承诺符合免报条件的备案主体应保证承诺内容属实，并在承诺免报选项中勾选确认。如果承诺内容不实，将承担相应法律责任。

1.3 什么是受益所有人？

《管理办法》第十五条对受益所有人的含义进行了解释，受益所有人是指"最终拥有或者实际控制备案主体，或者享有备案主体最终收益的自然人"。

具体而言，受益所有人可以分为两种类型：

第一类是股权（合伙权益）类。此类情况下，自然人直接拥有备案主体的股权（合伙权益），或者通过多层控股模式间接拥有备案主体的股权（合伙权益），可通过"股权（合伙权益）方法"确认受益所有人。

第二类是非股权（非合伙权益）类。此类情况下，自然人的股权（合伙权益）与所包含收益权、表决权、控制权相分离，可通过"非股权（非合伙权益）方法"确认受益所有人。实践中，自然人可能通过代理持股、协议约定、关系密切的人等非股权（非合伙权益）方式，实现对备案主体的最终控制或者获取最终收益。

对于大部分股权（合伙权益）结构简单的备案主体来说，其"大股东（大合伙人）"就是受益所有人。实践中，也可能存在某个自然人通过股权（合伙权益）以外的方式控制备案主体、获取备案主体收益，此时需要采用其他方法进一步确认。受益所有人的具体确认方法详见本指南第2部分。

> 【解读】受益所有人与《公司法》中规定的"实际控制人"有类似和相通之处，但两者不同。首先，受益所有人比"实际控制人"含义更丰富。受益所有人包括了拥有、控制和收益三个方面的含义，受益所有人既可以是公司（合伙企业）的拥有者，也可以是公司（合伙企业）的控制者、获益者。其次，受益所有人需要穿透至自然人。"实际控制人"既可以是法人也可以是自然人，而受益所有人是自然人。在识别受益所有人时，要"层层穿透"至最终拥有、实际控制备案主体或享有其最终收益的自然人。

1.4 备案主体应当在何时备案受益所有人？

《管理办法》于 2024 年 11 月 1 日起施行。2024 年 11 月 1 日起，在市场监督管理部门办理设立登记的备案主体，应当通过相关登记注册系统备案受益所有人信息；2024 年 11 月 1 日以前登记注册的备案主体，应当在 2025 年 11 月 1 日前，完成受益所有人信息补充备案。

1.5 股权（合伙权益）结构简单的公司（合伙企业）如何快速准确填报受益所有人？

对于股权（合伙权益）结构简单的公司（合伙企业），一般能够直接根据股权（合伙权益）结构，确定其受益所有人。若该公司（合伙企业）只有自然人股东（合伙人），那么将拥有 25% 以上[①]股权（合伙权益）的自然人股东（合伙人）填报为受益所有人即可，具体可参照本指南 3.1 项示例 3；若该公司（合伙企业）存在非自然人股东（合伙人），则应当按照本指南 3.1 项示例 4 的方法，向上追溯该公司（合伙企业）的股权（合伙权益），"层层穿透"至最终自然人。

---

① 注："以上"均含本数，此处"25% 以上"含 25%，下同。

【解读】如本指南1.2项所述，我们这里所说的股权（合伙权益）结构简单的公司（合伙企业），具有两个特征：不存在股东、合伙人以外的自然人对其实际控制或者从其获取收益；不存在通过股权、合伙权益以外的方式对其实施控制或者从其获取收益。换言之，对于股权（合伙权益）结构简单的公司（合伙企业），一般能够通过登记的股权（合伙权益）层层穿透，追溯至最终拥有、控制或者获取收益的自然人。

2. 如何确认受益所有人

2.1 备案主体如何确认自己的受益所有人？

2.1.1 受益所有人识别标准

《管理办法》第六条对受益所有人识别标准作出了详细规定。符合下列标准之一的自然人即为备案主体的受益所有人：

标准1（即第六条第一款第一项的标准）：通过直接方式或者间接方式最终拥有备案主体25%以上股权、股份或者合伙权益的自然人。

标准2（即第六条第一款第二项的标准）：虽未满足标准1，但最终享有备案主体25%以上收益权、表决权的自然人。

标准3（即第六条第一款第三项的标准）：虽未满足标准1，但单独或者联合对备案主体进行实际控制的自然人。

注意：在确认某个具体受益所有人时，满足标准2和标准3的前提都是"未满足标准1"。例如，自然人甲拥有A公司75%的股权，同时也能享有A公司75%的收益权，此时自然人甲满足标准1，而非标准2。

2.1.2 受益所有人确认方法

```
                          ┌─────────────────────────────────┐
                          │ 标准1：通过直接方式或者间接方式最终 │
                       ┌──│ 拥有备案主体25%以上股权、股份或者  │
                       │  │ 合伙权益的自然人。                │
                       │  └─────────────────────────────────┘
┌──────────┐          │  ┌─────────────────────────────────┐
│ 如何确认   │          │  │ 标准2：虽未满足标准1，但最终享有备案│
│ 受益所有人 │──────────┼──│ 主体25%以上收益权、表决权的自然人。│
└──────────┘          │  └─────────────────────────────────┘
                       │  ┌─────────────────────────────────┐
                       │  │ 标准3：虽未满足标准1，但单独或者联 │
                       └──│ 合对备案主体进行实际控制的自然人。 │
                          └─────────────────────────────────┘
                                         ┆
                                         ┆ 以上方法均无法确认
                                         ┆ 受益所有人时
                                         ▼
                                   ┌──────────┐
                                   │负责日常经营│
                                   │管理的人员 │
                                   └──────────┘
```

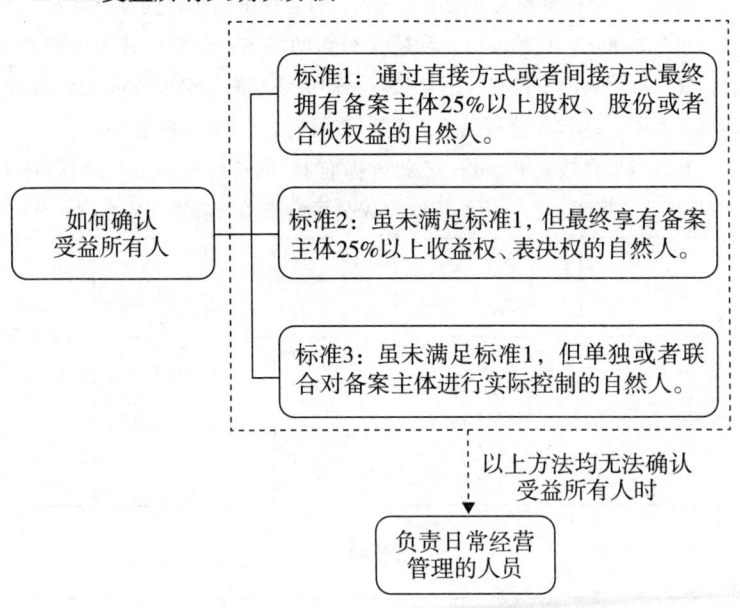

图1：受益所有人确认方法

如图1所示，备案主体应逐一对照三条识别标准，识别出全部受益所有人予以备案，详见本指南第3部分。如果通过上述标准均不能确认受益所有人，则应当将负责日常经营管理的人员视为受益所有人进行备案，详见本指南2.2项。

另外，《管理办法》的第七条、第八条还对国有独资公司、国有控股公司和外国公司分支机构受益所有人的识别标准作出了专门规定，详见本指南第4部分。

2.1.3 在确认受益所有人时要注意什么？

第一，备案主体的受益所有人可能不止一个（示例1）。在确认受益所有人的过程中，不能仅关注标准1，而应当逐一对照三条识别标准，分别查看是否存在符合标准的多个受益所有人，如有多个，则识别出的全部受益所有人均应予以备案。

> **示例1：受益所有人可能不止一人，符合标准的都是受益所有人**
>
> 如图2所示，自然人甲、乙是A公司的股东，分别持有30%和25%的股权。自然人丙不持有A公司股权，但最终享有该公司25%的收益权。自然人丁也不持有A公司股权，但能够对该公司实施实际控制。
>
> 上述四个自然人中，甲、乙符合标准1，丙符合标准2，丁符合标准3。因此，应将甲、乙、丙、丁作为A公司的受益所有人予以备案。
>
> ```
>    ┌──────┐   ┌──────┐   ┌──────┐   ┌──────┐
>    │  甲  │   │  乙  │   │  丙  │   │  丁  │
>    └──┬───┘   └──┬───┘   └──┬───┘   └──┬───┘
>     持股       持股      享有       实际
>     30%       25%      25%       控制
>                        收益权
>       ↓         ↓         ↓         ↓
>    ┌───────────────────────────────────────┐
>    │                A公司                   │
>    └───────────────────────────────────────┘
> ```
>
> 图2

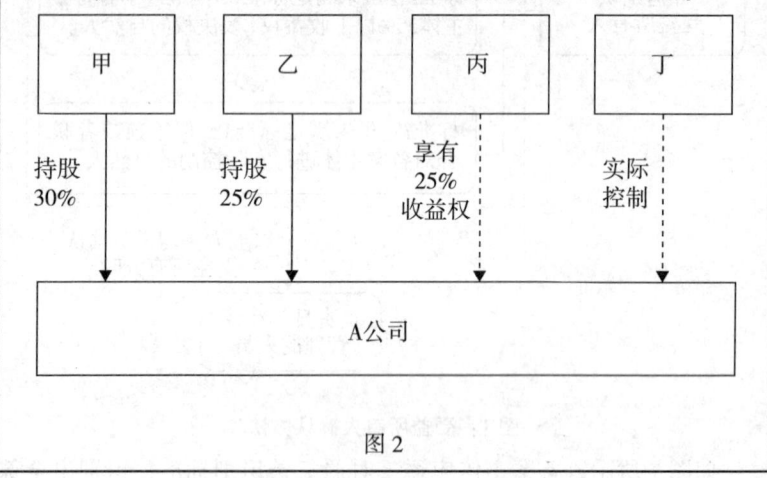

第二，确认受益所有人时，如果自然人已满足了标准1，则应直接按标准1进行备案（示例2）。只有在不满足标准1时，才考虑标准2和标准3。

> **示例2：如自然人已满足标准1，则直接按标准1进行备案，不再考虑标准2和标准3**
>
> 自然人甲拥有A公司30%股权，并通过协议约定获得额外25%股权的收益权。根据标准1，甲直接持有A公司股权达到25%，应当直接按标准1将甲确认为A公司受益所有人。此时，无需再考虑甲是否符合标准2、标准3。

第三，如果自然人同时满足了标准2和标准3，则应同时按标准2和标准3进行备案（见本指南3.2项的示例10和示例11）。

2.2 如果没有满足标准1、2、3的受益所有人,此时应该如何备案受益所有人?

如果没有满足标准1、2、3的受益所有人,应将负责日常经营管理的人员视为受益所有人,且至少备案1名最高层级负责日常经营管理的人员。其中,"负责日常经营管理的人员"可以是公司的法定代表人、董事长、董事、经理,或合伙企业中执行合伙事务的自然人(包括执行事务合伙人或者代表执行事务合伙人执行合伙事务的自然人)等。

3. 受益所有人识别标准的解读与示例

3.1 如何确认满足标准1的受益所有人?

标准1:通过直接方式或者间接方式最终拥有备案主体25%以上股权、股份或者合伙权益的自然人。

标准1是从股权(合伙权益)角度来确认受益所有人。自然人可以作为股东(合伙人)直接拥有25%以上股权(合伙权益),也可以通过多层控股模式间接拥有25%以上股权(合伙权益)。对于多层控股模式,需要向上层层穿透追溯备案主体的股权(合伙权益)结构,计算自然人最终拥有股权(合伙权益)的情况。如果发现存在自然人最终拥有25%以上股权、股份或者合伙权益,则该自然人就是备案主体的受益所有人。

如本指南1.5项所指出的,对于股权(合伙权益)结构简单的公司(合伙企业),一般按照标准1填写即可完成备案。

下面通过两个示例(示例3、示例4)说明一下具体应该怎么做。

示例3:A公司只有自然人股东,如何确认受益所有人?(直接方式最终拥有股权、股份或者合伙权益)

如图3所示,甲、乙、丙是A公司的自然人股东,分别拥有A公司55%、20%和25%股权。上述三个自然人中,甲和丙拥有A公司的股权均达到25%,乙拥有A公司股权未达25%。因此,应将甲和丙作为A公司的受益所有人予以备案。

```
┌─────────┐      ┌─────────┐      ┌─────────┐
│   甲    │      │   乙    │      │   丙    │
└────┬────┘      └────┬────┘      └────┬────┘
    55%              20%              25%
     │                │                │
     ▼                ▼                ▼
┌───────────────────────────────────────────┐
│                  A公司                     │
└───────────────────────────────────────────┘
```

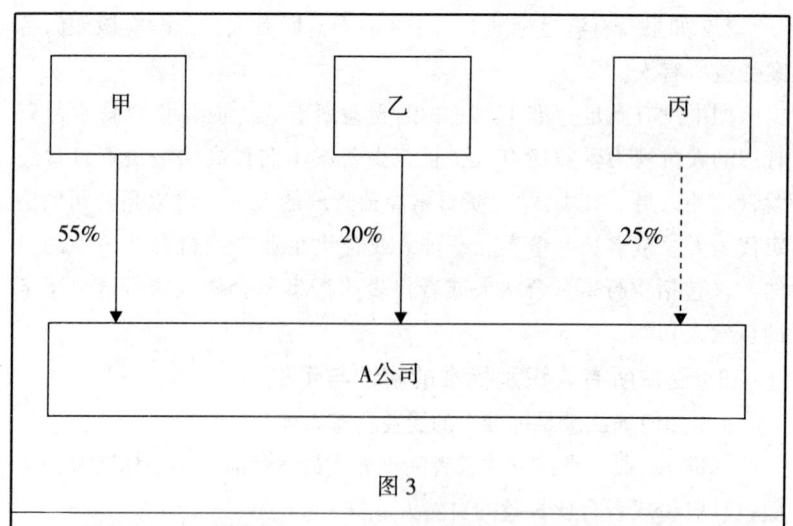

图 3

示例 4：A 公司同时存在自然人和公司股东，如何确认受益所有人？（间接方式最终拥有股权、股份或者合伙权益）

如图 4 所示，自然人甲和 B 公司是 A 公司的股东，持股比例分别为 30% 和 70%；自然人乙、丙和 C 公司是 B 公司的股东，持股比例分别为 30%、20% 和 50%；自然人丙和丁是 C 公司的股东，持股比例分别为 50% 和 50%。各个自然人持股情况为：

（1）甲直接持有 A 公司 30% 股份；

（2）乙间接持有 A 公司 21% 股份（30%×70%）；

（3）丙间接持有 A 公司 31.5% 股份（50%×50%×70%+20%×70%）；

（4）丁间接持有 A 公司 17.5% 股份（50%×50%×70%）。

上述自然人中，甲、丙通过直接或间接方式拥有 A 公司 25% 以上股权。因此，应将甲和丙作为 A 公司的受益所有人予以备案。

图4

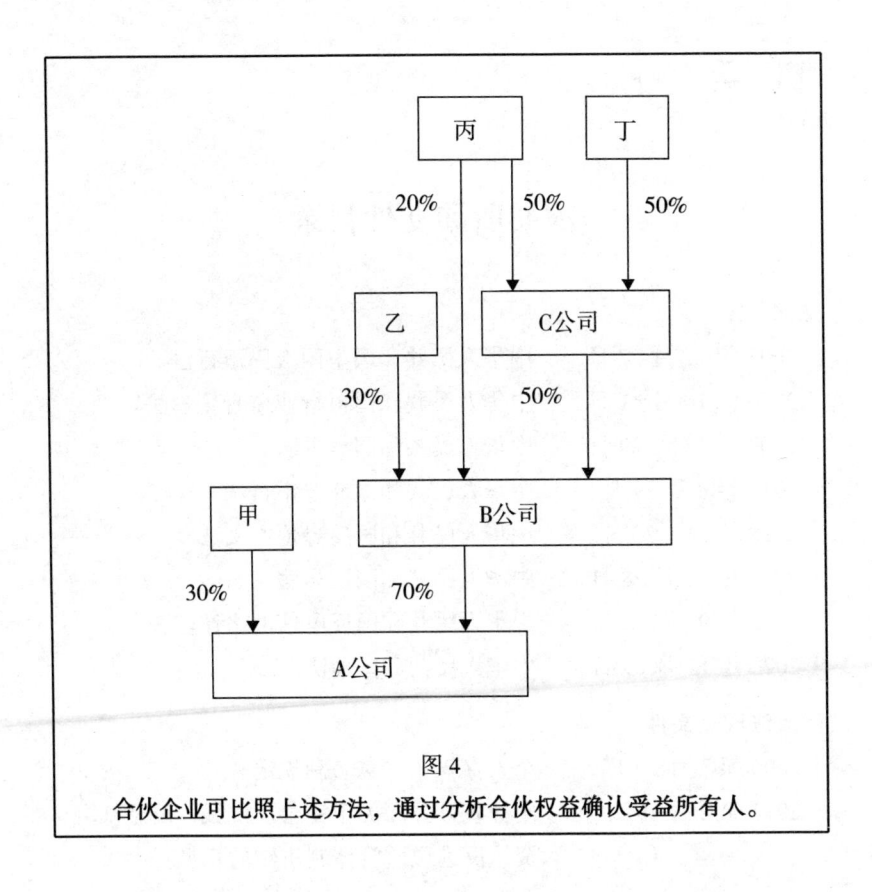

合伙企业可比照上述方法,通过分析合伙权益确认受益所有人。

附录二

本书所涉文件目录

法律

2003 年 12 月 27 日	中华人民共和国中国人民银行法
2006 年 10 月 31 日	中华人民共和国银行业监督管理法
2007 年 12 月 29 日	中华人民共和国禁毒法
2015 年 8 月 29 日	中华人民共和国商业银行法
2018 年 4 月 27 日	中华人民共和国反恐怖主义法
2019 年 12 月 28 日	中华人民共和国证券法
2022 年 9 月 2 日	中华人民共和国反电信网络诈骗法
2023 年 12 月 29 日	中华人民共和国刑法

行政法规及文件

2000 年 3 月 20 日	个人存款账户实名制规定
2017 年 8 月 29 日	国务院办公厅关于完善反洗钱、反恐怖融资、反逃税监管体制机制的意见

部门规章及文件

2006 年 11 月 14 日	金融机构反洗钱规定
2007 年 5 月 21 日	中国人民银行反洗钱调查实施细则（试行）
2007 年 6 月 21 日	金融机构客户身份识别和客户身份资料及交易记录保存管理办法
2011 年 9 月 13 日	保险业反洗钱工作管理办法
2012 年 3 月 5 日	支付机构反洗钱和反恐怖融资管理办法
2012 年 6 月 29 日	报告机构反洗钱报送主体资格申请及机构信息变更管理规程（试行）

2012年8月12日	中国人民银行关于加强跨境汇款业务反洗钱工作的通知
2012年8月19日	中国人民银行关于金融机构在跨境业务合作中加强反洗钱工作的通知
2013年1月5日	金融机构洗钱和恐怖融资风险评估及客户分类管理指引
2013年5月29日	中国人民银行办公厅关于开展洗钱类型分析工作的通知
2014年1月10日	涉及恐怖活动资产冻结管理办法
2014年12月30日	保险机构洗钱和恐怖融资风险评估及客户分类管理指引
2016年4月22日	中国人民银行办公厅关于"三证合一"登记制度改革有关反洗钱工作管理事项的通知
2016年6月2日	反洗钱数据报送工作数字证书管理规程
2017年4月21日	中国人民银行关于《金融机构大额交易和可疑交易报告管理办法》有关执行要求的通知
2017年5月3日	义务机构反洗钱交易监测标准建设工作指引
2017年9月26日	中国人民银行关于加强贵金属交易场所反洗钱和反恐怖融资工作的通知
2017年9月29日	住房和城乡建设部 人民银行 银监会关于规范购房融资和加强反洗钱工作的通知
2017年10月20日	中国人民银行关于加强反洗钱客户身份识别有关工作的通知
2017年11月17日	社会组织反洗钱和反恐怖融资管理办法
2017年12月29日	中国人民银行关于印发《非银行支付机构反洗钱现场检查数据接口规范(试行)》的通知

2018 年 7 月 13 日	中国人民银行办公厅关于加强特定非金融机构反洗钱监管工作的通知
2018 年 7 月 20 日	关于加强联合国安理会制裁决议名单管理和 FATF 公布的高风险国家或地区客户管理的风险提示
2018 年 7 月 23 日	中国人民银行办公厅关于进一步加强反洗钱和反恐怖融资工作的通知
2018 年 7 月 26 日	金融机构大额交易和可疑交易报告管理办法
2018 年 9 月 29 日	互联网金融从业机构反洗钱和反恐怖融资管理办法（试行）
2019 年 1 月 29 日	银行业金融机构反洗钱和反恐怖融资管理办法
2019 年 3 月 11 日	中国人民银行关于印发证券期货保险机构反洗钱执法检查数据提取接口规范的通知
2019 年 12 月 30 日	中国银保监会办公厅关于进一步做好银行业保险业反洗钱和反恐怖融资工作的通知
2021 年 1 月 15 日	法人金融机构洗钱和恐怖融资风险自评估指引
2021 年 1 月 19 日	银行跨境业务反洗钱和反恐怖融资工作指引（试行）
2021 年 4 月 15 日	金融机构反洗钱和反恐怖融资监督管理办法
2022 年 8 月 12 日	证券期货业反洗钱工作实施办法
2024 年 4 月 29 日	受益所有人信息管理办法

司法解释及文件

2019 年 1 月 31 日	最高人民法院 最高人民检察院关于办理非法从事资金支付结算业务、非法买卖外汇刑事案件适用法律若干问题的解释

2021年8月9日	最高人民法院 最高人民检察院关于办理窝藏、包庇刑事案件适用法律若干问题的解释
2024年2月28日	最高人民法院 最高人民检察院 公安部关于办理医保骗保刑事案件若干问题的指导意见
2024年8月19日	最高人民法院 最高人民检察院关于办理洗钱刑事案件适用法律若干问题的解释

答记者问

2016年12月30日	人民银行有关负责人就《金融机构大额交易和可疑交易报告管理办法》答记者问
2022年1月26日	《金融机构客户尽职调查和客户身份资料及交易记录保存管理办法》答记者问
2024年4月30日	《受益所有人信息管理办法》答记者问

图书在版编目（CIP）数据

反洗钱法一本通 / 法规应用研究中心编. -- 北京：中国法治出版社，2025.1. --（法律一本通）. -- ISBN 978-7-5216-4841-6

Ⅰ.D922.281

中国国家版本馆 CIP 数据核字第 2024YZ2064 号

责任编辑：谢雯　　　　　　　　　　　　封面设计：杨泽江

反洗钱法一本通
FAN XIQIANFA YIBENTONG

编者/法规应用研究中心
经销/新华书店
印刷/保定市中画美凯印刷有限公司
开本/880 毫米×1230 毫米　32 开　　　　印张/11.375　字数/267 千
版次/2025 年 1 月第 1 版　　　　　　　　2025 年 1 月第 1 次印刷

中国法治出版社出版

书号 ISBN 978-7-5216-4841-6　　　　　　　　定价：39.00 元

北京市西城区西便门西里甲 16 号西便门办公区
邮政编码：100053　　　　　　　　　　传真：010-63141600
网址：http：//www.zgfzs.com　　　　编辑部电话：010-63141793
市场营销部电话：010-63141612　　　印务部电话：010-63141606

（如有印装质量问题，请与本社印务部联系。）